Chronik
Bildbiografie

Papst Johannes Paul II.

Die Jugend

Die Papstwahl

Die Reisen

Hintergründe

Die wichtigsten Ereignisse

Kritiker des Vatikans

Chronik
VERLAG

Karol Wojtyla: *Hilfsarbeiter, Dichter, Schauspieler und Theologe im Untergrund – die Stationen seines Lebens*

Die Papstwahl: *Mit einem Polen als Papst hatte keiner gerechnet. Wie Karol Wojtyla Bischof von Rom wurde.*

Denker und Theologe: *Johannes Paul II. schlägt eine Brücke zwischen Dogma und Erneuerung. Kein anderer ten zu verbreiten. Mit Mut und List trägt er zur Destabilisierung des kommunistischen Ostens bei. Aber dieser*

Der Vatikan: *das funktionierende Netzwerk des Glaubens*

Das Attentat: *Der Türke Ali Agca schießt auf Johannes Paul II. – die Hintergründe.*

INHALT

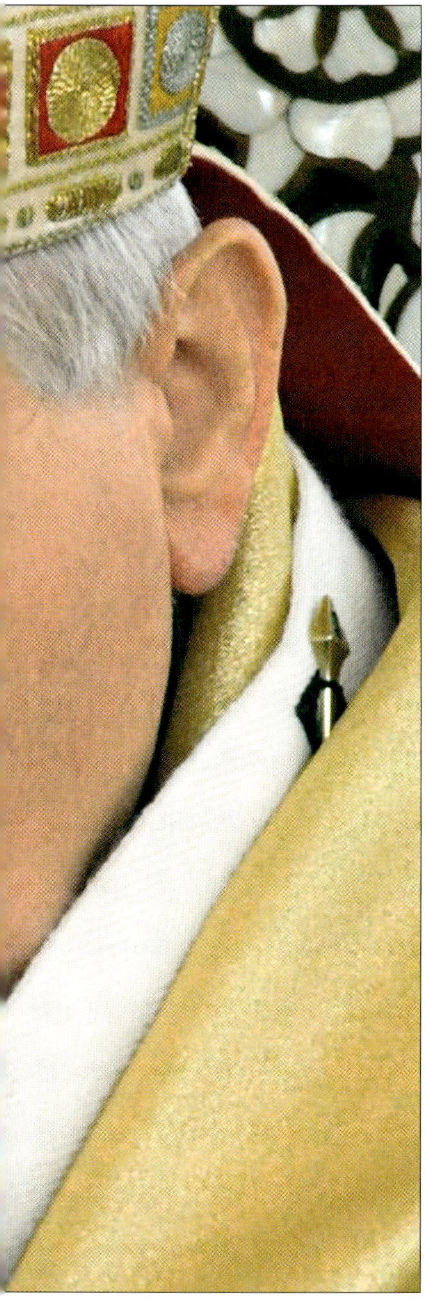

…nutzt so perfekt die Medien, um seine Botschaf… …Pontifex hält auch an veralteten Werten fest.

Die Reisen des Papstes: *Auf seinen 101 Reisen verbreitet er das Evangelium rund um den Globus.*

Der Papst privat: *der Pontifex und seine Privatgemächer*

Kunst und Kultur: *Werke von Weltrang*

„Fürchtet Euch nicht!“

Am 16. Oktober 1978 wurde der polnische Kardinal Karol Wojtyla als erster Nichtitaliener seit 1522 zum Papst und Staatsoberhaupt des Vatikans gewählt. Sechs Tage später wurde Papst Johannes Paul II. vor rund 300 000 Menschen, die den Petersplatz und die Via della Conciliazione füllten, feierlich in sein Amt als universeller Hirte der Kirche eingeführt. Der Papst begann seine Ansprache mit den Worten des Apostels Petrus, an dessen Grab er zuvor gebetet hatte: „Du bist der Messias, der Sohn des lebendigen Gottes.“ Neben dem Pontifex saß mit kritischem Blick Silvio Kardinal Oddi, der später, 1984, seine Mitgliedschaft im rechtskonservativen Bund „Opus Dei“ („Priestergesellschaft vom Heiligen Kreuz“) bekannt gab.

Ein Kuss für das Evangelium

Am 22. November 1986 kniet der Papst auf dem Rollfeld des Flughafens von Suva auf den Fidschi-Inseln nieder und küsst den Boden. Gut zwei Wochen nach einem Treffen mit Vertretern der Weltreligionen in Assisi bricht Johannes Paul zu seiner mit 49 000 Kilometern längsten Pastoralreise auf. Sie führt ihn nach Bangladesch, Singapur, auf die Fidschis, nach Neuseeland, Australien und auf die Seychellen. Das Oberhaupt der katholischen Kirche spricht ein halbes Dutzend Sprachen und bereiste während seiner Amtszeit bisher 129 von 191 unabhängigen Staaten der Welt. Der Papst selbst bezeichnet sich als Prediger des Evangeliums, das er bis an das andere Ende der Welt bringen will.

Klarer Geist im schwachen Körper

Geschwächt von der Parkinson-Krankheit, der häufigsten neurologischen Erkrankung im reiferen Alter, hielt Johannes Paul II. im August 2002 einen Gottesdienst im polnischen Krakau. Über zwei Millionen Menschen waren zu dieser Andacht unter freiem Himmel gekommen. Das 82-jährige Kirchenoberhaupt konnte zuletzt die Auferstehungsmesse zu Ostern 2003 nur noch im Rollstuhl zelebrieren. Am Palmsonntag allerdings machte der Papst einen für viele überraschend erholten Eindruck. Eine mögliche Ursache: Der französische Forscher Luc Montagnier, der Entdecker des HIV-Virus, soll Johannes Paul II. bei einem Besuch in Rom ein „Elixier" verschrieben haben. Dessen Hauptbestandteil ist ein Papaya-Extrakt, das die Nervenzellen des Gehirns vor dem Verfall schützen soll.

MITTELPUNKT MENSCH

Der Mensch ist zur Freiheit geboren – die wichtigen Themen des Papstes

Der Präsident des Zentralkomitees der deutschen Katholiken und einer der beiden Präsidenten des ersten Ökumenischen Kirchentages 2003 in Berlin, Professor Dr. Hans Joachim Meyer, schreibt über Papst Johannes Paul II. und seine Botschaften. Die Würde des Menschen und seine Suche nach der Freiheit sind die zentralen Themen.

Der Zauber des Anfangs wirkt bis heute: Die Feier auf dem Platz vor der Peterskirche in Rom zum Amtsantritt des neu gewählten Papstes aus dem Osten war für viele Zeitgenossen eine geschichtliche Stunde, deren Thema durch die Persönlichkeit Karol Wojtylas bestimmt wurde. Seine souveräne Autorität und sein kommunikativer Charme vermittelten ein Bild großer Freiheit. Und jeder spürte, dass ihm diese Freiheit wichtig war als Chance zur Entscheidung für Gott. Noch nie in der Geschichte der Neuzeit war in der Person eines Papstes der Zusammenhang zwischen der Freiheit und dem Glauben im Leben so unübersehbar. Es war ein Versprechen, das allen jenen galt, denen die Freiheit zur eigenen Entscheidung genommen war. Und dieses Versprechen wurde gehalten. Als Johannes Paul II. 1996 vor dem Brandenburger Tor in Berlin eine Rede hielt, deren Gedankenführung wieder und wieder in dem Kernsatz „Der Mensch ist zur Freiheit geboren" gipfelte, war sich alle Welt einig, dass ohne ihn die Geschichte des vergangenen Jahrzehnts nicht zu einem Triumph der Freiheit geführt hätte. Die Freiheit zum Glauben als Teil und Konsequenz der menschlichen Freiheit wurde zum geschichtsmächtigen Thema dieses Papstes.

Der Papst tritt für die Unantastbarkeit des menschlichen Lebens ein

Der Mensch und seine Würde ist ein damit in Zusammenhang stehendes durchgehendes Thema seines Wirkens. Seine erste Enzyklika *Redemptor Hominis* (1979) ging der Beziehung der Kirche zum Menschen nach. Schon in seinem noch in Polen geschriebenen Buch *Der Streit um den Menschen* war der Mensch und sein Gewissen sein Thema gewesen. Der Stellung des Menschen in der Gesellschaft und dem Wert der menschlichen Arbeit galten die Enzykliken *Laborem Exercens* (1981) und *Centesimus Annus* (1991). Dass die letztere, was manche im scheinbar siegreichen Westen verstörte, vor den Auswüchsen des Kapitalismus warnte, war nicht nur hellsichtig, sondern erwies erneut die geistige Unabhängigkeit Johannes Paul II. Mit besonderem Nachdruck trat er 1995 in seiner Enzyklika *Evangelium Vitae* für die Unantastbarkeit des menschlichen Lebens ein. Ihm ist in seinem Einsatz für den Schutz des ungeborenen Lebens die Sorge um die weltweite Unmissverständlichkeit der katholischen Position wichtiger als die sich aus der Spezifik nationaler Gesetze ergebenden Chancen, was die Mehrheit der deutschen Katholiken 1999 nach einem jahrelangen Ringen schmerzlich zur Kenntnis nehmen musste. Zustimmung über viele Grenzen hinweg erfahren die leidenschaftlichen Aktionen und Appelle des Papstes für den Frieden, die sowohl die Grundsätze eines gerechten Friedens für die heutige Welt einschärfen als sich auch um praktische Konfliktlösung bemühen. Durch sein Eintreten für den Menschen ist der Papst immer mehr zu einer – wenn auch nicht unumstrittenen, aber stets respektierten – ethisch-moralischen Autorität der Menschheit geworden, auf die sich weit über den Kreis der katholischen Kirche hinaus die Hoffnungen vieler richten.

Ein besonderes Anliegen in seinem Friedensdienst ist Johannes Paul II. der Brückenbau zu den anderen christlichen Konfessionen, zu den Juden und zu den anderen Religionen. Er weiß um die Belastung dieser Beziehungen durch die Geschichte. Darum will er die geschichtliche Erinnerung reinigen und leistete dazu am ersten Fastensonntag des heiligen Jahres 2000 durch seine sieben Bitten um Vergebung für Fehler der Kirche und der Christen einen eindrucksvollen Beitrag. Bis heute bedeutsame Perspektiven für den Weg der Ökumene zeichnete seine Enzyklika *Ut Unum Sint* aus dem Jahre 1995, die von seiner Entschlossenheit zeugt, die Hinwendung des Zweiten Vatikanischen Konzils zur Ökumene beizubehalten und fortzuführen. Mit seiner großen Gabe zur treffenden und bewegenden Symbolik müht sich der Papst geduldig um ein besseres Verhältnis zu den orthodoxen Kirchen, deren Bedeutung für die Weltchristenheit und für die Identität Europas er sich in besonderer Weise bewusst ist. Ein drängendes Thema ist ihm durch die Erfahrung seines eigenen Lebens ein gutes Verhältnis zu den Juden als den „älteren Brüdern der Christen". Das Wort des Apostels Paulus aus dem Römerbrief, dass Gott den Bund mit dem Volk Israel nicht aufgekündigt hat, ist von ihm öfter als von allen Päpsten und Konzilien vor ihm zitiert worden. Seine Besuche in Yad Vashem und an der Klagemauer in Jerusalem waren Ausdruck dieser Haltung. Seine mutige Einladung an die Weltreligionen, Seite an Seite in Assisi für den Frieden zu beten, und sein nicht minder mutiger Besuch in der Moschee von Damaskus haben interreligiöse Geschichte geschrieben.

Der Theologe und Philosophieprofessor auf dem Stuhl Petri hat nicht zuletzt bemerkenswerte Enzykliken zu wesentlichen Themen des Glaubens und

HINTERGRUND

Wer ist Prof. Dr. Hans Joachim Meyer?

Der Präsident des Zentralkomitees der deutschen Katholiken (ZdK) war Minister in der letzten DDR-Regierung und später Minister für Wissenschaft und Kunst in Sachsen.

Das CDU-Mitglied wurde 1936 in Rostock geboren. Als Schüler trat er in die CDU der DDR ein, verließ sie aber nach neun Jahren wieder, aus Enttäuschung über mangelnde politische Gestaltungsmöglichkeiten. 1964 schloss Meyer an der Ostberliner Humboldt-Universität sein Studium der Anglistik und Geschichte ab und wurde 1971 promoviert. Neben seiner Tätigkeit als Dozent und Professor engagierte er sich in der katholischen Kirche. Nach der Ablösung der SED-Regierung wurde Hans Joachim Meyer 1990 Minister für Wissenschaft und Bildung in der letzten DDR-Regierung von Lothar de Maizière (CDU). Nach der Wiedervereinigung wechselte er als CDU-Mitglied in die Landespolitik nach Sachsen. Ministerpräsident Kurt Biedenkopf berief Meyer zum Minister für Wissenschaft und Kunst. 2002 schied er aus der Regierung aus. Der Präsident des ZdK engagierte sich für die Laien in der Kirche. Das ZdK sprach sich 1999 gegen die Forderung des Papstes aus, in kirchlichen Beratungsstellen für Schwangere keine Bescheinigungen auszustellen, durch die straffreie Abtreibungen möglich werden.

Hans Joachim Meyer, Präsident des Zentralkomitees der Katholiken seit 1997, setzt sich für eine stärkere Rolle der Frau in der Kirche ein.

Johannes Paul II. vor einem Christus-Bild am See Genezareth während seiner Pilgerreise im Jahr 2000

der kirchlichen Lehre verfasst, wie erst zuletzt in den Enzykliken *Fides Et Ratio* (1998) und *Ecclesia De Eucharistia* (2003), die beide stark seine persönliche Handschrift zeigen. Durch sein Schreiben *Christi Fideles Laici* von 1988 konnten sich die katholischen Laien in Deutschland bestätigt fühlen, während es weltweit noch vielfach ein erst zu verwirklichendes Programm ist. Fast noch stärker als durch hochkomplexe Texte wirkt der Papst durch seine Fähigkeit, sein Wort durch überzeugende Zeichen und symbolische Handlungen eindrucksvoll zu unterstreichen. Niemand hat wie er das moderne Mittel des Reisens und das alte Mittel der Heiligsprechung in solcher Weise thematisch genutzt.

Wer dem Papst gerecht werden will, darf nicht vergessen, dass er Pole ist

Johannes Paul II. ist kein Mensch der Struktur und des institutionellen Gestaltens. Dass dem Wunsch vieler Katholiken, die erneuernden Dokumente und Beschlüsse des Zweiten Vatikanums durch entsprechende Akte und Reformschritte konsequent zum Durchbruch zu verhelfen, bisher nur begrenzt entsprochen wurde, hat nicht wenig Enttäuschung erzeugt. Gleichwohl ist unbestreitbar, dass dieser Papst, indem er sinntragende Handlungen inszeniert, auf von Persönlichkeiten geprägte geistliche Bewegungen setzt, herausragende Männer und Frauen, wie zum Beispiel die Slawenapostel Cyrill und Methodius oder Birgitta von Schweden und Edith Stein, als vorbildliche europäische Persönlichkeiten proklamiert oder ein Ereignis wie das Weltjugendtreffen ins Leben ruft, kongenial ein weit verbreitetes Zeitgefühl aufgreift, das sich bekanntlich nicht an Programmen, sondern an Personen orientiert und dem Events wichtiger sind als Normen und Strukturen.

Wer diesem Papst gerecht werden will, darf nicht vergessen, dass er Pole ist. Wie jeden Menschen hat ihn sein Land und dessen Kultur und Geschichte geprägt. Im Kontext der Weltkirche steht er in der bewahrenden katholischen Mitte. In Westeuropa scheint nicht wenigen diese Position eher zur Beharrung verschoben. Aber in Polen ist Karol Wojtyla nicht nur ein Anwalt der europäischen Freiheitsidee, sondern auch ein Mann der kirchlichen Erneuerung. Dort käme niemand auf den Einfall, sich gegen den Geist des Zweiten Vatikanischen Konzils auf Johannes Paul II. zu berufen.

1920–1938

Wadowice: Karol verliert seine Mutter und den Bruder

Als drittes Kind einer Soldatenfamilie wird Karol Wojtyla am 18. Mai 1920 in der polnischen Kleinstadt Wadowice geboren. Seine Jugend ist vom Sport, der Schule und der Religion geprägt, aber auch vom frühen Tod seiner geliebten Mutter Emilia und seines Bruders Edmund.

Schon von weitem kann man den kleinen schwarzen Zwiebelturm der Basilika sehen, einer Pfarrkirche, deren Ursprung in das 14. Jahrhundert zurückgeht. Sie ist der Mittelpunkt von Wadowice, einem polnischen Ort etwa 40 Kilometer südwestlich von Krakau. Im Jahr 1920 leben hier rund 8000 Katholiken und 2000 Juden einträchtig nebeneinander. Die Bewohner sind kleine Geschäftsleute, Anwälte, Händler, Bauern und Beamte der örtlichen Provinzverwaltung. Man verdient sein Geld auf den Feldern und Höfen oder in den kleinen Fabriken in der Stadt. Hier werden Zwieback und Stahlteile hergestellt. Es gibt eine Druckerei, eine dampfbetriebene Sägemühle, eine Papiermühle und eine Fabrik, die mit Hilfe von Schwefelsäure aus Tierknochen Dünger produziert.

Auf den holperigen Straßen fährt nur ein halbes Dutzend Autos. Pferdekutschen und Bauern in ihrer traditionell bunten Tracht bestimmen das Ortsbild. Aber trotzdem ist Wadowice kein verschlafenes Provinzkaff, es gibt ein reges Kulturleben, man besucht Konzerte, Lesungen und Theateraufführungen.

Nachdem Polen seine Unabhängigkeit (siehe „Hintergrund“ auf Seite 15) wiedergewonnen hat, ziehen die Soldaten des neuen 12. Infanterieregiments der polnischen Armee in die österreichische Kaserne im Ort ein. Die Regimentsoffiziere spielen im gesellschaftlichen Leben von Wadowice eine wichtige Rolle. Einer von ihnen ist auch Karol Wojtyla, Reserveoffizier im 56. Infanterieregiment der österreichisch-ungarischen Armee. Er lebt hier gemeinsam mit seiner Ehefrau Emilia, das Paar hat 1904 geheiratet. Am 27. August 1906 wird dann das erste Kind der Familie geboren. Ein Sohn mit Namen Edmund, den die Eltern „Mundek“ nennen. Der Junge bleibt den Nachbarn als hübscher Knabe mit außergewöhnlichem Charme in Erinnerung. Er ist ein ausgezeichneter Sportler, studiert von 1924 bis 1929 an der Jagellonischen Universität in Krakau und macht dort 1930 seinen Doktor in Medizin.

Einige Jahre nach Edmund wird noch eine Tochter geboren, die nur wenige Wochen später stirbt. Weder über ihre Geburt und Taufe noch über

Karol Wojtyla als Baby mit seiner Mutter Emilia. Die Tochter eines Sattlers verstarb im Alter von 45 Jahren an Nierenversagen und einem Herzfehler.

Das Geburtshaus von Papst Johannes Paul II. in Wadowice in der Koscielnastraße 7 ist heute ein Museum, das von vielen Pilgern besucht wird.

ihren frühen Tod gibt es irgendwelche Aufzeichnungen. Sie wurde wahrscheinlich auf dem örtlichen Friedhof begraben, ganz ohne Grabstein, wie es zu dieser Zeit üblich war.

Das Ehepaar Wojtyla und ihr Sohn Edmund wohnen ab 1919 im Haus Rynekstraße 2, die Adresse heißt heute Koscielnastraße 7. Es ist ein solider Backsteinbau mit Stuckverzierung, der um einen großzügigen Innenhof herum gebaut wurde. Das bürgerliche Wohnhaus steht gleich gegenüber der Marienkirche.

Am 18. Mai 1920 wird in dieser Wohnung das dritte Kind geboren: Karol Józef Wojtyla, der später als Papst Johannes Paul II. in die Geschichte eingehen wird.

Die Streiche des kleinen Karol und seines Freundes Jerzy

Am 20. Juni 1920 wird das ein Monat alte Baby in der Marienkirche von dem Militärkaplan Franciszek Zak getauft. Seine Vornamen Karol Józef erhält er aus Pietät für die alte Habsburger Monarchie, für die sein Vater jahrelang in der Armee gedient hatte. Die Familie und Freunde nennen den kleinen Karol „Lolek".

Der Vater setzt nach der Unabhängigkeit Polens seine Laufbahn als Leutnant der polnischen Armee fort und beendet 1927 seine militärische Karriere als Hauptmann.

Der kleine Lolek freundet sich mit Jerzy Kluger an, einem Jungen aus einer begüterten, weltoffenen jüdischen Anwaltsfamilie. Der Vater von Jerzy ist außerdem Vorsitzender der Jüdischen Gemeinde von Wadowice.

Noch viele Jahre später erinnert sich Jerzy Kluger gern an die Streiche mit seinem Jugendfreund Karol Wojtyla. Einmal spielen die beiden auf einem kleinen Platz, nicht weit vom Elternhaus der Wojtylas entfernt. Dort auf dem Marktplatz hält der Ortspolizist Cwiek ein Mittagsschläfchen. Die beiden Jungen sind der festen Überzeugung, dass der Säbel des Beamten nur aus Holz ist, und wollen das sofort überprüfen. Vorsichtig ziehen sie den Säbel aus der Scheide des schlafenden Polizisten, dabei verlieren sie das Gleichgewicht, stolpern und fallen auf den schlummernden Ordnungshüter. Dieser aber ärgert sich mehr darüber, dass er beim Schlafen gestört wird, als dass die Kinder ihm sein Symbol der Autorität entwenden wollten.

Mit sechs Jahren, am 15. September 1926, wird der kleine Karol in die erste Klasse der Volksschule von Wa-

Karol „Lolek" Wojtyla besuchte als Schüler das Knabengymnasium Wadowita.

Karols Vater, der ebenfalls Karol hieß, wurde von allen „Hauptmann" genannt.

HINTERGRUND

Das neue Polen der 20er Jahre

Der Deutsche Kaiser Wilhelm II. ruft 1916 das selbstständige Polen aus ohne souveräne staatliche Kompetenzen.

Der Erste Weltkrieg brachte dann die Lösung der polnischen Frage. Die politische Konzeption des Kommandanten der polnischen Legion Józef Pilsudski erwies sich als am effektivsten. Er rechnete damit, dass Deutschland und Österreich-Ungarn Russland besiegen würden. Danach könnte auf den Trümmern der Teilungsmächte ein souveränes Polen entstehen. Und das wurde dann auch gegründet: Russland schied nach der Revolution 1917 aus dem Krieg aus. Deutschland und Österreich-Ungarn kapitulierten vor Frankreich und England. Der Versailler Vertrag, der den Ersten Weltkrieg beendete, löst die österreichisch-ungarische Monarchie auf. Es werden neue Staaten geschaffen, unter anderem Polen und die Tschechoslowakei. Am 7. November 1918 entsteht die erste provisorische polnische Regierung mit dem Sozialisten Ignacy Daszynski an der Spitze.

Bereits 1919 kommt es zu kriegerischen Auseinandersetzungen zwischen Polen und Tschechen wegen Ostschlesien. Die Alliierten greifen ein und verwalten das umstrittene Land bis 1920.

Ein Bündnis zwischen Polen und der Ukrainischen Volksrepublik führt zum polnisch-sowjetischen Krieg. Vom 13. bis zum 18. August kommt es zur Warschauer Schlacht, die Historiker später als das „Wunder an der Weichsel" betiteln. Nach einem Vorstoß auf Warschau wird die russische Rote Armee an der Weichsel geschlagen. Im Frieden von Riga 1921 wird dann die Ostgrenze von Polen festgelegt.

Gleichzeitig bricht in Schlesien ein neuer Aufstand aus. Nach einer Abstimmung wird Oberschlesien 1921 geteilt. 60 Prozent der Bevölkerung stimmten für Deutschland, 40 Prozent für Polen. Gleiwitz (Gliwice), Beuthen (Bytom) und Hindenburg (Zabrźe) bleiben deutsch, Kattowitz (Katowice) wird polnisch.

1938–1955

die Deutschen kommen auf Polen schwere Zeiten zu. Schulen, Universitäten und Theater werden einfach geschlossen. Noch schlimmer: Deportationen und Massaker sind jetzt an der Tagesordnung. Die Kirche ist fast handlungsunfähig. Der Student Karol schließt sich verschiedenen Untergrundorganisationen an. Dazu gehören auch die Theatergruppe „Studio 39“ und der von Jan Tyranowski geleitete Gebetszirkel „Lebendiger Rosenkranz“.

Um überhaupt eine Arbeitserlaubnis zu bekommen und von der Zwangsarbeit befreit zu werden, lässt sich Karol 1941 in der von den Deutschen übernommenen chemischen Fabrik Solvay als Hilfsarbeiter anstellen. Zuvor schuftet er einige Monate im Steinbruch von Zakrzówek, später wird er Hilfsfeuerwerker. Im Februar 1941 stirbt sein Vater und Lehrmeister, im Mai wird Wojtylas Gemeindepfarrer von der Gestapo verhaftet.

Im Herbst 1942 eröffnet Karol dem Krakauer Erzbischof Adam Sapieha seinen Entschluss, Priester zu werden. Das Erzbistum akzeptiert ihn als heimlichen Priesteramtskandidaten, und Karol beginnt im Untergrund ein verbotenes Philosophiestudium.

Ein Studienfreund wird von der Gestapo verhaftet und erschossen

Ein Jahr vor Kriegsende 1944 wird der junge Priesteranwärter von einem deutschen Lkw angefahren und muss ins Krankenhaus. Im April wird Jerzy Zachuta, ein Kommilitone im Untergrundseminar, von der Gestapo verhaftet und erschossen. Erst im Januar 1945 verlassen die deutschen Besatzer Krakau, und die Rote Armee zieht in die Stadt ein. Am 1. November 1946 wird Karol Wojtyla von Kardinal Sapieha zum Priester geweiht. In den ersten drei Jahren nach Kriegsende geht der frisch ernannte Priester nach Rom, um weiter Theologie zu studieren. Karol Wojtyla besucht Frankreich, Belgien und die Niederlande und schließt im Juni 1948 seine erste Promotion mit 18 von möglichen 20 Punkten ab.

Karol Wojtyla wird 1949 neben dem Pfarrer und drei Vikaren der fünfte Seelsorger in Krakau. Unter den Vikaren ist auch Marian Jaworski, der später ein enger Freund von Karol wird. Der junge Pfarrvikar kommt in einer Zeit nach St. Florian, als die kommunistischen Machthaber den Druck auf die Kirche verschärfen. Im folgenden Jahr übernimmt der Staat

Das Evangelium im Kanu: Der Studentenseelsorger der St.-Florians-Kirche in Krakau, Karol Wojtyla, ist begeisterter Paddelbootfahrer. Hier bei einer Tour-Pause 1955 auf der Drawa.

Mit Sport, wie Fahrradfahren, über sich selbst hinauswachsen. Die jugendliche Leidenschaft wird für „Wujek“ später als Papst zur viel benutzten Metapher: „Menschen, die über ihre Grenzen gehen, verschließen sich niemals der Wahrheit!“

Karol Wojtyla sitzt im Schneidersitz auf einer Wiese und rasiert sich während seines Camping-Urlaubs an der Masurischen Seenplatte. Er liebt die Natur und Ausflüge mit jungen Menschen.

Dehnübungen nach langen Wanderungen beim Urlaub in Masuren. Einmal sagt einer seiner Begleiter nach einer schweren Bergtour: „Wenn du einmal Papst bist, bekommen wir für unsere Anstrengungen bestimmt Ablass…"

Hunderte von katholischen Bildungs- und Wohlfahrtseinrichtungen.

Viele katholische Schulen und andere Organisationen werden von der Regierung für illegal erklärt. Trotz dieser schweren Zeit für die katholische Kirche ist die Berufung für Karol Wojtyla durch Erzbischof Sapieha nach Krakau eine ideale Aufgabe. Denn hier kann Wojtyla sowohl seelsorgerisch mit jungen Menschen arbeiten als auch den Kontakt zu seiner geliebten literarischen und philosophischen Welt aufrechterhalten. Die Jugendlichen in der Gemeinde lieben ihren Pfarrer „Wujek", wie sie ihn jetzt nennen. Er hat mit ihnen ein tolles Vertrauensverhältnis, sie hören auf das, was er sagt, und diskutieren mit ihm. Es ist seine für die damalige Zeit ungewöhnliche Offenheit, die sie fasziniert, und die Art und Weise, wie er in den Gesprächen ein solides und positives Menschenbild einbindet. Gemeinsam mit jungen Leuten macht Karol Wojtyla immer wieder Ausflüge in die Berge zum Skifahren, Wandern oder an idyllisch abgelegene Seen – Orte, die sich ideal zur Meditation eignen. Dabei spricht man über Themen wie Sexualität, Liebe und Ehe. Für polnische Priester aus jener Zeit ist das etwas völlig Neues. Im Januar 1953 macht Wojtyla zum ersten Mal einen Skiausflug mit seinem Bekannten Jerzy Janik, und das wiederholt sich dann jedes Jahr bis zu seinem Weggang aus Polen. Karol Wojtyla ist begeisterter Skifahrer. Freunde erinnern sich später, dass er manchmal in halsbrecherisch riskantem Stil die mit Schnee bedeckten Pisten hinabschoss.

HINTERGRUND

Wojtyla: Seelsorger und Dichter

„Ich höre die abendlichen Geheimnisse der Bäche, still sind die Worte, die zu den Sternen schauen. Man muss die Worte in Mondvisionen verwandeln, die sich in den Lorbeerkranz der Seele einflechten, die vielleicht Anklage erheben. Weil heute jeder die Geschichte seiner Schmerzen erzählen kann, die blutende Rhapsodie und das Schicksal seiner Nächsten und das eigene."

Auszug aus dem Gedicht „Das Wort: Logos" von Karol Wojtyla

1956–1978

Vom Bischof zum Kardinal – von Krakau nach Rom

Was ist die menschliche Natur? Diese philosophische Frage beschäftigt Karol Wojtyla als Priester, Bischof und später als Kardinal. Auf seinem Weg nach Rom versteht er sich als Kommunikator und führt Dialoge, anstatt zu verwalten.

Einer der drei bestellten Gutachter für Karol Wojtylas Habilitation war Stefan Swiezawski. Er lehrt an der Katholischen Universität Lublin (auch „KUL" genannt) zeitgenössische Philosophie. Später werden Swiezawski und der junge Priester Karol sogar Freunde. Bei einer Wanderung im September 1954, gemeinsam mit Swiezawskis Frau Maria, in den Bergen südlich von Krakau überredet er Karol, sich der Philosophischen Fakultät der KUL anzuschließen. Und innerhalb nur eines Monats beschließt der Akademische Senat der KUL, den Priester Karol Wojtyla als Dozent für Ethik zu berufen.

Drei Jahre lang pendelt der neu ernannte Dozent zwischen der St.-Florians-Kirche in Krakau, wo er weiterhin Studenten und das Krankenhauspersonal seelsorgerisch betreut, und der Universität in Lublin. Die Katholische Uni wurde 1918 von dem Priester Idzi Radziszewski gegründet, und kurioserweise gehörte auch Lenin zu den Geburtshelfern der KUL. Besondere Anerkennung bei den polnischen Intellektuellen fand die KUL nach dem Zweiten Weltkrieg.

Die Professoren und Studenten arbeiteten die Erfahrungen auf, die sie unter deutscher Okkupation und im stalinistischen Polen gemacht hatten. Die „menschliche Natur" stand dabei im Mittelpunkt. Wie ist diese eigenartige Mischung aus Geist und Materie aufgebaut? Warum benahmen sich manche Menschen während der deutschen Besatzung wie Tiere, während andere sich bewundernswert heldenhaft verhielten? Warum dachten manche immer nur an sich selbst und schreckten nicht einmal vor dem Verrat ihrer besten Freunde zurück, während andere sich edelmütig aufopferten und ihr eigenes Leben für das ihrer Freunde gaben?

Mit diesen Fragen der philosophischen Anthropologie beschäftigt sich auch Karol Wojtyla, bis er zu Beginn seines dritten Jahres an der KUL, im Dezember 1956, Nachfolger des Dominikaners Feliks Bednarski auf dem Lehrstuhl für Ethik wird. Karol Wojtyla übt dieses Amt 22 Jahre lang bis zu seiner Wahl zum Papst aus.

Bischof Wojtyla trifft 1964 eine deutsche Pax-Christi-Gruppe in Polen.

Aber der neue Professor Karol Wojtyla ist nicht nur Lehrer an der KUL, sondern auch Lernender. Seine Fakultätskollegen, allen voran sein Freund Stefan Swiezawski, machen ihn auf die Neuinterpretation der katholischen Sozialethik aufmerksam. In dieser von Jacques Maritain verfassten, modernen Deutung wird auch die ethische Rechtfertigung der Demokratie genannt: Die Demokratie sei diejenige moderne Regierungsform, die die menschliche Würde am meisten achte.

Karol Wojtyla liest auch das 1936 von Maritain veröffentlichte Buch über den christlichen Humanismus („Humanisme intégral"), das ihn später beim Zweiten Vatikanischen Konzil und dessen Blick auf die moderne Welt stark beeinflusst.

Immer wieder macht der Ethik-Professor mit seinen Studenten Ausflüge in die Natur. Mal diskutiert er mit ihnen seinen Entwurf zu einem Buch über Sexual- und Ehemoral, das den Titel „Liebe und Verantwortung" tragen soll. Ein anderes Mal singt er am Lagerfeuer ausgelassene Studentenlieder und schreckt dabei auch nicht vor der „Hymne des Pessimisten" zurück. Darin lautet in einem Vers der provozierende Text: „... nicht einmal Laien würden den Klerus davon abhalten, Gottes Werk zu zerstören".

Aber die Studenten, darunter Wojtylas Freund Jerzy Galkowski, beobachten auch, wie ihr Professor bei allen Gesprächen in der Gruppe immer ernsthaft bleibt. Man erkennt in diesen Jahren an der Katholischen Universität in Lublin, dass die philosophischen Werke des Professors Wojtyla sowie auch seine literarischen Veröffentlichungen als Dichter und Dramatiker das Ergebnis seiner Arbeit als

Bischof Wojtyla segnet polnische Bergarbeiter. Er selbst hat während der Nazi-Zeit im Steinbruch geschuftet.

Priester sind. Auch hinter dem Vorlesungspult bleibt der Professor immer der Seelsorger für seine Studenten. Nach „Liebe und Verantwortung", dem ersten Buch Wojtylas im Jahr 1960, erscheint sein zweites Werk „Im Laden des Goldschmieds". Beide Veröffentlichungen belegen Wojtylas Überzeugung, dass man nur auf vielen verschiedenen Wegen zur Wahrheit der Dinge vordringen kann.

„Mögest Du die Demut und Wahrheit lieben und sie nie verraten"

Am 4. Juli 1958 wird Karol Wojtyla von Papst Pius XII. zum Weihbischof von Krakau ernannt. Mit seinen 38 Jahren ist er damit der jüngste Bischof Polens. Bei den Feierlichkeiten im Dom auf dem Wawel wird der neue Bischof mit einem Gebet an Gott gesegnet: „Möge Dein Haupt durch die himmlische Segnung in der Bischofsweihe gesalbt und geheiligt sein. Mögest Du in Deiner Sorge nicht nachlassen, inbrünstig im Geiste sein; mögest Du den Stolz verachten, die Demut und die Wahrheit lieben und sie niemals, sei es durch Schmeichelei oder Furcht, verraten."

Nicht alle im Freundeskreis von Karol Wojtyla waren über dessen Ernennung zum Bischof glücklich. Professor Adam Vetulani von der Jagellonischen Universität klagte gegenüber einem Freund: „Schau nur, da zieht man einen Dozenten heran, und heraus kommt ein Staatsmann."

92 Jahre nach dem Ersten Vatikanischen Konzil (1869–1870) eröffnet Papst Johannes XXIII. am 11. Oktober 1962 im Petersdom in Rom das Zweite Vatikanische Konzil (siehe auch Hintergrundkasten nächste Seite). Unter den über 2000 Bischöfen, die sich zur Eröffnung des Konzils im Mittelschiff des Domes versammelt haben, sitzt auch der Mann aus Polen – Bischof Karol Wojtyla.

Nach dem dreijährigen Konzil, an dem der Bischof und Professor aus Lublin aktiv mitgearbeitet hat, berei-

HINTERGRUND

Die polnische Kirche unter dem Druck des Kommunismus

Nach den Nazis besetzen die Kommunisten Polen. Die Regierung richtet sich nach Moskau aus. Es kommt zum offenen Streit zwischen Kirche und dem Staatsregime.

Die Rote Armee befreit Polen von den deutschen Besatzern. Viele hoffen auf die Rückkehr zur Normalität in einem freien, unabhängigen Land. Aber im Juli 1944 unterzeichnet das von Moskau gelenkte „Polnische Komitee" ein Abkommen mit der Sowjetunion, das den Sowjets die vollständige Kontrolle über Recht und Ordnung einräumt. Wieder wird Polen unterdrückt, diesmal von den Kommunisten. Politiker werden abgelöst, Widerstandsgruppen zerschlagen, und wer sich widersetzt, wird erschossen. Mitte 1948 ist das neue Polen vollständig in den äußeren Herrschaftsbereich der Sowjetunion eingeschlossen. Das neue Regime geht auf Konfrontationskurs zur katholischen Kirche und versucht mit allen Mitteln, einen Keil zwischen die Bevölkerung und die Kirche zu treiben.

In den 70er Jahren setzt sich Karol Wojtyla für die Religionsfreiheit ein. Er schreibt: „Freiheit ist die Freiheit für die Wahrheit. Erst wenn der Mensch in der Wahrheit lebe, sei er wirklich frei." Später als Papst unterstützt er die unabhängige Gewerkschaft „Solidarność" und den Weg Polens in die Demokratie.

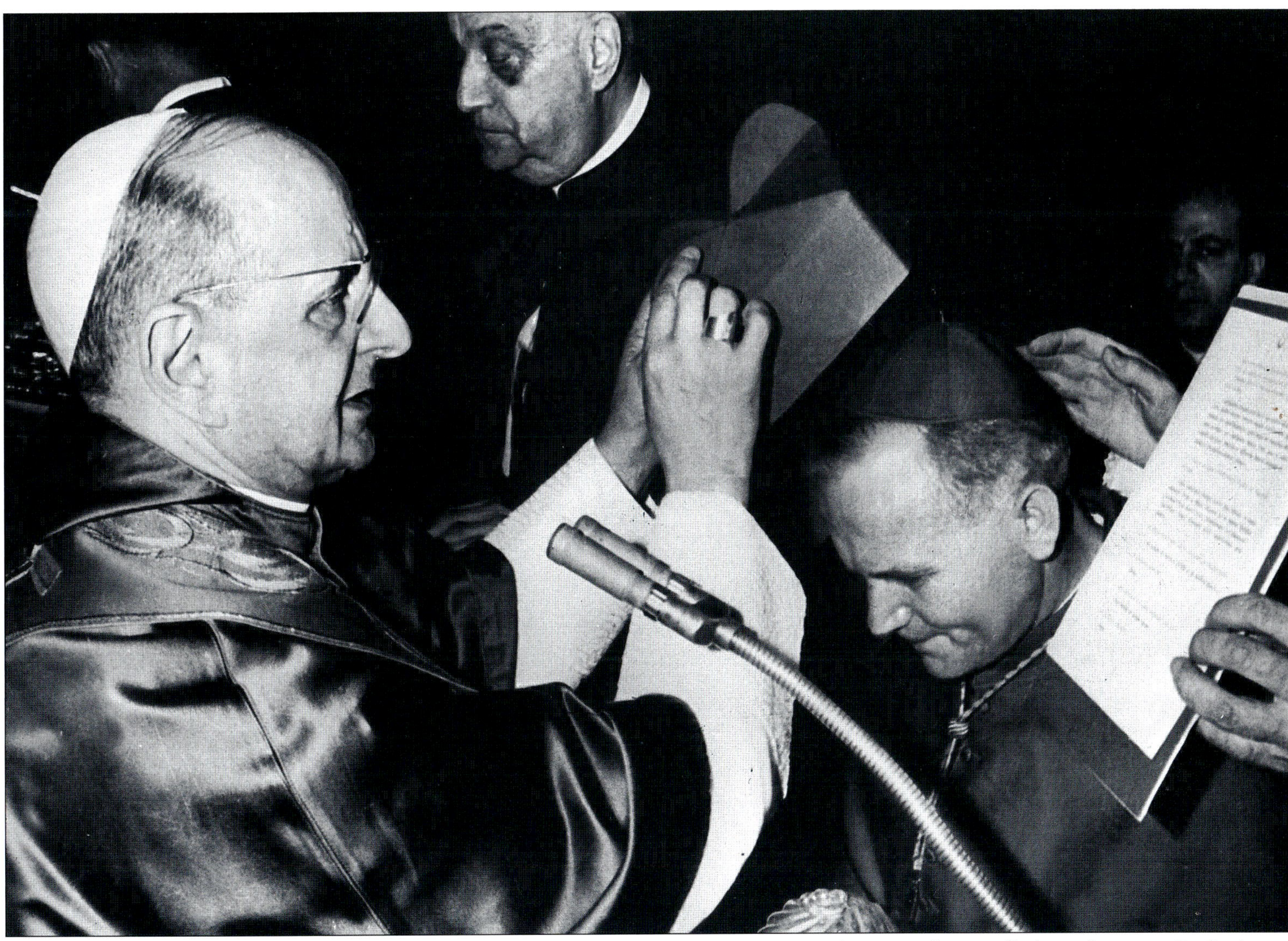

Eine große Auszeichnung: Papst Paul VI. (l.) ernennt Erzbischof Karol Wojtyla (r.) am 26. Juni 1967 in der Sixtinischen Kapelle des Vatikans zum Kardinal.

1956–1978

Kardinal Karol Wojtyla besucht 1968 die Baustelle der Kirche von Nova Huta, die im Mai 1977 eingeweiht wird.

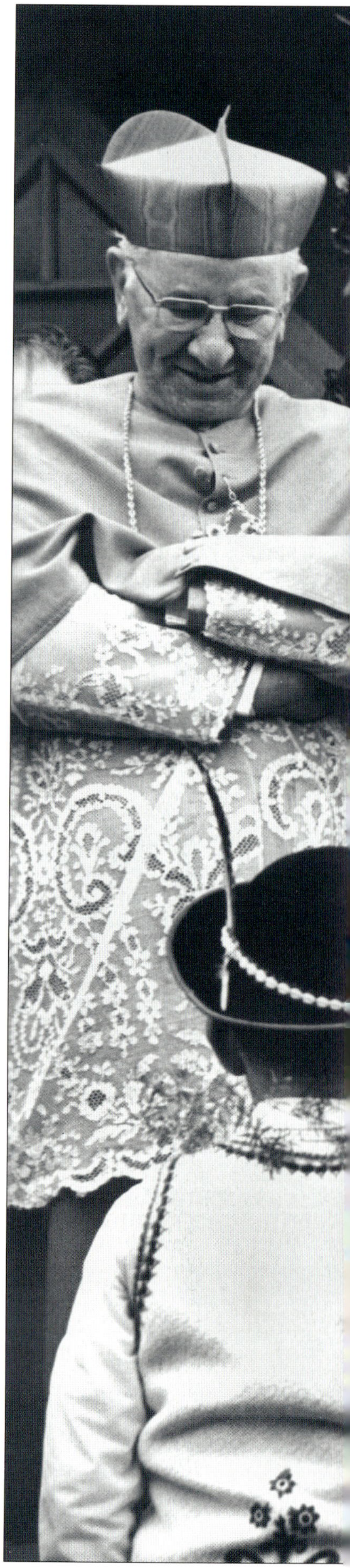

1974 besucht der amerikanische Kardinal

tet sich Polen auf die große Feier zum 1000-jährigen Jubiläum seiner Christianisierung vor. Man versendet Einladungen an katholische Kirchenmänner in aller Welt und hofft auch, dass Papst Paul VI. nach Polen zur Tausendjahrfeier kommt.

Ein Brief zu den Feierlichkeiten an die deutschen Bischöfe, den Karol Wojtyla mitentwirft, beinhaltet eine detaillierte Rückschau auf die schwierige Geschichte der Beziehungen beider Länder. Ein Thema ist das unermessliche Leid, das die Deutschen den polnischen Menschen zugefügt haben. Man verschweigt aber auch nicht, dass den Deutschen von den Polen Leid geschehen ist. Der Brief endet mit den Worten: „Wir vergeben und bitten um Vergebung."

Polens kommunistische Regierung allerdings nutzt diesen Brief, um einen Keil zwischen Kirche und Volk zu treiben. Die Staatsoberen weigern sich, den Brief an die deutschen Bischöfe in der Presse abzudrucken.

Im Gegenteil, man startet unter der Überschrift: „Wir vergessen und vergeben nicht!" eine politische Kampagne gegen die Bischöfe und die katholische Kirche Polens. Aber auch viele Katholiken, keinesfalls alles Regime-Sympathisanten, sprechen sich gegen diesen Brief aus. Zu tief sind noch die Wunden und Schrecken der jüngsten Geschichte.

Zuvor ist im Mai 1964 eine größere Gruppe von Pax Christi nach Polen gereist, um im ehemaligen KZ Auschwitz zu beten und ein Zeichen der Versöhnung zu setzen. Mit Karol Wojtyla trifft man sich in dem kleinen Ort Bielsko-Biala. Hier entsteht der Gedanke der Pax-Christi-Solidaritätsspende für KZ-Opfer, ein Impuls für das 1973 gegründete Maximilian-Kolbe-Werk.

Das gute Verhältnis zwischen Papst und Kardinal Wojtyla wächst stetig

Am 28. Juni 1967 wird Karol Wojtyla von Papst Paul VI. in der Sixtinischen Kapelle zum Kardinal ernannt, und zwei Jahre später reist er von August bis September durch Kanada und die Vereinigten Staaten. In den ersten Jahren seiner Amtszeit setzt sich der Kardinal Wojtyla dafür ein, dass die Ausbildung junger Priester in der Erzdiözese Krakau verstärkt wird. Das

HINTERGRUND

Wojtyla und das Zweite Vatikanische Konzil

Drei Jahre dauert das Konzil zur Neuordnung der katholischen Kirche. Karol Wojtyla arbeitet an einigen Themen konstruktiv mit.

In 178 Treffen von 2540 Bischöfen in der Zeit zwischen Oktober 1962 und Dezember 1965 beim Zweiten Vatikanischen Konzil wird die Position der Lehre und des Lebens in der katholischen Kirche neu bestimmt.

Themen des Konzils sind die Kommunikationsmittel, die Beziehung zwischen Christen und Juden, die Reform der Liturgie, die Beziehung zu Nichtchristen, der Dienst und das Leben der Priester sowie deren Ausbildung. An zwei Themen arbeitet der damalige Bischof Karol Wojtyla mit und beeinflusst das Ergebnis: die Religionsfreiheit und die Rolle der Laien in der Kirche.

Auf dem Konzil wird auch die Organisationsform der Gemeinde reformiert. Nach dem Tod von Papst Johannes XXIII., der das Konzil eröffnete, führt Papst Paul VI. die Konstitution über die Kirche weiter. Er fügt zu den Zielen den Dialog mit der modernen Welt und die Öffnung der Kirche gegenüber anderen christlichen Religionen hinzu.

John J. Krol (l.) in Begleitung von Karol Wojtyla (Mi.) seinen Heimatort in Polen.

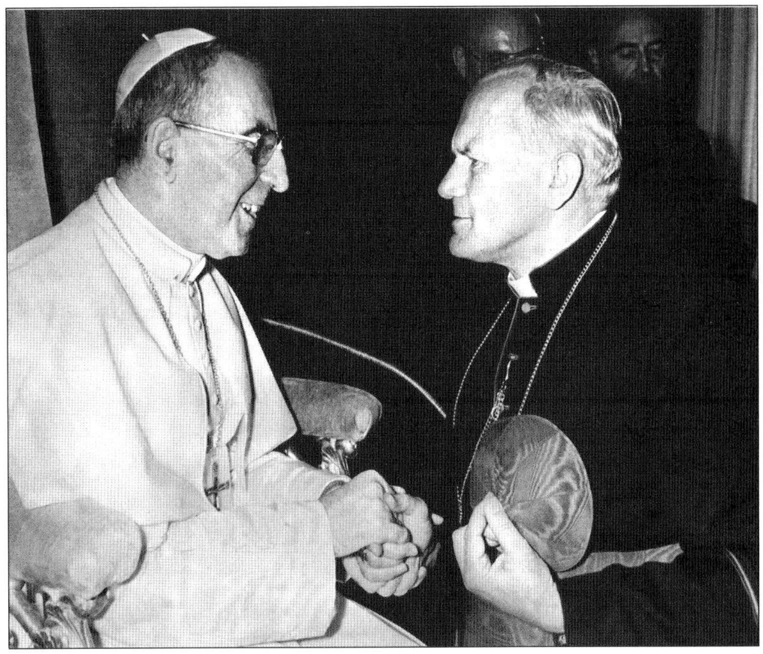

Kurz vor seinem Tod 1978 trifft Papst Johannes Paul I. (l.) Kardinal Wojtyla.

polnische Regime hatte die Theologische Fakultät der Jagellonischen Universität geschlossen. Die entlassenen Professoren bauen daraufhin eine Theologische Fakultät im Rahmen des Priesterseminars der Erzdiözese Krakau auf. Allerdings mit der Einschränkung, dass akademische Grade nicht im Namen des Staates, sondern des Heiligen Stuhls verliehen werden.

Als der Kardinal in den 70er Jahren immer mehr mit der kommunistischen Regierung aneinander gerät, verzichtet er auch auf eine akademische Beförderung an der Universität von Lublin. Er hätte diese von dem Regime absegnen lassen müssen. Also bleibt der Kardinal mit Lehrstuhl für Ethik an der KUL weiterhin nur Dozent.

Bereits 1968, bei der Ausarbeitung der Enzyklika *Humanae Vitae*, in der es um die Ablehnung der Empfängnisverhütung durch die Kirche geht, spielt Karol Wojtyla eine wichtige Rolle. Seitdem wird sein Verhältnis zum Heiligen Stuhl in Rom immer enger. Schließlich wird Kardinal Wojtyla vom Papst 1976 damit beauftragt, im Vatikan während der Fastenzeit die Exerzitien abzuhalten. Eine Aufgabe, die das gute Verhältnis und das Vertrauen des Papstes in den polnischen Kardinal ausdrückt.

Am 28. September 1978 feiert Kardinal Karol Wojtyla sein 20-jähriges Jubiläum als Bischof mit seinen Laienfreunden. In der Nacht stirbt in Rom Papst Johannes Paul I. Zwei Tage später beginnt Karol Wojtyla sein letztes Gedicht „Stanislaw" und wird am 16. Oktober 1978 zum neuen Papst gewählt. Für viele ist Karol Wojtyla in seiner Amtszeit als Bischof und später als Kardinal kein besonders guter Manager. Man beklagt, dass er mehr am Dialog mit seinen Gegnern interessiert sei, als daran, mit Menschen zu sprechen, die hinter seinen Ideen stehen. Er ist ein Pragmatiker, der nach Lösungen auf verschiedenen Wegen sucht, kein detailversessener Verwalter seines Amtes.

Durch Verstand und Vorstellungskraft immer einen Schritt voraus

Wojtyla ist auch ein großer Kommunikator und versucht, alle Meinungen unter dem katholischen Kosmos zuzulassen. Selbst Aufsässige entlässt er nicht, um sie etwa durch eigene Leute zu ersetzen. Und er befördert auch junge Priester, bei denen andere die Karriere behindert hätten. Während seiner Kirchenzeit übt Karol Wojtyla nie Vergeltung, wenn andere ihn provozieren. Er packt Probleme und ihre Lösungen langfristig an. Manche können ihm nur schwer folgen, weil sein Verstand und seine Vorstellungskraft immer um einige Schritte voraus sind. Er ist ein Mensch und Geistlicher, der alles im Zusammenhang sieht und aus dessen Ideen Institutionen werden. Später kommt noch eine weitere Gabe hinzu, er erkennt wie kein Gottesdiener vor ihm, wie wichtig die Medien für die Verbreitung des Evangeliums in der Welt sind. Als Papst Johannes Paul II. nutzt er die Massenmedien und hat seit März 1997 sogar eine eigene Home-Page unter www.vatican.va.

Spannung auf dem Petersplatz

Dicht gedrängt stehen die Menschen am 16. Oktober 1978 auf dem Petersplatz in Rom. Sie haben sich versammelt, um den neu gewählten Papst zu begrüßen. Es ist der Pole Karol Wojtyla. Für viele Beobachter eine große Überraschung, denn der neue Pontifex, Bischof von Rom und Heilige Vater ist der erste Nichtitaliener seit 1523 auf dem Stuhl Petri. Sechs Tage später tritt Karol Wojtyla als Papst Johannes Paul II. sein Amt im Vatikan an.

DER ABLAUF

Nach nur 33 Tagen Amtszeit verstirbt Papst Johannes Paul I. am 28. September.

Kardinäle bei der Trauerfeier für Papst Johannes Paul I. im Petersdom

Geheimnis Konklave – wie wird ein neuer Papst gewählt?

Nur 33 Tage war Johannes Paul I. im Amt. Wieder müssen die Kardinäle aus aller Welt zusammenkommen, um einen Nachfolger zu wählen – diesmal gibt es für alle Gläubigen eine große Überraschung.

Der Papst ist tot. Im Morgengrauen des 29. September 1978 wird der leblose Körper von Johannes Paul I. in seinem Schlafzimmer im Apostolischen Palast gefunden. „Den Moment des Schreckens" hat der Mönch Petrus Damiani im elften Jahrhundert den Tod des Pontifex genannt. Und diesmal ist der Schrecken besonders groß. Nur 33 Tage dauerte das Pontifikat des „lächelnden Papstes", 33 Tage, in denen Johannes Paul I. die tiefe Zuneigung und das Vertrauen der Gläubigen gewonnen hat, zurückhaltend, still, bescheiden und gutmütig. Ein Mann, dessen Traum es einmal war, als Dorfpfarrer tätig zu sein. In Rom, wo die Glocken die traurige Nachricht verkünden, steht der Verkehr fast still. Das Bodenpersonal der italienischen Fluggesellschaft Alitalia bricht einen Streik ab. Die Bewohner der Ewigen Stadt sind bestürzt und fassungslos.

Schnell machen Gerüchte und Spekulationen die Runde. Ist Johannes Paul I. wirklich eines natürlichen Todes gestorben? Oder ist er vergiftet worden? Die zögerliche Informationspolitik des Vatikans trägt wenig dazu bei, die Verschwörungstheorien zu entkräften. Eine Autopsie wird nicht vorgenommen. So hält sich das Gerücht vom Papst-Mord bis heute, auch wenn als sicher gilt, dass es wohl die Bürde des Amts war, die Einsamkeit und die Verantwortung, die Bürokratie und die mangelnde Unter-

Der Leichnam von Papst Johannes Paul I. liegt aufgebahrt im Petersdom. Schweizergardisten halten die Totenwache.

stützung der Kurie, die den kränklichen Papst erdrückten.

Stirbt der Papst, setzt der Vatikan eine gewaltige Maschinerie in Gang. Der Kämmerer der Kirche, der „Camerlengo", stellt den Tod fest. Er zieht dem verstorbenen Pontifex den Fischerring, das Symbol der päpstlichen Macht, vom Finger. Ring und Bleisiegel, mit dem die apostolischen Schreiben verplombt wurden, werden zerbrochen und die päpstlichen Gemächer im Apostolischen Palast versiegelt. Die Kardinäle werden nach Rom gerufen. Zum zweiten Mal in diesem Jahr 1978 beerdigen sie einen Papst. Im August Paul VI., den Vorgänger von Johannes Paul I. Nun ihn selbst. Zum zweiten Mal übernehmen die Purpurträger für die Zeit der Sedisvakanz, wenn der Stuhl Petri verwaist ist, die Leitung der Kirche, ohne allerdings von den Päpsten verfügte Erlasse korrigieren oder ändern zu können. Und zum zweiten Mal werden sie zusammenkommen, um im Konklave, vor Michelangelos „Jüngstem Gericht" in der Sixtinischen Kapelle, abgeschlossen von der Außenwelt, unter strengster Geheimhaltung aus ihren Reihen den neuen Papst zu wählen.

Wer wird Johannes Paul I. nun folgen? Wer wird die Kirche ins dritte Jahrtausend führen?

Der Krakauer Erzbischof Karol Kardinal Wojtyla glaubt nicht daran, dass er zum Nachfolger gewählt werden könnte. „Wir wählen in Rom, es wird daher ein Italiener sein", hat er schon vor seiner Abreise zum ersten Konklave in diesem Jahr zu einem Freund gesagt. Und was sollte nun, bei dieser zweiten Reise nach Rom zum zweiten Konklave, anders sein? Und warum sollte der nächste Papst ausgerechnet aus dem Ostblock kommen, einer Welt für sich, verriegelt und verschlossen?

Und tatsächlich, noch bevor die Kardinäle zur Wahl in die Sixtinische Kapelle ziehen, scheint gewiss zu sein: Die Wahl wird zwischen zwei italienischen Kandidaten entschieden. Die Konservativen sammeln sich um Giuseppe Siri, Erzbischof von Genua. Siri ist erzkonservativ, reaktionär und misstrauisch gegen jede Reform. Aber es bildet sich auch eine Gegenfraktion aus Kardinälen aus Westeuropa und der Dritten Welt für den eher weltoffenen und progressiven Erzbischof von Florenz Giovanni Benelli. Er steht für eine größere Offenheit gegenüber der modernen Welt, für eine Reform der Liturgie, die Freiheit der theologischen Forschung und die offene Auseinandersetzung mit anderen christlichen Glaubensbekenntnissen. Zwar sind Absprachen vor dem Konklave verboten, und

DER ABLAUF

offiziell werden die Kardinäle bei ihrer Entscheidung durch den Heiligen Geist erleuchtet, doch eine Papstwahl ist stets ein politisches Kräftemessen. Und was sich in diesen Tagen vor Beginn des Konklaves abspielt, gleicht mehr einem weltlichen Wahlkonvent. Hinter den Kulissen werden Treffen und Geheimverhandlungen arrangiert, Kontakte geknüpft, Allianzen geschmiedet, Befindlichkeiten ausgelotet.

Doch da geschieht etwas, das die Stimmung umschlagen lässt: Nur wenige Stunden vor Beginn des Konklaves am 14. Oktober macht der Vorabdruck eines Interviews der Zeitung „Gazetta del Popolo" die Runde, in dem Siri eine Demokratisierung der Kirche strikt ablehnt und sich gegen die Kollegialität der Bischöfe ausspricht. Angeblich sollte es erst nach Beginn des Konklaves erscheinen. Das Interview wird Siri Stimmen kosten. Aber auch Benellis Ansehen nimmt Schaden. Man vermutet, er habe die vorzeitige Veröffentlichung lanciert. Nur Demut und Bescheidenheit sind Eigenschaften, mit denen sich noch unentschlossene Kardinäle gewinnen lassen. Und ein „Papabile", ein aussichtsreicher Kandidat, darf sich nicht ins Rampenlicht drängen.

Warum verlieren ausgerechnet zwei Italiener diese Papstwahl?

Am Mittag des 14. Oktober, des Eröffnungstags des Konklaves, beziehen die Kardinäle ihre kargen Zellen im Apostolischen Palast. Die Wohngemächer der Borgia-Päpste sind durch Trennwände unterteilt. Die Fenster der winzigen Quartiere sind versiegelt, die Luft ist stickig. Karol Wojtyla erhält die Zelle Nummer 91. Es gibt ein einfaches Feldbett, ein Nachtschränkchen und einen kleinen Schreibtisch. Kein Waschbecken. Um zur Toilette zu gelangen, muss er an den Zellen der anderen Kardinäle vorbei.

Beim nächsten Konklave, wenn ein Nachfolger für Johannes Paul II. gewählt wird, werden die Kardinäle komfortabler logieren und im restaurierten Gästehaus Santa Marta neben der Vatikanischen Audienzhalle Quartier beziehen. Statt beengter Zellen werden ihnen hier elegante Suiten und Einzelzimmer mit Vier-Sterne-Komfort zur Verfügung stehen.

Nach einer Messe im Petersdom ziehen die 111 Kardinäle in feierlicher Prozession in das Konklave. In der Sixtinischen Kapelle, dem Wahlort, und in den angrenzenden Zellen werden sie sich aufhalten, bis ein Papst gewählt ist. Die Abgeschlossenheit soll die absolute Geheimhaltung, die die Kardinäle vor Wahlbeginn geschworen haben, garantieren. Wie die Entscheidung zu Stande kommt, darf nicht nach draußen dringen. Und die Kardinäle sollen für diese Zeit von Einflüssen und Zuflüsterungen, gar Erpressungen von außen abgeschirmt sein. Sicherheitskräfte haben die Sixtinische Kapelle auf Wanzen untersucht, Radiogeräte, Cassettenrecorder und Telefone sind verboten.

Doch die Weisheit – wenn mehr als zwei Menschen ein Geheimnis teilen, ist es keines mehr – gilt auch für Kardinäle. Und so bröckelt das Stillschweigen recht bald nach der Wahl, so dass sich auch dieses Konklave heute recht gut rekonstruieren lässt. Die Abstimmungen beginnen am Sonntagmorgen, den 15. Oktober. Die Stimmabgabe ist anonym. In verstellter Schrift schreibt jeder Kardinal den Namen dessen auf den Stimmzettel, den er für geeignet hält. Nach der Auszählung werden die Stimmzettel und alle Notizen, die sich die Wähler machen, verbrannt. Schon die ersten vier Wahlgänge zeigen: Weder Siri noch Benelli können die notwendige Mehrheit von zwei Dritteln plus einer Stimme auf sich vereinen. Eine Situation ist entstanden, in der sich die Favoriten gegenseitig blockieren. Schwarzer Rauch aus dem Schornstein der Sixtinischen Kapelle zeigt den wartenden Gläubigen auf dem Petersplatz jede erfolglose Wahl an.

Der Wiener Erzbischof Franz König und der polnischstämmige Erzbischof von Philadelphia John Kardinal Krol beginnen am Abend in kleinen Gesprächskreisen, beim Essen und bei Zusammenkünften in den Zellen und auf den Korridoren, für einen nichtitalienischen Kandidaten, für einen Kardinal aus Osteuropa, zu werben. Vor allem ge-

Mit einer Messe beginnt der neue Papst Johannes Paul II. sein Pontifikat.

Spitzenkandidat und Verlierer: der Italiener Giovanni Kardinal Benelli

Gegenkandidat und Verlierer: der Italiener Giuseppe Kardinal Siri

Delegationen von 125 Staaten und Organisationen, darunter Präsidenten und ein König, kommen zu Amtseinführung.

HINTERGRUND

Stimmen zur Wahl

„Mit Lächeln oder Demonstrationen von Bescheidenheit und dem Einfachen kann man keine Politik machen."
Giuseppe Siri, Erzbischof von Genua und einer der Favoriten, vor Beginn des Konklaves

„Es ist Zeit, das System zu ändern und für einen Nichtitaliener zu stimmen."
Franz König, Erzbischof von Wien, am zweiten Wahltag

Franz König, Erzbischof von Wien, zum Primas von Polen Stefan Kardinal Wyszynski:
„Vielleicht hat Polen einen Kandidaten."
Antwort von Wyszynski:
„Wie bitte? Sie meinen, ich sollte nach Rom gehen? Würde ich mein Land verlassen, wäre dies ein Triumph für die Kommunisten."
König: „Es gibt da noch einen anderen Mann."

„Wenn Sie gewählt werden, dann müssen Sie annehmen. Für Polen."
Stefan Kardinal Wyszynski, Primas von Polen, zum Erzbischof von Krakau Karol Wojtyla.

„Habt keine Angst! Öffnet, ja reißt die Tore weit auf für Christus! Öffnet seiner rettenden Macht die Grenzen der Staaten, die wirtschaftlichen und politischen Systeme, die weiten Bereiche der Kultur, der Zivilisation und des Fortschritts!"
Johannes Paul II. bei seiner Amtseinführung

sund soll er sein, ein guter Seelsorger. Und ist Karol Wojtyla nicht der ideale Kompromisskandidat? Er ist erst 58 Jahre alt, gesund, sportlich, kämpferisch und konservativ, spirituell und volksnah. Ein Mann mit pastoraler Erfahrung, einer, der den Kommunismus verachtet.

Am Morgen des 16. Oktober, am Beginn des nächsten Wahltags, meldet sich Kardinal König zu Wort: „Wählt keinen italienischen Papst." Nach zwei Abstimmungen steigt zwar wieder schwarzer Rauch aus dem kleinen Schornstein der Sixtinischen Kapelle. Doch nach der Mittagspause, so heißt es, kommt die Wende. Karol Wojtyla liegt jetzt bereits gut im Rennen. Er bleibt ganz ruhig, so sagen es alle Zeugnisse. Im achten Wahlgang schließlich erreicht er mehr als die erforderlichen 75 Stimmen, je nach Berichterstatter sind es 91, 94 oder 99.

Wojtyla nimmt die Wahl ohne Zögern an. Er ist jetzt der 264. Papst seiner Kirche und oberster Hirte von mehr als 700 Millionen römisch-katholischen Christen geworden. Der erste Nichtitaliener im höchsten Priesteramt seit 455 Jahren. Aus Achtung und Respekt vor seinem Vorgänger gibt er sich den Namen Johannes Paul II. In einem Nebenraum legt er das weiße Papstgewand an, das in drei verschiedenen Größen bereit liegt, und lässt sich eine kostbare antike Stola umlegen mit den Bildnissen der Apostel Petrus und Paulus. Stehend empfängt er die Kardinäle, die dem neu gewählten Papst ihre Huldigung erweisen und das Gehorsamsversprechen leisten, und umarmt sie.

Weißer Rauch steigt um 18.18 Uhr über der Sixtinischen Kapelle auf, Zeichen für die geglückte Wahl. Von der Mittelloggia der Petersbasilika verkün-

DER ABLAUF

HINTERGRUND

Symbol hundertjähriger Tradition: Aus dem kleinen Schornstein der Sixtinischen Kapelle quillt weißer Rauch.

Weißer Rauch – das Signal für den neu gewählten Pontifex

Wenn feuchtes oder trockenes Stroh in einem kleinen Ofen der Sixtinischen Kapelle verbrannt wird, signalisiert dies seit 1903 dem Volk den Ausgang der Papstwahl.

Auch nach der nächsten Papstwahl wird wieder schwarzer oder weißer Rauch über der Sixtinischen Kapelle aufsteigen, Zeichen dafür, ob ein Wahlgang erfolglos oder erfolgreich verlaufen ist. Natürlich könnte man das Ergebnis der Papstwahl längst auf eine modernere Weise verkünden, doch der Rauch ist kein folkloristisches Relikt, sondern das letzte symbolische Überbleibsel eines sehr alten Rechts: die Beteiligung des Volks von Rom an der Wahl des Bischofs. Hergestellt wird der Rauch durch das Verbrennen von Stroh zusammen mit den Stimmzetteln der Kardinäle in einem kleinen Eisenofen. Sein Rohr ragt an einer Seitenwand im hinteren Teil der Sixtinischen Kapelle hoch und führt auf den Petersplatz hinaus. Schwarzer Rauch wird erzeugt, indem nasses Stroh mitverbrannt wird, weißer Rauch mit trockenem Stroh.

Mit weißen Tüchern und Applaus begrüßen die Gläubigen, darunter auch Ordensschwestern, ihren neuen Papst.

det der höchste Kardinaldiakon: „Annuntio vobis gaudium magnum, habemus Papam", „Ich verkünde Euch eine große Freude, wir haben einen Papst." Die wartende Menge auf dem Petersplatz ist irritiert, als sie den Namen des neuen Pontifex hört. Wer ist dieser Mann mit dem fremd klingenden Namen Karol Wojtyla? „Sie haben einen Neger gewählt", soll ein entsetzter Römer auf dem Petersplatz gerufen haben.

Der neue, polnische Papst bricht die Tradition, er spricht italienisch!

Da tritt der polnische Papst selbst auf die Mittelloggia. Anstatt der Menge, wie es Brauch ist, auf Latein den apostolischen Segen zu geben, spricht er sie in sicherem Italienisch direkt an: „Ich komme aus einem fernen Land. Falls ich Fehler machen sollte, müsst ihr mich verbessern." Jetzt jubeln die skeptischen Römer. Der neue Bischof von Rom hat Charme und Charisma.

Überall in Polen läuten die Glocken. Das Telefonnetz bricht zusammen, weil jeder die Nachricht vom polnischen Papst weitergeben will. Die Menschen strömen in die Kirchen, um Kerzen für das neue Oberhaupt der Christenheit anzuzünden. Der polnische Präsident Jablonski ist gezwungen, Visum-Formalitäten aufzuheben, denn seine polnischen Landsleute stürmen Flughäfen und Bahnhöfe, um zu „ihrem Papst" nach Rom zu reisen. Millionen auf der ganzen Welt bewegt, dass die polnische Kirche, die so lange gelitten hat und so hart gegen eine Übermacht gekämpft hat, nun belohnt wird.

„Fürchtet Euch nicht", ruft er am 22. Oktober bei seiner offiziellen Inthronisation auf dem Petersplatz, wo 200 000 Menschen zusammengekommen sind. Etwa 4000 Pilger sind aus Polen gekommen. Und in seiner Heimat versammeln sich die Menschen vor den Fernsehgeräten. In Polen ist das Leben zum Stillstand gekommen. Warschau ist eine Geisterstadt. Busse haben den Verkehr eingestellt, jeder will den polnischen Oberhirten sehen und hören, der noch einmal ruft: „Fürchtet Euch nicht!" Der weniger eine Predigt hält als zum Kampf aufruft. Den Kreuzstab hebt er mit beiden Händen wie ein Siegeszeichen hoch, mehr die Geste eines Sportlers als die eines Papstes. Mit großen Schritten stürmt er durch die Kolonnaden, umarmt Menschen, küsst Kinder und nimmt Blumensträuße entgegen. Ein Papst aus Fleisch und Blut, ein Papst, der seinen Palast verlässt, auf die Menschen zugeht, hinaus zu „den Völkern".

„Fürchtet Euch nicht!“ Menschenmassen drängen sich am 22. Oktober 1978 auf dem Petersplatz, um die Amtseinführung des neuen Papstes mitzuerleben.

HINTERGRUND

Der Schneider des Papstes

Ein römisches Familienunternehmen schneidert seit 1793 die Gewänder der Päpste.

Wer näht des Papstes neue Kleider, wer schneidert den Kardinälen ihre scharlachroten Gewänder? Kirchliche Schneidereien gibt es in Rom viele, aber nur eine darf sich päpstliche Schneiderei nennen, das Familienunternehmen Gammarelli. Das Geschäft, die „Sartoria per Ecclesiastica", liegt in der Nähe des Pantheons. Seit 1793 steht die Familie im Dienste des Vatikans und stellt die Gewänder her: die Sommer-Soutane aus Naturseide oder feinster Baumwolle, die „winterlichen Kleider" aus feiner Schurwolle. Vor einer Papstwahl bereitet Gammarelli drei Papstgewänder in verschiedenen Größen vor. Der

Das Schaufenster des Papstschneiders Gammarelli in Rom

Pontifex trägt immer Weiß. Nur Bischöfe und Priester in sehr warmen Regionen tragen wegen der Hitze dort auch Weiß.

Auch Kardinäle lassen bei Gammarelli schneidern, ihre Maße sind wie die des Papstes streng geheim. In einem Safe wird das Buch mit den Kleidergrößen der Kunden aufbewahrt. Für den so genannten Kardinalspurpur bietet Gammarelli etwa 30 verschiedene Rottöne an. Die Stoffe werden seit Jahrzehnten von Tuchhändlern aus Mittel- und Norditalien geliefert. Modische Änderungen gibt es bei der maßgeschneiderten kirchlichen Kleidung nicht, deren Schnitt ist vorgeschrieben. Ordensleute erwerben ihre Kleidung von der Stange in den rund 100 weiteren, preisgünstigeren Geschäften für kirchliche Würdenträger rund um den Vatikan und in der Nähe des Pantheons.

In einem violetten Ornat umarmt Papst Johannes Paul II. bei einer Messe im Petersdom das Kruzifix. Sonst trägt der Pontifex

ausschließlich weiße Kleidung.

DIE REGELN

Wer bestimmt die Papstwahl?

Früher haben Kaiser und Könige den Papst bestimmt, heute sind es die Kardinäle. Das mittelalterliche Relikt der Papstwahl ist damit ein wenig demokratischer geworden.

Nur der Papst kann Neuerungen zur Papstwahl erlassen. Und viele Pontifizes machten Gebrauch von diesem Vorrecht. Auch Johannes Paul II. hat, wie seine Vorgänger, bereits Regelungen für seine Nachfolge getroffen. Im Kern aber ist die Papstwahl noch immer ein mittelalterliches Relikt. Sie wird nach Regeln vollzogen, die im Laufe von beinahe einem Jahrtausend zu einer Ordnung gewachsen sind, die dem Amt seine unvergleichliche Beständigkeit gegeben hat. Nahezu jede Vorschrift ist Antwort auf eine Krise, eine Bedrohung, auf einen dringenden Reformbedarf gewesen. Jede Regel ein Versuch, das Amt von politischer Beeinflussung und von innerkirchlichen Machtkämpfen frei zu halten.

Das Wahlgremium. Den ersten Papst hat nach der katholischen Lehre Christus selbst ausgesucht: „Du bist Petrus, der Fels, und auf diesen Felsen will ich meine Kirche bauen." Seine Nachfolger im ersten christlichen Jahrtausend werden von Volk und Klerus gemeinsam gewählt, ein Verfahren, das weltlichem Einfluss Tür und Tor öffnete. Römische und byzantinische Kaiser, deutsche Könige, ganz besonders aber der römische Stadtadel haben den Stuhl Petri mit Kandidaten ihrer Wahl besetzt. Hineingezogen in die stadtrömischen Kämpfe, wird mancher Papst ermordet, der Heilige Stuhl wird verkauft und zwei Mal mit einem jungen Mann besetzt. 1059 wird auf einer Synode ein Papstwahldekret beschlossen, das das Amt vor dem Eingriff von Laien schützen soll: Beim Tode eines Pontifex sollen die Kardinäle, Geistliche an einer Hauptkirche, den Nachfolger wählen. Die Kardinäle

HINTERGRUND

Kardinäle – die mächtigen, purpurroten Wahlmänner Gottes

Ganz in Rot tagt der „Senat der Kirche". Das Konsortium der Kardinäle bei einer Heiligsprechung im Vatikan

Sie genießen strafrechtlichen Schutz und tragen den Titel „Eminenz" – was macht die Kardinäle so mächtig?

Die Kardinäle, die „Papstmacher", genießen zahlreiche Privilegien auf dem Gebiet der Liturgie, der Sakramente und des Gottesdienstes, und sie genießen einen besonderen strafrechtlichen Schutz. Seit Papst Urban VIII., der dieses Ehrenrecht im Jahr 1630 einführte, dürfen die Kardinäle den Titel „Eminenz" führen. Die Hauptinsignien der Kardinäle sind der Kardinalspurpur ihrer Kleidung und der rote Kardinalshut mit ungewöhnlich breiter Krempe und den zwei Mal 15 Quasten, der allerdings nicht mehr getragen wird. Beim Tod des Kardinals wird er auf den Sarg gelegt oder in der Gruft aufgehängt. In Italien genießen die Kardinäle, auch diejenigen, die außerhalb des Vatikans residieren, besondere Vorrechte. Die Kurienkardinäle sind alle vatikanische Staatsbürger. Das Kardinalskollegium weist auch heute noch drei Kategorien auf: die Kardinalbischöfe, die Kardinaldiakone und die Kardinalpriester. Ihnen wird vom Papst beim Konsistorium, der Verleihung der Kardinalswürde, je eine römische Titelkirche als Diakonie beziehungsweise als Titelkirche zugewiesen. Das Kardinalskollegium wird auch „Senat der Kirche" genannt, denn es ist einer der exklusivsten Versammlungskreise, welche die Geschichte aufzuweisen hat. Seit vielen Jahrhunderten war der Papst immer zuvor ein Kardinal, auch wenn dem Kirchenrecht zufolge auch ein einfacher Priester oder Diakon Papst werden kann.

wam powie !
PIASECZNO

Der Papst, die Menschen, die Reisen und das Papamobil

Eine riesige Menschenmenge jubelt Papst Johannes Paul II. zu, als er 1999 in seinem Papamobil zur heiligen Messe im Zentrum von Warschau eintrifft. Wie hier, in seinem Heimatland Polen, sieht man fast überall auf der Welt das gleiche Bild. Wenn der Heilige Vater kommt, feiern die Menschen den Mann aus Rom euphorisch. Kein Papst vor ihm ist während seines Pontifikats so viel gereist wie Karol Wojtyla. Rekordverdächtig: Im Juni 2003 trat Johannes Paul II. seine 101. apostolische Reise, die ihn nach Bosnien-Herzegowina führte, an. Es gibt kaum ein Land, das der Pontifex noch nicht besucht hat. Der größte weiße Fleck auf der Reisekarte des katholischen Kirchenoberhaupts ist China.

2.–10.6.1979

Der Papst beim Besuch des ehemaligen Konzentrationslagers Auschwitz

Hunderttausende jubeln „ihrem“ Karol Wojtyla auf den Straßen Warschaus zu.

Beten und erinnern an das Martyrium: Bei seiner ersten Polenreise betet Papst

Der Heilige Vater kehrt zurück in sein Heimatland

Fast hätte Moskau den ersten Besuch des Papstes in Polen verhindert. In einem Telefonat gelingt es dem polnischen Parteichef Edward Gierek, den zornigen Sowjetführer Leonid Breschnew umzustimmen.

Die Rückkehr in sein Heimatland Polen ist für Johannes Paul II. eine Selbstverständlichkeit. Für die kommunistische Regierung des Landes wird sein Wunsch jedoch eine schwierige Aufgabe. Der Pontifex hatte bereits bei seiner Amtseinführung im Jahr zuvor betont, dass er gerne zum 900. Todestag des heiligen Stanislaus nach Hause kommen würde. Die polnischen Bischöfe sind begeistert, den Landessohn aus Rom zur Stanislaus-Gedenkfeier empfangen zu dürfen. Dem Druck der Kirche beugen sich die oberen Funktionäre der polnischen Partei- und Staatsführung. Das große Problem allerdings ist Moskau. Ohne eine offizielle Zustimmung der sowjetischen Verbündeten ist ein Papstbesuch unmöglich. Der polnische Parteichef Edward Gierek schildert in seinen später veröffentlichten Memoiren ein zorniges Telefonat mit dem sowjetischen Parteichef Leonid Breschnew. Als Gierek ihn informierte, dass das polnische Regime dem Papst aus Rom einen respektvollen Empfang bereiten wollte, antwortete Breschnew verärgert: „Lassen Sie sich von mir beraten, und empfangen Sie ihn nicht. Das wird nur Schwierigkeiten geben.“

Johannes Paul II. darf bei seinem Besuch nicht nach Schlesien reisen

Als Gierek dem mächtigen Mann aus Moskau sagte, dass es für eine polnische Regierung unmöglich sei, einen Papst aus Polen nicht zu empfangen, sagt Breschnew: „Tun Sie, was Sie wollen, aber sorgen Sie dafür, dass Sie es später nicht bereuen müssen.“

Damit war klar, der Papst durfte zurück in sein Polen kommen. Die Kommunisten allerdings weigern sich, Karol Wojtyla nach Schlesien reisen zu lassen. Denn Schlesien ist das politische Terrain von Parteichef Edward Gierek.

Am 2. Juni um 10.07 Uhr landet die Boeing 727 in Warschau. Der Papst schreitet die Gangway hinunter, kniet nieder und küsst den Boden Polens. Zur gleichen Zeit läuten im ganzen Land die Kirchenglocken. Bei seiner Ankunft in Warschau spricht Johannes Paul II. über seine Wahl zum Papst und zündet einen ersten Funken im Pulverfass Polen: „Ich lasse hier meine Person beiseite, muss mir aber dennoch zusammen mit Euch die Frage

Johannes Paul II. vor der Todeswand im ehemaligen KZ Auschwitz.

nach den Gründen stellen, warum gerade im Jahr 1978 (nach so vielen Jahrhunderten einer in diesem Bereich fest gefügten Tradition) auf den Bischofssitz des heiligen Petrus ein Sohn polnischer Nation, polnischer Erde berufen wurde."

Die Fahrt in die Stadt gleicht einem Triumphzug für die Kirche. Hunderttausende Menschen stehen dicht gedrängt am Straßenrand auf dem Weg in die historische Altstadt. Im Belvedere-Palast, dem Amtssitz des Staatspräsidenten, trifft das Kirchenoberhaupt mit Präsident Jablonski und Parteichef Gierek zusammen. Der Papst bedankt sich höflich bei den polnischen Behörden, die die Tore zum Land seiner Herkunft geöffnet haben. Dann allerdings stellt er die moralische Voraussetzung des totalitären Systems in Frage. Der Papst betont, dass es in der authentischen Geschichte der polnischen Kultur keinen Raum für erzwungene ideologische Bekehrungen gäbe.

Am 4. Juni versammelt sich über eine Million Polen in der Umgebung des Heiligtums der Schwarzen Madonna auf dem „Hellen Berg" in Tschenstochau, um den Papst zu sehen. Mit zitternder Stimme spricht Johannes Paul II. vom Wall des Paulinenklosters zu den Menschen: „Es wäre unverständlich gewesen, wenn der erste polnische Papst in der Geschichte nicht an diesen heiligen Ort gekommen wäre, um zu lauschen, wie im Herzen der Mutter das Herz der Kirche und des Vaterlandes schlägt."

JAN.–NOV. 1979

„Mut liegt nicht im Töten, sondern in der Arbeit für den Frieden!"

Die erste Reise führt den Pontifex nach Lateinamerika. In Mexiko kommen Tausende zu einer Messe am Wallfahrtsort der „Lieben Frau von Guadalupe".

Der Papst spricht vor den Vereinten Nationen in New York und mahnt, dass Politik ausschließlich dem Wohlergehen der Menschen dienen dürfe.

25. Januar–1. Februar: Die erste apostolische Reise führt den Papst nach Lateinamerika. Nach einem Übernachtungsstopp und einer Messe in der **Dominikanischen Republik** landet Johannes Paul II. in **Mexiko**. Hier besucht er die größte Wallfahrtskirche der Welt, mit 12 000 Plätzen im Kirchenschiff und 30 000 auf dem Vorplatz. Die Kirche wurde zu Ehren der „Lieben Frau von Guadalupe" errichtet, der beliebtesten Heiligen des mexikanischen Volkes. Dort, wo heute die Kirche steht, war ein Abbild der Heiligen Jungfrau im Jahre 1531 auf dem Gewand des Indios Juan Diego erschienen. Außerdem nimmt der Papst an der Dritten Generalversammlung des Rates der Lateinamerikanischen Bischofskonferenzen in Puebla teil. Zum Abschluss seiner Lateinamerikareise macht das katholische Kirchenoberhaupt noch einen Kurzbesuch auf den **Bahamas**.

29. September–8. Oktober: Bei seinem bisher einzigen Besuch in der **Republik Irland** spricht der Papst auch den mit Waffen ausgetragenen Konflikt zwischen Katholiken und Protestanten im britischen Norden der Insel an. Er fordert Frieden, denn wahrer Mut liege nicht im Töten und Zerstören, sondern in der Arbeit für den Frieden. Anschließend reist Johannes Paul II. weiter in die **USA** und spricht in New York vor der Vollversammlung der Vereinten Nationen.

28.–30. November: Den letzten Besuch des Jahres macht der Bischof von Rom in die **Türkei**, um einen neuen ökumenischen Dialog mit der orthodoxen Kirche in Gang zu setzen.

Zum Schutz vor der Sonne hat sich Johannes Paul II. bei seinem Besuch im mexikanischen Oaxaca einen Hut aufgesetzt.

MAI–JULI 1980

Katholische Kirche sucht neue Ideale in Afrika, in Frankreich und Brasilien ist sie zerstritten

Die westlich geprägte Welt ist dem Papst zu egoistisch geworden, deshalb soll der Schwarze Kontinent Signale setzen.

2.–12. Mai: Die erste apostolische Reise nach Afrika beginnt nach einem siebenstündigen Flug mit einer DC-10 von Rom nach Kinshasa, der Hauptstadt von **Zaire**. Diktator Mobutu Sésé Séko begrüßt den Papst mit seiner Gattin, die er am Tag zuvor geheiratet hatte, um sie Johannes Paul II. als Präsidentengattin vorzustellen. „Ich bin hier als Mann der Religion, als Bote des Friedens, als Mann der Hoffnung", sagt der Papst zum Volk, das von Mobutu anlässlich des Papstbesuchs zwei Tage arbeitsfrei bekommen hat. Die Afrika-Visite führt das Kirchenoberhaupt in die Länder **Zaire (Kongo), Kenia, Ghana, Obervolta und Elfenbeinküste.** In Ghana, dem wohl politisch instabilsten Land des Schwarzen Kontinents, spricht der Papst seinen Wunsch nach „Afrikanisierung" des Glaubens und der katholischen Kirche aus: „Afrika ist dazu aufgerufen, neue Ideale in eine Welt zu bringen, die Ermüdungserscheinungen und Zeichen von Egoismus aufweist."

30. Mai–2. Juni: Bei seinem ersten Besuch in **Frankreich**, das er als „erstgeborene Tochter der Kirche" bezeichnet, spricht Karol Wojtyla vor der UNESCO, der Organisation der Vereinten Nationen für Bildung, Wissenschaft und Kultur in Paris. Bei seiner Rede geht der Papst auf die Differenzen innerhalb der katholischen Kirche Frankreichs ein. Sie schwanke zwischen neuer Fortschrittlichkeit einerseits und fundamentalistischen Strömungen auf der anderen Seite. Auf seiner sechsten Pastoralreise äußert sich das katholische Kirchenoberhaupt besorgt über die Irrungen des Rationalismus und des Materialismus der heutigen Zeit: „Lasst mich Euch fragen: Frankreich, Tochter der Kirche und Lehrerin der Völker, willst Du um des Wohls der Menschen willen dem Bund der ewigen Weisheit treu bleiben?"

30. Juni–12. Juli: Mit knapp 28 000 Kilometern ist die Reise nach **Brasilien** die bisher weiteste Tour des Papstes. Vor seiner Abreise hatte Johannes Paul II. noch Portugiesisch gelernt, um bei seinem Besuch zwischen einer in Arm und Reich geteilten Gesellschaft und einer gespaltenen Kirche eine gewisse Einigkeit zu erzeugen. Die brasilianische Regierung beschwert sich beim Vatikan, dass die Bischöfe im Land die gewalttätige Linke nicht verurteilen. Die Bischöfe entgegnen, dass die Regierung so gut wie nichts gegen die Armut unternimmt.

Jubelnde Menschenmenge: Johannes Paul II. und der französische Präsident Giscard d'Estaing fahren im offenen Wagen auf den Champs-Élysées in Paris.

Gut beschirmt schreitet der Papst mit Bundespräsident Karl Carstens nach seiner

Kritik, Euphorie und ein

Nach 200 Jahren betritt in Köln wieder ein Papst deutschen Boden. Sein Ziel: Als Pilger möchte der Mann aus Rom den Dialog zwischen Katholiken und Protestanten voranbringen.

Als Papst Johannes Paul II. zu seinem ersten Besuch in Westdeutschland auf dem Militärflughafen Butzweiler Hof in Köln landet, hat der Himmel alle Schleusen geöffnet, und es regnet in Strömen. Trotz des schlechten Wetters wird der Papst von 500 000 Menschen euphorisch empfangen. Denn es ist fast 200 Jahre her, dass mit Pius VI. 1782 das letzte Mal ein Papst deutschen Boden betreten hat. Hier im Lande Martin Luthers ist der Katholizismus ein harter Fall für das Kirchenoberhaupt aus Rom.

Der deutsche Katholizismus leidet am Minderwertigkeitskomplex

Zwar hat deutsche Theologie das Zweite Vatikanische Konzil stark beeinflusst, doch dann hat sie sich gespalten, und aus ehemaligen Freunden wurden Feinde. Nur relativ wenige westdeutsche Katholiken be-

15.–19.11.1980

Landung in Köln eine Ehrenformation der Bundeswehr ab.

„Wo ist der Papst?" fragen sich die Menschen auf dem Domplatz in Fulda.

„Papamobil" aus Stuttgart: der Papst im Lande Luthers

suchen sonntags die Gottesdienste. Außerdem leidet der deutsche Katholizismus an einem kulturell bedingten Minderwertigkeitskomplex, der aus den Zeiten Bismarcks stammt. Der ehemalige Reichskanzler Fürst Otto von Bismarck hatte behauptet: „Ein guter Deutscher ist nur ein guter deutscher Protestant."

Der eigentliche Anlass des Papstbesuchs ist der 700. Todestag des Dominikanermönchs Albertus Magnus. Auf seinen Stationen in den Städten Bonn, Brühl, Osnabrück, Mainz, Fulda, Altötting und München bittet der Heilige Vater um größeres gegenseitiges Verständnis zwischen Katholiken und Protestanten.

Millionen an den Fernsehgeräten und Tausende vor Ort feiern den sympathischen Brückenschläger. Es gibt aber auch Kritik an dem starren Festhalten der Kirche in Rom an den bestehenden gesellschaftlichen Verhältnissen und der mangelnden Toleranz in Fragen der Ehe, der Frauen in der Kirche und der Sexualethik.

Nach der Reise beschreibt der Papst seine Eindrücke in der Zeitung „L'Osservatore Romano": „Weiter stehen mir vor Augen die jubelnden, manchmal still betenden Menschenmengen, die dem Nachfolger Petri Ergebenheit bekunden und ihre Gemeinschaft mit dem Heiligen Stuhl bekräftigen."

Und noch eine Premiere kann der Papst in Deutschland erleben. Anlässlich seines Besuchs wird vom Stuttgarter Automobilhersteller Mercedes-Benz das „Papamobil" entwickelt. Ein Geländewagen Typ 230 G mit spezieller Klimaanlage, einem gepanzerten Glasaufbau, dessen Kuppel bei Bedarf beleuchtet werden kann, automatischem Getriebe und im Design von Lackierung und Innenausstattung ganz in den Farben des Vatikans, Weiß und Gold, gehalten.

Ein weiterer Höhepunkt der Visite ist der Besuch am Grab des heiligen Bonifatius in Fulda. Seine Ruhestätte gilt als rein religiöses Zentrum des katholischen Deutschland. „Hier tritt jedes Jahr die Bischofskonferenz zusammen in Anerkennung der Werte des Ursprungs und der Dauer des Werkes jenes großen Bischofs und Märtyrers", so der Papst nach seinem Besuch.

16.–27.2.1981

Papst Johannes Paul II. trifft während seines Aufenthalts auf den Philippinen mit Imelda Marcos, der Gattin des Präsidenten, zusammen.

Betende Japanerinnen bei einer Messe am Friedensdenkmal in Hiroshima.

Warum weint Papst Johannes Paul II. in Japan?

Der philippinische Diktator Ferdinand Marcos versucht, mit dem Papstbesuch sein Image aufzupolieren. Doch der Papst ermahnt den Politiker, die Menschenwürde zu schützen.

In diesem Jahr kann Papst Johannes Paul II. nur die apostolische Reise im Februar antreten. Im Mai treffen ihn die Schüsse des türkischen Terroristen Ali Agca auf dem Petersplatz in Rom. (siehe auch Kapitel „Das Attentat“). Das katholische Kirchenoberhaupt benötigt den Rest des Jahres als Ruhepause, um sich von den Verletzungen zu erholen. Die neunte Pastoralreise führt den Papst nach Asien und **Alaska**. Ostasien, mit Ausnahme der katholischen **Philippinen**, ist bisher in der Evangelisierung der Kirche ein Fehlschlag. Christen aller Richtungen machen nur ein Prozent der Bevölkerung aus.

Allein in **Japan** gibt es 1981 genauso viele Katholiken wie 1945, obwohl die Bevölkerungszahl nach dem Krieg stark gewachsen ist. Vor seiner Auslandsreise nimmt der Papst noch Intensivunterricht in Japanisch und Tagalog, der einheimischen Sprache der Philippinen. Auf dem Weg nach Manila macht der Alitalia-Jet „Luigi Pirandello“ einen vierstündigen Zwischenstopp in Karatschi, **Pakistan**. Der Pontifex feiert während des Aufenthalts eine Messe vor 100 000 Gläubigen in einem Stadion.

Die Philippinen stehen unter der diktatorischen Herrschaft von Präsident Marcos, der kurz vor der Ankunft

Bei seiner Ankunft in Japan wird das katholische Kirchenoberhaupt von einer tanzenden Kindergruppe begrüßt. Johannes Paul II. weihte anschließend in Nagasaki 15 Priester und taufte 77 Männer und Frauen im Stadion von Matsuyama.

des Papstes das Kriegsrecht, das er 1972 ausgerufen hatte, aufgehoben hat. Das Präsidentenpaar Ferdinand und Imelda Marcos will mit dem Papst-Besuch sein internationales Image aufpolieren. Am Flughafen außerhalb von Manila wird der Pontifex mit fünf Ehrengarden, endlosen Artilleriesalven, Schulkindern in Militäruniformen und Düsenjägerformationen begrüßt. Der Papst aber lässt sich davon nicht beeindrucken. Johannes Paul II. kritisiert das anlässlich seines Besuchs aufgehobene Kriegsrecht und betont, dass die gesellschaftliche Organisation nur für den Dienst am Menschen und zum Schutz seiner Würde besteht.

Kaiser Hirohito empfängt den heiligen Vater in seinem Palast in Tokyo

Nach einer Übernachtung in **Guam** trifft das Kirchenoberhaupt in Japan ein und wird von Kaiser Hirohito im kaiserlichen Palast empfangen. Es ist das erste Mal, dass der Kaiser ein Oberhaupt einer anderen Religion empfängt. Während dieser Pilgerreise im Land der Aufgehenden Sonne kommt es zu einer bewegenden Begegnung. Der Papst besucht den schwer kranken polnischen Franziskaner Bruder Zeno. Er war in den 1930er Jahren gemeinsam mit Maximilian Kolbe als Missionar nach Japan gekommen, um sich für die Ausgestoßenen und Waisen einzusetzen.

Als Bruder Zeno Johannes Paul II., der sich zu ihm über das Bett gebeugt hat, fragt: „Bist du der polnische Papst?" und sein Landsmann Karol Wojtyla dieses bestätigt, kommen beiden Männern die Tränen. Am 25. Februar hält der Papst am Friedensdenkmal in Hiroshima eine historische Rede in Japanisch, Englisch, Französisch, Spanisch, Portugiesisch, Polnisch, Chinesisch, Deutsch und Russisch. Darin wiederholt er drei Mal: „Sich auf die Vergangenheit besinnen heißt sich der Zukunft verpflichten. Die Menschheit ist nicht zur Selbstzerstörung bestimmt."

FEBR.–NOV. 1982

Tausende Lichter brennen auf den Rängen des Bernabeu-Stadions in Madrid, während der Papst eine Messe zelebriert. Auf seiner Spanienreise ruft er die Menschen auf: „Sei wieder Du selbst, besinne Dich auf Deinen Ursprung!“

England und Argentinien im Krieg um die Falkland-Inseln: politische Krise mit evangelischer Lösung

In Afrika fordert der Papst das Ende der Verfolgung von Katholiken. In Großbritannien und Argentinien, die um die Falkland-Inseln kämpfen, startet er einen Kreuzzug des Friedens.

12.–19. Februar: Die erste Reise nach dem Attentat auf den Papst führt ihn 14734 Kilometer weit nach **Nigeria, Benin, Gabun** und **Äquatorialguinea.** Johannes Paul II. hat sich von dem Bauchschuss erholt. Er warnt bei seiner Reise mit aller Kraft vor der Verfolgung und Folterung von Tausenden Menschen, die sich öffentlich zu ihrem Glauben bekannt haben. In der Sechs-Millionen-Einwohner-Volksrepublik Benin, die unter der Herrschaft der Marxisten-Leninisten steht, fordert der Papst für die verfolgten Katholiken uneingeschränkte Glaubensfreiheit und die Möglichkeit, am Leben des Landes teilzuhaben. Diese Forderungen des katholischen Kirchenoberhaupts gelten auch für die kleine Republik Äquatorialguinea, in der von den 335000 Einwohnern 238700 katholischen Glaubens sind. Zehn Jahre lang litt das Land unter der Diktatur von Macias Nguema. Während dieser Zeit flohen 50000 Menschen aus ihrer Heimat. Zehntausende, darunter auch viele Priester, wurden in Gefängnisse gesperrt oder getötet. In Benins Hauptstadt Cotonou spricht Johannes Paul II. über die Erleuchtung von innen heraus: „Evangelisierung bedeutet Verbreitung des Geistes der Seligkeit, des einfachen Lebens, der Aufrichtigkeit, der Reinheit, der Gerechtigkeit, des Friedens, des Mutes und vor allem der Liebe in den alltäglichen Beziehungen der Menschen untereinander und zu Gott, den Beziehungen verschiedener Gruppen untereinander und den Beziehungen innerhalb der Familie und der Gesellschaft.“

28. Mai–2. Juni: Bereits acht Wochen vor der Ankunft des Papstes in **Großbritannien** brachte die argentinische Militärregierung die Falkland-Inseln im Südatlantik in ihre Gewalt. Die Inseln waren seit 149 Jahren im britischen Besitz, die Argentinier behaupten jetzt, dass die Briten die Souveränität ihres Landes durch den Inselbesitz von „Las Malvinas“, wie sie die Inseln nennen, störten. Die Invasion der argentinischen Truppen wird von den Engländern mit der Entsendung einer Kriegsflotte beantwortet, um die Falkland-Inseln zurückzuerobern. Dieser bevorstehende Krieg bringt Johannes Paul II. in eine schwierige Lage, denn der Besuch in Großbritannien war eigentlich als wichtiges ökumenisches Treffen zwischen der anglikanischen Kirche und den Katholiken geplant. Der Papst hofft, durch seine zwölfte Pastoralreise das Misstrauen der Briten gegenüber dem Vatikan und dem Katholizismus zu beenden. Nun aber ist Großbritannien auf dem Weg, gegen das katholische Argentinien in den Krieg zu ziehen. Der Papst ist in einer Zwickmühle, die Diplomaten des Vatikans haben Angst, durch den Besuch die Neutralität des Heiligen Stuhls zu gefährden. Die englischen Bischöfe befürchten, dass eine Absage des Papstes einen demoralisierenden Effekt auf die Katholiken im Land auslösen würde. Und die argentinischen Bischöfe beschweren sich, dass der Papst ein protestantisches Land besucht, das gegen ein katholisches Land in den Krieg zieht. Der Papst entschließt sich daraufhin, Großbritannien und Argentinien zu besuchen, um als Fürsprecher des Friedens und Botschafter der Versöhnung zu reisen. So versucht Johannes Paul II., eine politische Krise mit einer evangelischen Lösung zu beenden.

Blumengruß für den Papst in Gabun

10.–13. Juni: Nach einem kurzen Aufenthalt in **Brasilien** trifft das katholische Kirchenoberhaupt am 11. Juni in Buenos Aires ein, vier Tage vor der formellen Kapitulation **Argentiniens.** Der Besuch gilt zwar offiziell als Reise zu dem Wallfahrtsort „Unserer Lieben Frau von Luján“, er soll aber in Wirklichkeit ganz Lateinamerika deutlich machen, dass diese Pastoralreise ein „Kreuzzug für den Frieden“ ist.

15. Juni: Der Papst reist für nur 15 Stunden nach Genf in die **Schweiz,** spricht vor der 68. Tagung der Internationalen Konferenz für Arbeit und betont: „Jeder Mensch sucht in der Arbeit die Verwirklichung seines Menschseins.“

29. August: Johannes Paul II. besucht für fünf Stunden **San Marino.** Mehrmals versuchten Päpste, das kleine Land mit seinen 25000 Einwohnern zu besetzen. Doch San Marino behauptete sich stets. 1817 bestätigte Papst Pius VII. den selbstständigen Status.

30. Oktober–9. November: Spanien ist das „Herz des Katholizismus“. Auf seiner Reise besucht der Papst 17 Städte, darunter auch Santiago de Compostela, wo die Reliquien des heiligen Jakobus aufbewahrt werden.

12.–15.5.1982

„Fürchtet Euch nicht vor der Sinnlosigkeit des Lebens“

Ein Souvenirgeschäft im portugiesischen Wallfahrtsort Fátima: Papstandenken entwickeln sich zum echten Bestseller.

Ein Jahr nach dem Attentat in Rom versucht ein spanischer Priester, sich mit einem Bajonett auf den Papst zu stürzen – er wird festgenommen.

Sind wir Menschen unseres eigenen Glückes Schmied, oder ist unser Schicksal von einer höheren Ebene vorbestimmt? Für Papst Johannes Paul II. ist die Antwort eindeutig. In Portugal besucht er am 12. und 13. Mai das Marienheiligtum in Fátima, ein Jahr nach dem Attentat auf dem Petersplatz in Rom. In einer Ansprache bei der Gebetsstunde am Wallfahrtsort sagt er: „Es gibt ja im Plan der Vorsehung keine reinen Zufälle.“

Alles im Leben der Menschen ist von Gottes Hand vorbestimmt

Für den Papst ist klar, das Attentat, das sich am Gedenktag der Marienerscheinung von Fátima ereignete, die Wahl zum Papst und alle anderen Ereignisse in seinem Leben sind keine Zufälle, sondern von Gott vorherbestimmt. Vergleichbares gilt für alle Menschen auf der Welt. In Fátima ist die Mutter Gottes Hirtenkindern erschienen und hat ihnen vorausgesagt, dass der Heilige Vater sehr leiden müsse. Die Welt sei durch das Drama von Gottes Heilsplan bestimmt, sagt der Papst. Und das gilt auch für die Politik. Die Aufgabe der Kirche besteht darin, der Welt die Geschichte ihrer Erlösung zu erzählen, damit sich die Menschen nicht vor einer scheinbaren Sinnlosigkeit des Lebens fürchten müssen. In Porto spricht der Papst vor Arbeitern und sagt ihnen, dass die Arbeit für den Menschen da sei und nicht der Mensch für die Arbeit. In Lissabon fordert er 500 000 Jugendliche auf, Christus zu folgen.

Attentatsversuch auf den Papst in Fátima: Beamte überwältigen den Priester Juan Fernandez Krohn.

14.–15.8.1983

Johannes Paul II. betet in Lourdes

Seit fast 150 Jahren ist die Grotte im schwarzen Felsen von Lourdes Wallfahrtsort für alle seelisch Leidenden und Kranken. Der Papst zelebriert vor 300 000 Pilgern für sie eine Messe.

Am 11. Februar 1858 geht die 14-jährige Bernadette Soubirous in den Wald, um Holz für ihre in Armut lebende Familie zu sammeln. In der Höhle der schwarzen Felsen von Massabielle soll ihr eine Frau von schöner Gestalt erschienen sein, die sie aufforderte, in den kommenden Wochen jeden Tag an diese Stelle zu kommen. Bernadette befolgt diesen Rat, und in einer der 18 Visionen, die sie in der Höhle hat, gibt sich die Gestalt als die Gottesmutter Maria zu erkennen. Sie bittet das Mädchen, im Boden nach Wasser zu graben und für die Sünder zu beten. Das Mädchen entdeckt dabei die Gnadenquelle, die bis heute Mittelpunkt der Wallfahrt nach Lourdes ist. Jährlich pilgern über fünf Millionen Menschen zu dem kleinen Ort in den französischen Pyrenäen und beten um Heilung an Leib und Seele. Das Mädchen Bernadette wurde 1933 heilig gesprochen.

Die Gläubigen kommen an Krücken und in Rollstühlen zur Papst-Messe

Bei seiner 19. apostolischen Reise, die Johannes Paul II. nach **Frankreich** führt, steht der Wallfahrtsort Lourdes auf dem Besuchsprogramm. Über 300 000 Menschen versammeln sich hier am letzten Tag zu einer Messe vor der Grotte des schwarzen Felsens. Darunter auch 750 Priester, die dem katholischen Kirchenoberhaupt zur Seite stehen, um den vielen Gläubigen die heilige Kommunion zu erteilen. Der Papst erinnert die vielen Leidenden, die teilweise mit Krücken und Rollstühlen zur Messe erschienen sind, dass Jesus Christus den Kranken und den Armen stets den Vorzug gegeben hat. Er betont, dass ein unzertrennliches Band zwischen dem erlösenden Kreuz Christi und den auf unserer Welt erlittenen Qualen besteht. Einen Tag zuvor hat der Papst der Mutter Gottes die materiellen wie die geistlichen Leiden der Erde anvertraut.

Papst Johannes Paul II. beim stillen Gebet in der Grotte von Lourdes. Er vertraut der Mutter Gottes die Leiden der ganzen

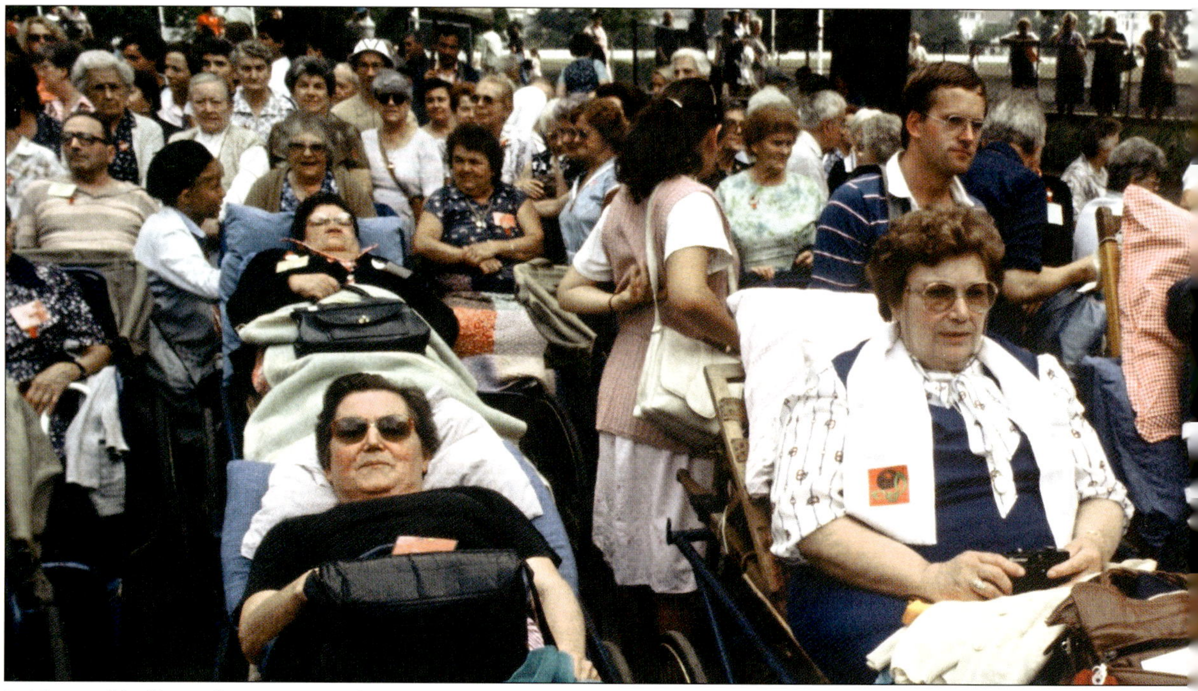

Leiden und hoffen auf Besserung – über 300 000 Menschen, darunter viele Kranke in Rollbetten, sind zur Papst-Messe nach

Welt an und bittet um Erlösung.

Lourdes gekommen.

MÄRZ–SEPT. 1983

„Alle Macht dem Volk!“ brüllt das Regime bei der Messe

Das Sandinisten-Regime von Nicaragua versucht, den Papstbesuch in Lateinamerika zu einer Lobpreisung ihrer Politik auszunutzen.

2.–10. März: Nach einem kurzen Stopp in **Portugal** reist der Papst über 24 000 Kilometer weiter nach Lateinamerika und besucht die Länder **Costa Rica, Nicaragua, Panama, El Salvador, Guatemala, Honduras, Belize** und **Haiti**. Johannes Paul II. steht im Zusammenhang mit dem Katholizismus in Lateinamerika vor drei Problemen. Das erste ist theologischer Natur, denn noch immer bestimmen viele Ideen, die von Befreiungstheologen formuliert werden, das Denken der Menschen in Mittelamerika. Das zweite Problem: In den Ländern Nicaragua, El Salvador und Guatemala versucht eine so genannte „Volkskirche“, die institutionelle Kirche zu verändern. In Nicaragua unterstützen Mitglieder der Basisgemeinden die sandinistische Regierung, obwohl diese massiven Druck auf Bischöfe und Priester ausübt. Problem Nummer drei ist Kuba, wo das Castro-Regime Katholiken unterdrückt und verfolgt. In Managua, Nicaragua, wird der Papst auf dem Flughafen vom Staatschef Daniel Ortega empfangen. Dabei kommt es zur ersten Konfrontation.

Im Empfangskomitee steht auch Pater Ernesto Cardenal im Kampfanzug, ein Priester der „Volkskirche“, der als Kulturminister der Regierung arbeitet. Als der Papst auf ihn zugeht, reißt sich der Pater das schwarze Barett vom Kopf und kniet nieder. Johannes Paul II. zeigt mit seiner rechten Hand auf ihn und sagt: „Regeln Sie ihre Position mit der Kirche!“ Es gab Ärger mit dem Sandinisten-Regime. In einem Park in Managua, in dem der Papst eine Messe zelebrieren wollte, musste er auf ein Podium, das mit Bildern von Marx, Lenin und anderen Helden der Revolution geschmückt war. Neben der von Radio Vatikan installierten Lautsprecheranlage hatten die Behörden eine eigene neue, wesentlich stärkere Anlage installiert. Und auch die katholischen Verbände und Bewegungen, die nach Absprache in Altarnähe ihren Platz finden sollten, wurden schon in der Nacht vor der Messe von Anhängern der Sandinisten verdrängt. Die Menschen, für die der Papst die Messe feiern wollte, werden weit hinten

Präsident Ortega (Mi.) applaudiert bei der Papstmesse in Managua.

eingepfercht, und die Polizei schießt mit Selbstladepistolen über die Köpfe derjenigen hinweg, die versuchen, näher an den Altar zu kommen. Auch die Regime-Politiker, die auf einer Tribüne neben dem Altar sitzen, verhalten sich alles andere als andächtig. Während der Messe recken alle neun Mitglieder des sandinistischen Nationaldirektoriums die linke Faust nach oben und schreien: „Alle Macht dem Volk!“ Als der Papst während seiner Predigt die Position der Volkskirche anspricht, wird sein Mikrofon runtergedreht, und die Mikrofone, die vorher unter Agitatoren platziert wurden, werden hochgedreht. Die Sandinisten behaupteten später, der Versuch, den Papst niederzuschreien, sei eine spontane Reaktion des Volks gewesen.

16.–23. Juni: Bei seiner Pastoralreise bittet der Papst in **Polen** bei einem historischen Zusammentreffen im Belvedere-Palast General Jaruzelski im Namen des gesamten polnischen Volkes, die Vereinbarung von Danzig wieder in Kraft zu setzen. Zu einer anschließenden Messe im Stadion „Zehntes Jahr“ in Warschau kommen statt der erwarteten 300 000 eineinhalb Millionen Polen.

10.–13. September: Bei seinem ersten Besuch in **Österreich** sorgt sich der Papst um die mangelnde Achtung vor dem Leben des mehrheitlich katholischen Volks. Er kritisiert die hohen Abtreibungs- und Selbstmordraten sowie die Scheidungsrekorde.

In der Wiener UNO-City: Der Papst umarmt ein Mädchen in polnischer Tracht.

MAI–OKT. 1984

Von Alaska bis Puerto Rico, alle freuen sich über den Papstbesuch – nur in der Schweiz beißt er auf Granit

Die Reise in die Schweiz wird die schwierigste in diesem Jahr für Johannes Paul II. Seine Forderung nach Wehrdienstverweigerung kommt bei dem Alpenvolk nicht gut an.

2.–12. Mai: Nur vier Monate nachdem die USA und der Heilige Stuhl volle diplomatische Beziehungen aufgenommen haben, reist der Papst auf seiner 21. apostolischen Reise nach Fairbanks im US-Bundesstaat **Alaska**. Nach diesem kurzen Zwischenstopp mit einer Messe geht es weiter nach **Südkorea**, **Papua-Neuguinea**, auf die **Salomonen** und nach **Thailand** – insgesamt 38 441 Kilometer. In Südkorea besucht der Papst unter anderem die Leprastation auf der Insel Sorokdo und spricht in Seoul 103 koreanische Märtyrer aus der Mitte des 19. Jahrhunderts heilig. In Port Moresby in Papua-Neuguinea predigt Johannes Paul II. in melanesischem Pidgin, der Hauptsprache unter mehr als 800 Sprachen in diesem Land. Zum Abschluss reist er noch für einen Tag auf die Salomonen und für zwei Tage nach Bangkok in Thailand.

12.–17. Juni: Im Mittelpunkt seiner sechstägigen Pastoralreise in die **Schweiz** steht eine Ansprache beim Besuch des Weltkirchenrats in Genf. Der steht öffentlich unter Druck und wird kritisiert, weil er zu der Verfolgung von Christen in kommunistischen Ländern geschwiegen hatte. Johannes Paul II. fordert von den Vertretern des Weltkirchenrats, dass man sich offen und freundschaftlich mit der Überzeugung der katholischen Kirche auseinander setzen müsse. Außerdem appelliert der Pontifex, sich mehr mit der Religionsfreiheit zu befassen, der der Weltkirchenrat in jüngster Zeit viel zu wenig Aufmerksamkeit gewidmet hatte.

Die schweizerische katholische Kirche versucht – ebenso wie die deutsche und die österreichische –, sich von Johannes Paul II. möglichst wenig beeinflussen zu lassen. Wenig Zustimmung findet der Papst bei den Schweizern für seine Forderung nach größerer Offenheit gegenüber der Einwanderung und der Wehrdienstverweigerung aus Gewissensgründen.

Das katholische Kirchenoberhaupt segnet einen Papua-Krieger.

10.–13. Oktober: In Saragossa (**Spanien**) startet der Papst zu einer kurzen Reise auf den Spuren von Kolumbus und den ersten Missionaren. Sie führt ihn weiter nach Santo Domingo in die **Dominikanische Republik** und nach San Juan in **Puerto Rico**. Diese 24. Pastoralreise ist der Auftakt zu den Feierlichkeiten für den 500. Jahrestag der Entdeckung Amerikas, die sich über neun Jahre hinziehen werden. Bevor das Kirchenoberhaupt aus Rom in Saragossa eine Messe zelebriert, besucht er noch die Basilika der heiligen Pilar, die gemeinsam mit dem heiligen Jakobus Schutzpatronin aller Spanisch sprechenden Völker ist.

Open-Air-Messe in Seoul. Tausende Koreaner haben sich anlässlich der Heiligsprechung von 103 Märtyrern versammelt.

Endlich allein, ganz ohne Sicherheitsdiens

Angst vor

Natur pur erlebt der Papst in Kanada, aber auch Schutz rund um die Uhr. Denn Terroristen haben mit einem Anschlag auf den Heiligen Vater in Quebec gedroht.

Der Kampf zwischen Engländern und Franzosen, bei dem die Eingeborenen- und Indianer-Stämme die eigentlich Leid Tragenden waren, hat das fast zehn Millionen Quadratkilometer große Land Kanada geprägt. Es ist die erste Reise von Papst Johannes Paul II. in dieses riesige Territorium,

9.–21.9.1984

apst Johannes Paul II. beim Spaziergang durch ein Waldgebiet in Kanada. Nur selten kann der Pontifex auf seinen Reisen diese Freiheit genießen.

Ierror: 5000 Polizisten schützen den Papst in Kanada

dessen 24 Millionen Einwohner Wohlstand und Technologie ohne Stress und Umweltverschmutzung genießen. Fast 27000 Kilometer reist das Kirchenoberhaupt aus Rom kreuz und quer durch das Land und besucht die Städte Quebec und Montreal, Toronto, Winnipeg, Halifax, Edmonton und Ottawa. Nur das schlechte Wetter hindert den Papst an einem Abstecher nach Fort Simpson in die Northwest Territories, um sich mit den dortigen Ureinwohnern zu treffen und zu beten. Ungewöhnlich streng sind die Sicherheitsmaßnahmen auf der gesamten Reise. Denn Terroristen haben in Quebec mit einem Anschlag gedroht. Deshalb wird der Papst ständig von 5000 Sicherheitskräften geschützt. Manchmal fühlt sich der Heilige Vater von der ihn umgebenden Polizeieskorte behindert, weil er die Menschenmenge nicht mehr sehen und berühren kann. Ein Mal schreit er seine Bewacher an: „Lassen Sie mir doch ein bisschen mehr Platz!“

Schwerpunktthema seiner Reise ist das friedliche Zusammenleben und die gegenseitige Achtung aller Ethnien in diesem gewaltigen Land.

Der Mann aus Rom setzt sich in das Zelt einer Indianer-Familie

Bei einem Besuch im Dorf St. Mary, einem rekonstruierten und der Mutter Gottes geweihten Ort, setzt sich Johannes Paul II. in das Zelt einer Huronenfamilie. Danach sagt er zu Pressevertretern: „Das Aufleben der indianischen Kultur wird ein Aufleben jener wahren Werte sein, die sie ererbt und bewahrt haben und die gereinigt und veredelt wurden von der Offenbarung Jesu Christi.“

Bei einer Ansprache in Winnipeg mahnt der Papst die Zuhörer: „Denke daran, Kanada, dass es Dir der große Reichtum der Vielfalt Deiner Kulturen erlaubt, den anderen zu geben und ihnen zu helfen – Deinen Brüdern und Schwestern in der Not zu helfen … Im Namen der Liebe bitte ich Dich inständig, auch weiterhin die Offenheit und Bereitschaft, die Du gegenüber so vielen Einwanderern und Flüchtlingen bekundest hast, zu zeigen.“

11.–21.5.1985

Der Papst soll in Rom bleiben! In Den Haag demonstrieren Niederländer gegen den Papst-Besuch.

Lass die Sonne in dein Herz! Im belgischen

Demonstranten in Utrecht: Rauchbomben und Eier

Johannes Paul II. kommt in die Niederlande, um die gespaltene Kirche wieder zu vereinen. Aber diese Mission scheitert. Überall im Land wird gegen den Papst-Besuch demonstriert.

Der erste Pastoralbesuch von Papst Johannes Paul II. in den **Niederlanden** ist wohl einer der schwersten seines bisherigen Pontifikats. Denn die Kirche in den Niederlanden ist gespalten, zu groß sind die Risse zwischen den Bischöfen, als dass der Papst mit seinem Besuch die innerkirchliche Einheit wiederherstellen kann. Auf der einen Seite stehen die Konservativen, ihre Gegner sind jene Bischöfe, die den Fortschritt in der katholischen Kirche einfordern. Sie wollen eine neue Kirche, in der die Bischöfe vom Volk gewählt werden, in der auch Frauen das Priesteramt ausüben dürfen und das Zölibat eine freie Entscheidung jedes einzelnen Geistlichen sein soll.

Die Fortschrittlichen denken sogar an eine freizügigere Sexualmoral und befürworten Abtreibung und Euthanasie (Sterbehilfe). Johannes Paul II. sieht es als seine Aufgabe, die Mauern der Spaltung und Feindseligkeiten niederzureißen, um einen neuen Dialog zwischen ihm als oberstem Herrn im Vatikan und der niederländischen Kirche zu eröffnen. Das gelingt ihm nicht. Schon drei Tage vor seiner Einreise finden in Den Haag Massenproteste gegen den Papst statt.

Nicht nur die politische Atmosphäre ist angespannt, auch die protokollarische Vorbereitung des Besuches verläuft unglücklich: Wegen eines Übermittlungsfehlers wird dem Papst an vier Tagen mittags und abends Seezunge serviert, weil sich die besuchten Orte nicht miteinander abgestimmt hatten.

Während der Homilie (Predigt) in seiner ersten Station in ’s-Hertogenbosch spricht der Papst die Probleme der niederländischen Kirche offen an: „Ihr seid ein Volk, das seine Freiheit als sehr hohen Wert liebt. Aber Ihr habt auch erfahren, dass man die Freiheit nicht missbrauchen darf. Wenn die Freiheit kein Ziel hat, wenn sie nichts

Gent gratulieren Kinder dem Papst zu seinem 65. Geburtstag.

fliegen auf das Papamobil

von dem Gesetz wissen will, das in die menschlichen Herzen eingeschrieben ist, wenn sie nicht auf die Stimme des Gewissens hört, dann wendet sie sich gegen den Menschen und gegen die Gesellschaft."

Johannes Paul II. feiert in Belgien seinen 65. Geburtstag mit Torte

In Utrecht wird das Papamobil von Demonstranten mit Rauchbomben und Eiern beworfen. Auf Plakaten wird sogar ein Kopfgeld auf den Papst in Höhe von 6000 US-Dollar ausgesetzt. Nach dieser in vieler Hinsicht missglückten Reise besucht der Papst für nur einen Tag **Luxemburg** und reist dann weiter nach **Belgien**. Hier ist die Lage ruhiger. Seinen 65. Geburtstag feiert Karol Wojtyla in Mecheln. Ein Ort mit symbolischer Bedeutung, denn in der Kathedrale wurde Kardinal Mercier beigesetzt, der als Begründer der ökumenischen Bewegung gilt. Die Geburtstagstorte des Papstes ist mit Modellen des Petersdoms und den Türmen der Kathedrale von Mecheln geschmückt.

FEBR.–SEPT. 1985

Gottesdienst in einer Inka-Festung

In Lateinamerika wird der Papst umjubelt, nur in Ecuador schweigen Hunderttausende, als der Papst in die Stadt Quito fährt. Ein Ausdruck der Achtung für den Bischof von Rom.

26. Januar–6. Februar: Die 25. Pastoralreise des katholischen Kirchenoberhaupts ist zugleich die sechste Reise nach Lateinamerika. Er besucht die Länder **Venezuela, Ecuador, Peru** und den karibischen Inselstaat **Trinidad und Tobago**. In Quito, der Hauptstadt der Neun-Millionen-Einwohner-Republik Ecuador, kommt es zu einer bewegenden Szene. Während sonst überall auf der Welt die Menschenmassen dem Papst bei seiner Ankunft zujubeln, werden in diesem Land geachtete Gäste durch Schweigen geehrt. So rollt das Papamobil auf dem Weg vom Flughafen durch Straßen, an denen Hunderttausende Menschen stehen und Kreuze oder religiöse Statuen hochhalten. Aber kein Jubel, keine Euphorie – es ist totenstill.

Fünf Tage später hält der Papst einen Wortgottesdienst in Peru, in der Nähe der alten Inkahauptstadt Cuzco. Die Inka-Festung Sacsayhuamán, hoch oben in den Anden, ist wahrscheinlich der abgelegenste Ort, den Johannes Paul II. während seines Pontifikats bisher besucht hat. Das Wetter ist umgeschlagen, Eisregen und beißende Kälte machen den zahlreichen Campesinos zu schaffen. Die meisten von ihnen sind verarmte Nachfahren eines der größten Reiche im präkolumbianischen Amerika. Um den Heiligen Vater aus Rom zu sehen, haben viele trotz der unwirtlichen Witterungsbedingungen die Nacht im Freien verbracht. Nun stehen sie im strömenden Regen schweigend da und blicken zum Papst auf, der gekommen ist, um seinen Respekt vor ihnen und ihrer alten Kultur zu bekunden. Johannes Paul II. spricht über Gastfreundschaft und gegenseitige Solidarität der Christen. Er verurteilt die Ideologie und das falsche Verständnis von Solidarität der neu-maoistischen Guerilla-Gruppe vom „Leuchtenden Pfad". Der Papst sagt, dass jede wirkliche menschliche Revolution außer den materiellen Bedingungen auch die Herzen und Seelen verändern müsse.

8.–19. August: Im Sommer reist der Papst 25431 Kilometer durch Afrika und besucht die Länder **Togo, Elfenbeinküste, Kamerun, Zentralafrikanische Republik, Zaire, Kenia** und **Marokko**. In die Hafenstadt Casablanca kommt Johannes Paul II. auf persönliche Einladung des marokkanischen Königs Hassan II., dem fünfunddreißigsten Nachfolger Mohammeds. Der Papst spricht in einem Stadion vor über 50000 jungen Muslimen über Gott, der sowohl für sie als auch für die Katholiken die „Quelle alles Guten, alles Schönen, alles Heiligen" ist. Unter den Zuhörern im Stadion ist ebenfalls Kardinal Jozef Tomko, der bemerkt, dass die jungen Leute dem Papst mit Interesse und einer Art von Verehrung folgen. Diese Teenager in Marokko bringen dem Geistlichen aus Rom mehr Achtung entgegen als noch vor einigen Wochen viele niederländische Katholiken.

8. September: Im Land der Banken und Bankiers, in der **Schweiz**, besucht der Papst die Stadt Kloten. Johannes Paul II. ruft in der Alpenrepublik zu einem verstärkten Dialog zwischen den Katholiken und dem Schweizerischen Evangelischen Kirchenbund auf. Nach seinem Abstecher reist er gleich weiter in das kleine Fürstentum **Liechtenstein** mit seinen 30000 Einwohnern.

Sicherheitskräfte eskortieren Johannes Paul II. in seinem Papamobil beim Besuch in Venezuela.

30.4.–4.5.1987

Trachten und Fahnen auf der Tribüne des Münchner Olympiastadions: Bei dieser Messe spricht Papst Johannes Paul II. den Jesuitenpater Rupert Mayer selig.

Johannes Paul II. wird Ehrenmitglied bei Schalke 04

Der Papst kommt zu seinem zweiten Deutschland-Besuch. Zum ersten Mal spricht er zwei Jahre vor dem Mauerfall von einem geeinten Europa.

Wurde Papst Johannes Paul II. bei seinem ersten Deutschland-Besuch im November 1980 von Medien und Öffentlichkeit noch euphorisch gefeiert, so mehren sich im Vorfeld seiner zweiten Deutschland-Tour einige kritische Stimmen über den Mangel an innerkirchlicher Pluralität. In diesem Jahr wird der Theologin Uta Ranke-Heinemann die kirchliche Lehrerlaubnis entzogen, genau wie schon 1979 Hans Küng und vier Jahre später, 1991, dem Theologen Eugen Drewermann.

Während seines zweiten Aufenthalts in der Bundesrepublik Deutschland besucht der Papst auch das Ruhrgebiet. Er geht in die Bottroper Zeche „Prosper Haniel", spricht mit Kumpels und Gastarbeitern. Im Gelsenkirchener Parkstadion, wo früher die „Fußballgötter" Klaus Fischer und Stan Libuda kickten, ist es diesmal der Papst, der von Zehntausenden Besuchern einer Messe Applaus bekommt. Und auch das gibt es nur auf Schalke: Der Papst wird Ehrenmitglied in dem Traditions- und Arbeiterverein.

Zwei Seligsprechungen stehen im Mittelpunkt der Deutschland-Visite. Am 3. Mai wird im Münchner Olympiastadion der heroische Jesuitenpater Rupert Mayer geehrt. Der Theologe stellte sich während der Nazi-Diktatur furchtlos dem Hitler-Regime entgegen. Der Pater überlebte das Konzentrationslager und starb 1945 eines natürlichen Todes.

Christen sind gefordert, die herrschende Gottlosigkeit zu bekämpfen

Der Heilige Vater erinnert an Rupert Mayer: „Seine Entschlossenheit, Christus zu folgen, verlieh ihm die Kraft, selbst in jener Zeit, als der Zeitgeist einer ganz anderen Richtung folgte. Und in Zeiten, in denen die Christen aufgefordert sind, die herrschende Gottlosigkeit energisch zu bekämpfen, ergeben sich solche Biografien fast zwangsläufig." Zwei Tage vorher spricht der Papst in Köln die Karmeliterin Schwester Teresia Benedicta vom Kreuz selig. Sie ist besser bekannt unter ihrem bürgerlichen Namen Edith Stein. Die aus einer jüdischen Familie stammende Frau trat 1922 zum katholischen Glauben über und wurde 1942 in Auschwitz ermordet.

Der Papst würdigt ihre unermüdliche Suche nach der Wahrheit. Edith Stein hatte ihr Bekehrungserlebnis in der Diözese Speyer, hier wurde sie getauft und gefirmt. So besucht der Papst am letzten Tag seiner Reise die Stadt am Rhein und feiert mit 60 000 Gläubigen, die in Sonderzügen und Bussen

Innere Ruhe: Johannes Paul II. im stillen Gebet bei seinem Deutschland-Besuch

angereist sind, eine Messe im Dom zu Speyer. Dieser Besuch des katholischen Kirchenoberhauptes ist zugleich eine organisatorische Meisterleistung. Bevor der Papst um 12.38 Uhr mit dem Hubschrauber auf dem Sportplatz des Schulzentrums Ost landet, mussten viele Helfer mobilisiert werden. Darunter 1165 ehrenamtliche Mitarbeiter, 450 Ordner, 509 Angehörige vom Malteser Hilfsdienst, vom Roten Kreuz und der Johanniter-Unfall-Hilfe. Die Feuerwehr ist mit 180 Leuten vor Ort und das Technische Hilfswerk mit 90 Mann. 2000 Polizisten sorgen für Sicherheit und reibungslosen Ablauf, und im Kloster St. Magdalena wird noch schnell ein Pressezentrum für die über 300 akkreditierten Journalisten aus aller Welt eingerichtet. Als nach genau 931 Jahren wieder ein Papst Speyerer Boden betritt, läuten alle katholischen Kirchenglocken in der Stadt. Johannes Paul II. spricht hier zum ersten Mal davon, dass ein neues, geeintes Europa vom Atlantik bis zum Ural geschaffen werden könne. Er glaube fest daran, dass der Kommunismus am Ende sei.

Seine Predigt vor dem fast tausendjährigen Kaiserdom, zu der auch Bundeskanzler Helmut Kohl gekommen ist, stellt der Papst unter das Thema: „Die Verantwortung der Christen für Europa". Die Predigt wird, zweieinhalb Jahre vor dem Fall der Mauer, zu einem eindringlichen Appell für alle Grundwerte und Grundrechte sowie ein geeintes Europa. Der Dom von Speyer, so der Papst, ist ein Denkmal und Mahnmal zur Einheit von West- und Ostkirche.

MÄRZ–SEPT. 1987

Die Welt fragt sich: Darf der Papst sich mit einem Diktator treffen?

In Chile regiert der brutale General Pinochet, trotzdem trifft sich Johannes Paul II. mit dem Diktator und erntet weltweit Unverständnis für diese Geste.

31. März–13. April: Familie, Jugend und Erziehung sind die zentralen Themen der 36613 Kilometer langen 33. apostolischen Reise des Papstes. Sie beginnt in der Drei-Millionen-Einwohner-Republik **Uruguay**. Nach einer Meldung der „Frankfurter Allgemeinen Zeitung" „sorgt sich der Vatikan über die zunehmende Macht der Mun-Sekte in diesem Land". Außer dem Kauf einer Druckerei, einer Bank, einer Tageszeitung und diverser Grundstücke ist auch der Bau eines 700-Betten-Luxushotels geplant. In **Chile**, der zweiten Station, sind 89 Prozent der Bevölkerung Katholiken. Das Land wird von General Augusto Pinochet regiert, der sich 1973 mit einem blutigen Staatsstreich selbst zum Präsidenten gemacht hat.

Der Besuch des Kirchenoberhauptes bei dem brutalen Diktator bleibt umstritten. Chile ist im Umbruch von der Diktatur zur Demokratie, und 1990 muss Pinochet nach einem Volksentscheid abdanken. Bei einer Messe mit 700000 Gläubigen in Santiago kommt es zu gewalttätigen Auseinandersetzungen zwischen der Polizei und extremistischen Gruppen. Aber Gewalt löst für die Kirche nicht das Problem von Diktatur und Unterdrückung. Sie setzt vielmehr auf eine innerliche und gesellschaftliche Revolution. Die Papstreise hat auch noch einen politischen Aspekt: das Gedenken an den beigelegten Konflikt zwischen Chile und seinem Nachbarn Argentinien, an dessen Lösung der Vatikan 1986 beteiligt war. Zum Abschied spricht Johannes Paul II. in Antofagasta: „Der Papst erwartet viel von den Chilenen, zum Wohle der Kirche eures Landes und der gesamten Welt. Ich möchte, dass Euch meine Reise als Zeichen der Hoffnung in Erinnerung bleibt, als Aufforderung, nach oben zu schauen, und als Antrieb zu Frieden und brüderlichem Zusammenleben. In diesen Tagen gehören wir zusammen und haben uns als Brüder gefühlt." Dann reist der Papst weiter nach Argentinien. Es ist sein zweiter Besuch in Buenos Aires, und nach der Vermittlung des Heiligen Stuhls im Konflikt mit dem Nachbarn Chile ruft der Papst die Bevölkerung auf, den Weg des Friedens weiterzugehen. „Denn der Frieden, diese Gabe Gottes", so der Papst, „muss täglich neu erkämpft werden."

8.–14. Juni: Johannes Paul II. trifft zu seinem dritten Pastoralbesuch in seiner Heimat **Polen** ein. Er besucht auch das Grab des Priesters Jerzy Popieluszko und betet für den „Märtyrer der Freiheit und Wahrheit".

„Weg hier!" Ein Priester vor einem Polizeiwagen in Santiago de Chile. Demonstranten stürmten eine Messe

Mit Pressevertretern besucht der Papst bei seiner dritten Polenreise das ehemalige Konzentrationslager Majdanek.

10.–21. September: Nach einem kurzen Wanderurlaub in den Dolomiten startet der Papst zu seiner 36. Reise, die ihn in die **USA** und nach **Kanada** führt. In Los Angeles ermahnt er die Filmindustrie, sich gewissenhafter um die Moral zu kümmern, und in New Orleans trifft er sich mit der katholischen schwarzen Bevölkerung.

In Fort Simpson in Kanada löst er ein Versprechen ein, die Nordwestlichen Territorien zu besuchen. Als er wieder in Rom landet, hat der Papst 30000 Kilometer in zwölf Tagen zurückgelegt.

1.–10.6.1989

Fünf Länder, ein Problem: Es gibt kaum Katholiken

Skandinavien ist auf der „katholischen Landkarte" ein weißer Fleck. In den Ländern gibt es kaum Katholiken. Ein Grund mehr für den Papst, jetzt nach Nordeuropa zu reisen.

Wer in Europas Norden einen katholisch Gläubigen sucht, braucht schon etwas Geduld. Denn Skandinavien ist unangefochtenes Reich der Lutheraner. Katholiken findet man hier kaum: In Norwegen werden 1985 ganze 18212 katholisch Gläubige gezählt, das ist weniger als ein halbes Prozent der Gesamtbevölkerung. In Island und Finnland sind es gerade mal 0,08 Prozent und in Dänemark und Schweden nur gut ein Prozent. Anfang Juni setzt der Pilgerpapst einen weiteren Meilenstein in seinem Pontifikat und reist knapp 12000 Kilometer, um die Länder Skandinaviens zu besuchen. Seine Visite beginnt in **Norwegen**, hier besteht die katholische Gemeinschaft zum großen Teil aus zugewanderten Asiaten. In der Kathedrale von Tromsø, die eher einer kleinen Kapelle in den Alpen ähnelt, predigt Johannes Paul II. als erster Papst nördlich des Polarkreises.

Mit Muskelkraft und Schaufel: Papst Johannes Paul II. pflanzt bei seinem Besuch auf der Burg Vadstena in Schweden einen Erinnerungsbaum.

Der Pontifex ernennt die Norweger, die im Sommer mit der Mitternachtssonne leben, zu „Kindern des Lichts". Anschließend wird Johannes Paul II. in Oslo von König Olaf V. empfangen.

Die nächste Etappe führt den Papst nach **Island**. Hier leben gerade mal 242000 Menschen, davon fast die Hälfte in der Hauptstadt Reykjavik. Es ist der erste Papstbesuch in der Geschichte Islands. Vor der katholischen Kirche Reykjaviks, die 1929 geweiht wurde, hält der Papst eine heilige Messe. Dabei erhalten vor der „Kathedrale" Kristkirkja/Landakotskirkja 45 Kinder die erste heilige Kommunion. Ein Anzeichen für den Zuwachs in der christlichen Gemeinde.

Die Evangelisierung in Skandinavien ist eine große Aufgabe, die Katholiken und Protestanten vereint. Denn die protestantische Kirche steckt in den skandinavischen Ländern in einer Krise. Trotz der großen Mehrheit der Protestanten in der Bevölkerung (89 Prozent in Norwegen, 86 Prozent in Schweden und Dänemark) gehen nicht einmal drei Prozent der Gläubigen zu den sonntäglichen Gottesdiensten.

Der Papst ruft zu einer neuen Evangelisierung Skandinaviens auf, und dem pflichten auch die meisten lutherischen Bischöfe bei.

In **Finnland** spricht Johannes Paul II. von seiner Hoffnung auf das Ende von Kriegen und Ungerechtigkeiten in der Welt. In der Hauptstadt Helsinki, wo die Charta über die Achtung der Menschenrechte unterzeichnet wurde, fordert der Papst die Bevölkerung am 5. Juni auf, sich zu bekehren: „Lasst uns Europa helfen, seine Wurzeln zu entdecken und sich mehr mit seiner Vergangenheit zu identifizieren. Denn das religiöse Leben ist nicht nur durch Ärgernis bringende Einschränkungen bedroht, es kann auch bedroht werden durch die Verbreitung von falschen Werten, wie Hedonismus, Machtstreben, Gier, die in verschiedenen Ländern fortschreiten und in der Praxis die spirituellen Bestrebungen einer großen Anzahl von Menschen ersticken."

Dänemark ist die nächste Station der Papstreise. Die lutherischen Bischöfe im Land sind sich allerdings nicht einig darüber, ob sie im Dom von Roskilde mit dem Papst zusammentreffen sollen. Der Papst darf bei dem von Bischof Berthild Wiberg geleiteten ökumenischen Gottesdienst nicht sprechen.

Der Heilige Vater besucht auch **Schweden**. In der Universitätsstadt Uppsala spricht er vor immerhin 10000 Gläubigen und appelliert, das von Christus hinterlassene Glaubenserbe zu entdecken und anzunehmen.

Regen in Dänemark – trotzdem küsst Johannes Paul II. bei seiner Ankunft auf dem

Strahlende Gesichter: Der Papst spricht in Schweden auf der Burg Vadstena mit

Militärflughafen Vaerloese den Boden.

Schwestern des Birgitta-Ordens.

APRIL–OKT. 1989

Papst beim Weltjugendtag: „Was wollt Ihr, sucht Ihr Gott?"

Auf dem Schwarzen Kontinent macht die Evangelisierung Fortschritte. Trotzdem warnt der Papst die Menschen auf seiner Reise nach Afrika vor falschem Konsumdenken.

28. April–6. Mai: Die Glaubensvermittlung ist immer wieder das zentrale Thema der Papstreisen nach Afrika. Auch bei seiner 41. apostolischen Reise, die ihn nach **Madagaskar, La Réunion, Sambia und Malawi** führt, steht die Evangelisierung des Schwarzen Kontinents im Mittelpunkt. Die katholische Bevölkerung ist hier in der Minderheit, aber die Zahl der Gläubigen wächst stetig. So kommen über eine halbe Million Menschen auf Madagaskar zusammen, um die Seligsprechung der Eingeborenen Victoire Rasoamanarivo zu erleben. Sie lebte von 1848 bis 1894 und bekam den Titel „Mutter des madagassischen Christentums" für ihre wertvolle missionarische Arbeit nach der Vertreibung ausländischer Missionare von der Insel.

Am 2. Mai wird „Bruder Scubilion", der mit bürgerlichem Namen Jean Bernard Rousseau hieß, selig gesprochen. Er missionierte La Réunion, eine Insel im Indischen Ozean, rund 800 Kilometer östlich von Madagaskar.

In Sambia fällt die Papst-Visite mit dem 100. Jahrestag der Anwesenheit der katholischen Kirche in diesem Gebiet zusammen. Johannes Paul II. nimmt an einem ökumenischen Gottesdienst in der anglikanischen Kathedrale der Hauptstadt teil und ermahnt die Anglikaner wie auch die Katholiken, dass bei der Evangelisierung Afrikas alle Formen von Konkurrenzgeist und Rivalität zu vermeiden sind.

In Sambia und anschließend auch in Malawi kritisiert der Heilige Vater indirekt das Konsumdenken der Bevölkerung, das seiner Meinung nach mit schuld an der schlechten wirtschaftlichen Entwicklung von Afrika sei. Der Papst fordert den Dialog zwischen Christen und Muslimen und verlangt von den Katholiken, „alle Lebensweisheiten abzulehnen, die den Qualitäten eurer eigenen Traditionen und dem christlichen Glauben nicht entsprechen."

19.–21. August: In Santiago de Compostela, wo die Reliquien des heiligen Jakobus aufbewahrt werden, feiern rund 600 000 junge Leute den vierten Weltjugendtag. Auch Papst Johannes Paul II. reist nach **Spanien,** um mit seiner 43. apostolischen Reise daran teilzunehmen. Der Papst mischt sich als Pilger unter die Jugend, die sich auf dem alten Jakobsweg in Richtung Santiago aufgemacht hat. Die regionale Tageszeitung „La Voz de la Galizia" nennt das die größte Wallfahrt in der Geschichte der Jakobspilger.

„Was sucht Ihr, Pilger?" fragt der Papst, „vor allem Ihr, liebe Jugendlichen, die Ihr jetzt das Leben vor Euch habt. (...) Mit den Worten Christi frage ich Euch: Was wollt Ihr? Sucht Ihr Gott? Die spirituelle Tradition des Christentums unterstreicht nicht nur die Bedeutung unserer Suche nach Gott. Sie hebt etwas viel Wichtigeres hervor: Dass Gott es ist, der uns sucht. Er kommt uns entgegen."

6.–16. Oktober: In **Südkorea** findet der 44. Internationale Eucharistische Kongress statt. Johannes Paul II. geht auf seine 44. Pastoralreise, auf der er 39 047 Kilometer zurücklegt. Neben Südkorea besucht er **Indonesien** und **Mauritius.** In Seoul, im Blauen Haus, dem Amtssitz des südkoreanischen Präsidenten, trifft der Heilige Vater Roh Tae-Woo. Beim Präsidenten drängt er auf besseren gesetzlichen Schutz und größere Achtung der Menschenrechte im Land. Auf einer abschließenden Messe mit 280 Bischöfen und 1500 Priestern betont der Papst, dass mit Einführung des Christentums vor 200 Jahren in Korea eine neue Form der Gemeinschaft entstanden ist, die alle Klassenschranken abgeschafft hat.

Einsames Gebet am Kruzifix: der Papst in Tananarive auf Madagaskar

25.1.–1.2.1990

Jahr der Mission: die Reise zu den Ärmsten der Welt

Johannes Paul II. will „bis an die äußeren Enden der Erde reisen“ und besucht im Januar Afrika. Er geht zu den Menschen in der Sahelzone, die an Hunger und Durst leiden.

In diesem Jahr schreibt der Papst seine achte Enzyklika, die an oberster Stelle in der Ausübung des ordentlichen Lehramtes des Papstes steht. Das Wort stammt vom griechischen „egkýklios“ ab und bedeutet „bei allen umlaufend“. Die Enzyklika „Redemptoris Missio“ („Über die fortdauernde Gültigkeit des missionarischen Auftrages“) ist an alle Menschen gerichtet. Der Papst schreibt: „Im Namen der ganzen Kirche fühle ich die Verpflichtung, den Ruf des Apostels Paulus erneut aufzugreifen. Seit dem Beginn meines Pontifikates habe ich mich entschlossen, bis an die äußeren Enden der Erde zu reisen. Gerade der unmittelbare Kontakt mit den Völkern, die Christus nicht kennen, hat mich von der Dringlichkeit einer solchen Aktivität, der diese Enzyklika gelten soll, noch mehr überzeugt.“

Gefährliche Wüste – die Menschen der Sahelzone hungern und sterben

Die Mission führt den Papst bei seiner 45. Reise auf die **Kapverdischen Inseln**, nach **Guinea-Bissau, Mali, Burkina Faso** und in den **Tschad**. In diesen Ländern hat die Sonne fast alles verbrannt. Vegetation ist kaum noch möglich. Dadurch lebt die Bevölkerung in grenzenloser Armut. Besonders deutlich wird dem Papst diese Not am Anfang seiner Visite auf den Kapverdischen Inseln. Dürre, Hunger und die katastrophalen Folgen der Waldrodung in der Kolonialzeit sind die Plagen dieses Landes, in dem 96 Prozent der 300000 Einwohner katholischen Glaubens sind. Auch Mali (7,5 Mio. Einwohner), das nach dem Urteil der Weltbank zu den ärmsten Ländern der Erde zählt, ist von der Dürre gezeichnet. Jahr für Jahr rückt die Wüste weiter vor, die Menschen leiden unter Hunger und Durst. Genau wie in Burkina Faso (8 Mio. Einwohner), das der Papst schon vor zehn Jahren besucht hat. Ein damaliger Aufruf an die internationale Gemeinschaft zur Solidarität mit den Völkern in der Sahelzone blieb aber erfolglos. Zehn Jahre später leiden die Menschen, die der Papst trifft, immer noch unter der Dürre. Sie sterben wie damals vor Hunger.

Immer im Dienst Gottes: Der Papst hält ein Kind bei seinem Aufenthalt auf den Kapverdischen Inseln.

Federschmuck statt Mitra: Johannes Paul II. mit der traditionellen Kopfbedeckung der Einheimischen im Tschad.

APRIL–SEPT. 1990

Ein Stelzenläufer begrüßt im afrikanischen Tabora (Tansania) Johannes Paul II.

Der Papst kommt: ein Zeitschriftenstand im Elendsviertel von Mexiko-Stadt

Der Heilige Vater in Afrika: Aids, Hunger, Dürre, Krieg, Armut und Gewalt geißeln den Kontinent

Über 66 000 Kilometer reist der Papst in diesem Jahr. Er reist hinter den gefallenen Eisernen Vorhang und besucht Südamerika sowie Afrika, den leidenden Kontinent.

21.–22. April: „Der Besuch grenzt an ein Wunder der Geschichte", begrüßt Präsident Václav Havel den Papst in der **Tschechoslowakei**. Es ist der erste Besuch in einem Land jenseits des gefallenen Eisernen Vorhangs. Im August vor 22 Jahren wurde in der Hauptstadt der Prager Frühling durch sowjetische Panzer niedergeschlagen, jetzt steht hier an gleicher Stelle auf dem Wenzelsplatz das Oberhaupt der katholischen Kirche als Symbol der Wiedergeburt. Der Traum von einem vereinten Europa ohne Mauern scheint für den Papst in Erfüllung zu gehen. Symbolisch für die tschechoslowakische Geschichte ist auch der Auftritt von Johannes Paul II. auf dem Balkon des Prager Hradschin. Hier standen schon Adolf Hitler im März 1939 und auch Alexander Dubček 1968, als auf der Burg schon sowjetische Truppen stehen.
6.–14. Mai: Die erste apostolische Reise nach Amtsantritt des Papstes ging nach **Mexiko**. Elf Jahre später kommt er zurück in das Land, in dem die große Mehrheit der über 94 Millionen Einwohner katholisch ist. Zu den Höhepunkten der Visite gehört die Seligsprechung von Juan Diego und vier weiteren Mexikanern. Die selig Gesprochenen stehen stellvertretend für die Einheit von Glauben und neuer Welt. Außerdem für die menschlichen Ideale, die der Ausbeutung in den Elendsvierteln, dem Alkohol- und Drogenmissbrauch entgegengewirkt haben. Zu den Feierlichkeiten sind sämtliche Bischöfe der Provinz und rund 1000 Priester erschienen. Während seines Mexiko-Aufenthalts reist der Papst auch nach Tuxtla, der Hauptstadt des Bundesstaates Chiapas. In diesem Ort leben die von den Viehbaronen vertriebene eingeborene Bevölkerung und die Campesinos, ein von Armut und Unterentwicklung gezeichnetes Volk. Nach dem Mexiko-Besuch macht Johannes Paul II. noch einen Abstecher auf die **Niederländischen Antillen** und besucht die Insel Curaçao. Hier leben auf 961 Quadratkilometern 185 000 Einwohner. Insgesamt hat der Papst auf seiner neuntägigen Reise 29 233 Kilometer zurückgelegt.
25.–27. Mai: Nur 690 Kilometer sind es von Rom nach Valletta mit seinen 10 000 Einwohnern, die Hauptstadt von Malta. In diesem Jahr hat der kleine Mittelmeerstaat den Antrag auf Vollmitgliedschaft in der Europäischen Gemeinschaft gestellt, seit 1964 ist Malta unabhängig von Großbritannien, und zehn Jahre später wird Malta Republik. Malta ist für Papst Johannes Paul II. ein bedeutender Ort der Heilsgeschichte. Im Jahre 60 soll der Überlieferung nach der Apostel Paulus auf dem Weg in die römische Gefangenschaft hier Schiffbruch erlitten haben. Er strandete vor Malta an der Inselkette St. Paul's und blieb drei Monate. Während dieser Zeit soll er die Bevölkerung zum Christentum bekehrt haben. Heute hat die Insel 380 000 Einwohner, von denen 94 Prozent katholischen Glaubens sind. Und der heilige Apostel Paulus wird von den Maltesern als der Patron ihres Landes verehrt.
1.–10. September: Die 49. Reise führt Johannes Paul II. nach einem kurzen Abstecher auf **Malta** nach Afrika. Er besucht **Tansania, Burundi, Ruanda** und die **Elfenbeinküste**. Für den Heiligen Vater ist Afrika ein Ort des Leidens. Hunger, Dürre, Krieg, Sklaverei, Armut und nie endende Gewalt prägen das Bild dieses Kontinents. Der Pontifex macht auf das Aids-Problem aufmerksam, dessen Auswirkung besonders in dem 17,5-Millionen-Einwohner-Staat Tansania erschreckend ist. Die Weltgesundheitsorganisation rechnet damit, dass im nächsten Jahrzehnt über sechs Millionen Afrikaner der Krankheit zum Opfer fallen.

Der Papst mahnt eine Erneuerung der moralischen Prinzipien an: „Jedes Vorsorgeprogramm, das nur auf Information basiert, ist unzureichend oder kann sogar das Gegenteil bewirken. Noch mehr Schaden richten die Kampagnen an, die genau die Verhaltensmodelle propagieren, die zum großen Teil zur Verbreitung von Aids beigetragen haben. Jesus steht besonders den Sterbenden und denen von einer unheilbaren Krankheit Befallenen bei."

MAI–AUG. 1991

Gott ist mit Euch: Der Papst segnet bei einer Messe unter freiem Himmel in Bialystok die polnischen Gläubigen.

Polen befreit vom Kommunismus – warum freut sich der Papst nicht?

Portugal, Polen, Ungarn, Tschechoslowakei – die weiteren Stationen in diesem Jahr. Der Papst dankt Maria für die Befreiung vom Kommunismus.

10.–13. Mai: Am zehnten Jahrestag des Attentats von Ali Agca auf den Papst reist dieser zu seiner zweiten Visite nach Fátima in **Portugal**. Nach Zwischenstationen in Lissabon und auf den Azoren spricht er im Wallfahrtsort mit der 84-jährigen Schwester Lucia dos Santos. Sie ist das einzige noch lebende von den drei Kindern, denen 1917 die heilige Maria erschienen ist. Einen Tag später, am 13. Mai, genau zehn Jahre nach den Schüssen auf dem Petersplatz in Rom, dankt der Papst Maria für die Befreiung Osteuropas vom Kommunismus und für seine eigene Rettung aus der Todesgefahr vor zehn Jahren.

1.–9. Juni: Die neuntägige nächste und 51. Papstreise ist schon der vierte Besuch in seinem Heimatland **Polen**. Er kommt zum ersten Mal seit dem Zusammenbruch des Kommunismus nach Polen zurück. Aber obwohl wieder Tausende zu den Messen kommen, wird diese Papstreise in seinem Vaterland als die am wenigsten erfolgreiche betrachtet. Der Grund: Zwischen den Erwartungen der polnischen Katholiken und dem Papst gibt es große Diskrepanzen. Das Volk erwartet, dass „ihr" Johannes Paul II. das neue Gefühl der Befreiung teilen würde. Stattdessen aber sprach der Papst über die vielen Gefahren der neu gewonnenen Freiheit. Auch die polnische Kirche, die 42 Jahre lang im Widerstand geschmiedet wurde, müsste jetzt ihre neue Position als Kirche des Dialogs und der Evangelisierung finden.

13.–20. August: Der Papst kehrt zum sechsten Weltjugendtag nach **Polen** zurück. Anschließend besucht er **Ungarn** und die **Tschechoslowakei.** In Esztergom betet er am Grab Kardinal Mindszentys, der den kommunistischen Machthabern Ungarns trotzte.

In Warschau küsst Präsident Lech Walesa den Ring des Papstes.

12.–21.10.1991

Brasilien: Millionen Kinder kämpfen ums Überleben

Flucht aus dem schrecklichen Alltag: Ein Straßenkind umarmt Papst Johannes Paul II. bei einer Messe in Brasilien.

„Der Mensch verwirklicht sich in seiner Arbeit", schreibt der Papst in seiner neunten Enzyklika. Aber in Brasilien gibt es kaum Arbeit, Millionen Menschen, darunter viele Kinder, kämpfen um das tägliche Überleben.

In diesem Jahr veröffentlicht Johannes Paul II. seine neunte Enzyklika *Centesimus Annus.* Ein Rundschreiben zum 100. Jahrestag einer Enzyklika seines Vorgängers Papst Leo XIII. Darin steht: „Arbeiten heißt, seine Kräfte anstrengen zur Beschaffung der irdischen Bedürfnisse, besonders des notwendigen Lebensunterhaltes. Die Arbeit gehört somit zur Berufung jedes Menschen; der Mensch entfaltet und verwirklicht sich in seiner Arbeit. Die Arbeit hat gleichzeitig eine soziale Dimension wegen ihrer engen Beziehung sowohl zur Familie als auch zum Gemeinwohl."

In Brasilien, dem größten katholischen Land der Welt, haben Millionen keine Arbeit. Allein in Rio leben fast die Hälfte der Einwohner in über 400 Elendsvierteln, den „Favelas". Besonders schlimm ist die Situation für die Kinder im Land. Sieben Millionen leben auf der Straße, über drei Millionen Kinder müssen schwer arbeiten, um zum Familienunterhalt beizutragen, und zwei Millionen unter 15 Jahren arbeiten als Prostituierte.

Der Papst trifft 30 000 Straßenkinder aus den Elendsvierteln

Das Verhältnis zwischen Brasilianern und Papst ist eng, so beginnt er seine 53. Pastoralreise in Natal, der Hauptstadt des Bundesstaates Rio Grande do Norte. Hier lebt rund die Hälfte aller unterernährten Kinder Brasiliens. Wie auf einem Rosenkranz reihen sich die Städte der Armen, Obdachlosen und Ausgestoßenen, die der Papst besucht, aneinander: São Luis, Brasilia, Cuiabá, Campo Grande, Florianópolis, Vitória, Maceió und Salvador de Bahia. Hier sieht der Papst nicht das Postkarten-Brasilien mit seinen zuckerweißen Stränden. In diesen Städten gibt es keine Arbeit, die Menschen kämpfen täglich ums nackte Überleben.

In Salvador de Bahia trifft Papst Johannes Paul II. 30 000 Straßenkinder. Energisch mahnt er: „Erst wenn das Leben der Kinder wirklich Priorität für Euch hat, wird Brasilien in jeder Hinsicht ein entwickeltes Land sein."

4.–10.6.1992

Angolas traurige Bilanz: 300 000 tote Menschen

Sklaverei, Kriege und Gewalt in den afrikanischen Republiken sind das zentrale Thema der 55. apostolischen Reise von Papst Johannes Paul II.

Das afrikanische Angola mit seinen über 14 Millionen Einwohnern ist fast vier Mal so groß wie Italien. In der Volksrepublik sind 55 Prozent der Bevölkerung katholisch, 10 Prozent sind Protestanten und Animisten („Animismus“ ist die Lehre von der Beseeltheit aller Dinge). Der Papst legt auf seiner 55. Reise nach **Angola, São Tomé und Príncipe** 16780 Kilometer zurück. Am 7. Juni zelebriert er die angolanische Ostermesse zum Abschluss der Feierlichkeiten zum 500. Jahrestag der Evangelisierung. Ein eindrucksvolles Bild: Über eine Million Menschen steht dicht gedrängt in Luanda, um die Messe des Papstes zu verfolgen. Über 30 Jahre lang hat das Land für seine Unabhängigkeit von Portugal gekämpft, danach haben Bürgerkriege zwischen diversen nationalistischen Bewegungen das Land weiter zerstört. Die traurige Bilanz der Kriege: 300 000 Tote, 80 000 Verstümmelte, 70 000 Waisenkinder, 400 000 Flüchtlinge, zwei Millionen Vertriebene und Zerstörungen im Wert von 30 Milliarden Dollar.

Rassismus und Sklaverei haben São Tomé und Príncipe gezeichnet

Vor Angola besuchte der Papst die zur Diözese gehörende Republik São Tomé und Príncipe. Auch hier ist das Land, in dem 1483 die ersten Siedlungen errichtet wurden, von Sklaverei und Gewaltakten gezeichnet. Die Aufgabe der katholischen Kirche ist es jetzt, den „lebendigen Glauben erneut in die Herzen der Menschen einzupflanzen“.

Der obligatorische Kuss: Am Flughafen in Luanda segnet der Papst den Boden.

Begrüßung in Landestracht: Junge Angolanerinnen empfangen Johannes Paul II.

Ein stilles Gebet am Holzkruzifix für die im Krieg Gestorbenen und Vertriebenen

der Papst bei einer Messe in Angola

FEBR.–OKT. 1992

Händeschütteln und Segnen: das katholische Kirchenoberhaupt beim Rundgang durch Senegals Hauptstadt Dakar

Gedenken an die Sklaverei – 500 Jahre nach Kolumbus

Auf seiner achten Afrikareise erinnert Johannes Paul II. an die Verbrechen der Kolonialherren und ruft zur Zusammenarbeit zwischen Christen und Muslimen auf.

19.–26. Februar: Die erste Reise des Jahres führt den Papst über 10000 Kilometer weit nach Afrika in die 700000-Einwohner-Republik **Gambia**, außerdem nach **Senegal** und **Guinea**. Hier sind von den knapp sechs Millionen Einwohnern gerade mal 48000 katholischen Glaubens. 85 Prozent der Bevölkerung sind Muslime wie auch in der Präsidial-Republik Senegal. Bei seiner Ankunft in Gambia spricht Johannes Paul II. von seiner Achtung und Freundschaft, die er für die Angehörigen der islamischen Gemeinde empfinde: „Die katholische Kirche begrüßt überall, auch in Gambia, die sich bietende Gelegenheit zum besseren gegenseitigen Kennenlernen von Christen und Muslimen. Gelegenheiten, um ihre Gottesverehrung zu teilen und im Dienste der Menschenfamilie zusammenzuarbeiten."

Im Senegal besuchte der Papst einen Tag zuvor das Sklavenhaus auf der Insel Gorée und rief die Verbrechen an der schwarzen Bevölkerung durch den Sklavenhandel in Erinnerung: „Während der gesamten Geschichte des afrikanischen Kontinents wurden farbige Männer, Frauen und Kinder an diesen kleinen Ort gebracht, nachdem sie aus ihrer Heimat verschleppt und von ihren Ehepartnern getrennt worden waren. Von dort aus wurden sie als Ware verkauft. Sie kamen aus allen Ländern des Kontinents und wurden, in Ketten gelegt, in alle Himmelsrichtungen transportiert. Als letztes Bild ihrer Heimat, in der sie geboren wurden, behielten sie die Basaltfelsen von Gorée im Gedächtnis. Man kann sagen, dass diese Insel im Gedächtnis und im Herzen der gesamten schwarzen Diaspora bleibt."

Ein Mädchen aus Guinea dankt dem Papst für seine achte Afrikareise.

9.–14. Oktober: Nach einer schweren, vierstündigen Operation in der römischen Gemelli-Klinik im Juli, bei der ein gutartiger großer Tumor am Dickdarm des Papstes und mehrere Gallensteine entfernt wurden, braucht Johannes Paul II. einige Wochen der Erholung. Erst Anfang Oktober geht er wieder auf Reisen und fliegt in die **Dominikanische Republik** zur vierten Allgemeinen Konferenz des Rates der Lateinamerikanischen Bischofskonferenzen (CELAM). Es ist zudem der 500. Jahrestag der Missionierung des Kontinents. Im Jahr 1492 brachte Kolumbus auch das Evangelium über den Atlantik. In Santo Domingo versucht das Kirchenoberhaupt aus Rom erneut, den Einsatz der Kirche für Gerechtigkeit und Entwicklung in Lateinamerika mit dem missionarischen Auftrag der Kirche zu verbinden. Denn das Kolumbus-Jubiläum hatte zuvor für heftige Diskussionen in Europa über das Erbe des Kolonialismus in Nord-, Mittel- und Südamerika gesorgt.

FEBR.–AUG. 1993

Bürgerkrieg und Kreuzigungen für gläubige Christen im Sudan – Wie mutig darf der Mann aus Rom sein?

Der Sudan wird von islamistischen Radikalen regiert. Bischöfe raten dem Papst vom Besuch ab. Trotz aller Warnungen reist Johannes Paul II. ein.

3.–10. Februar: Die 57. Reise des Papstes beginnt im afrikanischen **Benin**. Johannes Paul II. lobt bei seiner Ankunft die Bemühungen der Bevölkerung, nach ihrer Absage an den Marxismus freie Institutionen aufzubauen. Nach zwei Tagen fliegt der Papst weiter nach **Uganda**, um dort ein Hospital mit Aids-Kranken in Kampala zu besuchen. Der schwierigste Teil seiner Afrika-Visite sollte mit dem Besuch im **Sudan** folgen. Die Bevölkerung wird von fundamentalistischen Muslimen unterdrückt. Im Süden werden Christen verfolgt und versklavt. Wer sich offen zum Glauben bekennt, geht das Risiko ein, gekreuzigt zu werden. Der Süden des Landes wird von Rebellen beherrscht, die sich in einem brutalen Bürgerkrieg gegen die Regierung befinden. Mehrere sudanesische Bischöfe haben dem Papst von dieser Reise und von Treffen mit Regierungsvertretern, deren Hände von Blut triefen, abgeraten. Bereits auf dem Flughafen von Khartoum spricht der Papst offen über seine Besorgnis um den Sudan: „Wenn Menschen schwach und schutzlos sind, muss ich für sie meine Stimme erheben. Wenn sie obdachlos sind und an den Folgen von Dürre, Hungersnot, Krankheit und Verwüstungen des Krieges leiden, muss ich ihnen nahe sein."

Der neunstündige Papstbesuch beeinflusst die Christenverfolgung im Sudan kaum, trägt aber dazu bei, dass die Verfolgung von Christen auf die internationale Tagesordnung kommt.

25. April: Für nur einen Tag fliegt Johannes Paul II. zu seiner 58. Pastoralreise nach **Albanien**. Im „einzig wirklich atheistischen Staat der Welt", wie der langjährige Diktator Enver Hodscha, der 1985 in der Hauptstadt Tirana starb, sein Land nannte, warten im nachkommunistischen Land auf die katholische Kirche noch große Aufgaben. In Tirana begrüßt die wohl berühmteste Albanerin der Welt, Mutter Teresa von Kalkutta, den Papst. Dann reist er weiter nach Skutari im Nordwesten des Landes, um hier vier Bischöfe feierlich einzusetzen. Einer der Ordinierten ist Erzbischof Frano Illia, der vor 25 Jahren unter dem kommunistischen Regime des Diktators Hodscha zum Tode verurteilt wurde, dann aber zu Zwangsarbeit „begnadigt" worden ist.

12.–17. Juni: Von Rom aus geht es zur 59. Papstreise nach **Spanien**. Johannes Paul II. besucht in Sevilla den 45. Eucharistischen Kongress mit dem Motto „Jesus Christus, Licht der Völker. Eucharistie und Verkündung des Evangeliums". Nach Abschluss des Kongresses geht der Papst auf Pilgerreise zu den Orten, die Kolumbus bereiste: Erst Huelva, dann Moguer, wo die dritte Karavelle „Niña" gebaut wurde.

9.–16. August: Jamaika und **Mexiko** sind die ersten Stationen der vorletzten Reise des Jahres. In den mexikanischen Orten Izamal und Mérida kommt es zum engen Kontakt zwischen dem Mann aus Rom, den Mayas und den Eingeborenengemeinden. Zur Eröffnung des ersten Weltjugendtages in Nordamerika fliegt der Papst mit dem Hubschrauber ins Mile-High-Stadion von Denver in den **USA**. 90 000 Jugendliche begrüßen ihn: „John Paul Two, we love you." Damit hatte man vor dem Besuch des Heiligen Vaters nicht gerechnet.

Weltjugendtag in Denver: Über 90 000 Kids aus aller Welt feiern ihren Papst.

Open-Air-Messe in Mérida (Mexiko): Der Papst segnet Kranke und Behinderte.

Papst Johannes Paul II. an den Symbolen

Das stille

In den unabhängigen baltischen Republiken gedenkt der Heilige Vater den von den Sowjets deportierten Märtyrern.

„Aber keine Finsternis des Irrtums und der Sünde vermag das Licht des Schöpfergottes im Menschen völlig auszulöschen. In der Tiefe seines Herzens besteht immer weiter die Sehnsucht nach der absoluten Wahrheit und das Verlangen, in den Vollbesitz ihrer Erkenntnis zu gelangen. Davon gibt das unermüdliche menschliche

4.–10.9.1993

der Unabhängigkeit: *In der baltischen Republik Litauen besucht er den „Hügel der Kreuze". Er gedenkt den in sibirische Konzentrationslager Verbannten.*

Papst-Gebet auf dem „Hügel der Kreuze" in Litauen

Suchen und Forschen auf jedem Gebiet ein beredtes Zeugnis. Das beweist noch mehr die Suche nach dem Sinn des Lebens. Die Entwicklung von Wissenschaft und Technik ist zwar ein großartiges Zeugnis der Fähigkeit des Verstandes und der Ausdauer der Menschen, befreit aber die Menschheit nicht davon, sich letzte religiöse Fragen zu stellen, sie spornt sie vielmehr dazu an, die schmerzlichsten und entscheidendsten Kämpfe, jene im Herzen und im Gewissen, auszutragen", schreibt der Papst in seiner zehnten Enzyklika *Veritatis Splendor*, über einige grundlegende Fragen der kirchlichen Morallehre.

Über 275 000 katholische Laien wurden nach Sibirien verschleppt

„Dass die Moral- und Soziallehre der Kirche kein dritter Weg zwischen Kapitalismus und Kommunismus ist", ist das Kernthema der 61. Reise von Johannes Paul II. in die seit zwei Jahren unabhängigen baltischen Republiken Litauen, Lettland und Estland. Es ist die erste Reise in Länder, die früher zur Sowjetunion gehörten. Allein in Litauen sind zwischen 1945 und 1955 vier Bischöfe, 185 Priester und 275 000 katholische Laien von den Sowjets inhaftiert und in sibirische Konzentrationslager deportiert worden. Ein Gebet auf einem einfachen Holzschemel auf dem „Hügel der Kreuze" in Meškuičiai wird zum bewegendsten Moment der Pilgerreise durch Litauen. Die ersten Kreuze auf diesem Hügel in der Nähe der Stadt Schaulen sind bereits 1863 während des Aufstands gegen Russland errichtet worden. Rund 100 Jahre später hatte man über 10 000 Holzkreuze als Protest gegen das kommunistische Regime aufgestellt. Der Regierung in Moskau missfiel dieser symbolische Protest und ließ den „Kreuzwald" säubern. Doch die Kreuze wurden heimlich wieder aufgestellt, und als Litauen seine Unabhängigkeit erhielt, war jeder Quadratmeter wieder mit Kreuzen bedeckt. Hier kniet der Papst nieder und gedenkt all derer, die ohne Grabkreuz beerdigt worden sind oder in der sibirischen Tundra ums Leben kamen.

SEPT. 1994

Trotz Hüftproblemen reist der Papst nach Kroatien, ruft zur Versöhnung auf.

Bosnien: Der Stellvertreter Gottes darf nicht kommen

Die bosnischen orthodoxen Bischöfe sehen die Zeit für einen Papstbesuch noch nicht gekommen. Der Papst ist enttäuscht und reist nach Kroatien.

10.–11. September: Eigentlich will der Papst in diesem Herbst auch Sarajevo, das seit 1992 erbarmungslos bombardiert wird, besuchen, um anschließend nach Kroatien zum 900. Jahrestag der Erzdiözese Zagreb zu reisen. Auf dem Wege der Geheimdiplomatie bekommt der Gesandte des Vatikans, Monsignore Vincenzo Paglia, sogar die Zustimmung des Serbenführers Slobodan Milošević für die Einreise nach Restjugoslawien ohne jede Bedingung. Doch zur Enttäuschung von Johannes Paul II. blockieren die Bischöfe der serbisch-orthodoxen Kirche den Besuch in Bosnien, weil die Zeit noch nicht reif sei. Und auch die Visite in Sarajevo soll nicht stattfinden. Am 7. September, einen Tag vor der geplanten Abreise, wurde der Besuch aus „Sicherheitsgründen" abgesagt. So bleibt Johannes Paul II. nur die Fahrt nach Kroatien, die unter dem Thema Frieden, Kommunion und Vergebung steht. „Um den blutigen brudermörderischen Krieg anzuhalten, habe ich jeden Weg versucht und an jede Tür geklopft", sagt der Papst in Zagreb, „nun vertraue ich Gott die in mir geweckte Bitterkeit über den erzwungenen Verzicht an und bitte ihn, dennoch in die Herzen aller Interessierten meine nachdrückliche Aufforderung zu Versöhnung und Frieden gelangen zu lassen."

Bei der Messe zur Heiligsprechung von drei katholischen Märtyrern sieht der Paps

JAN.–OKT. 1995

zu, wie die Bischöfe zum Altar ziehen.

Die größte Versammlung der Menschengeschichte – Millionen sehen den Papst

Während in Manila sich Millionen auf den Papstbesuch freuen, werden dort zwei Attentäter verhaftet, die den Mann aus Rom ermorden wollen.

11.–21. Januar: Asien ist der bevölkerungsreichste Kontinent, aber auch der am wenigsten evangelisierte. So beginnt das Jahr für das katholische Kirchenoberhaupt mit einer 33415 Kilometer langen Pastoralreise auf die **Philippinen**, nach **Papua-Neuguinea**, nach **Australien** und nach **Sri Lanka**. Manila erreicht der Papst zum Weltjugendtag. Bei der Abschlussmesse kommt es wahrscheinlich zu der größten Menschenansammlung in der bisherigen Geschichte der Menschheit. Man schätzt, dass fünf bis sieben Millionen Menschen dicht gedrängt auf den Papst warten. Der kann nicht wie geplant sein Papamobil einsetzen, sondern muss im Hubschrauber zum Altar gebracht werden. In letzter Minute können die Behörden ein Attentat auf den Papst verhindern. In einer Wohnung in der Nähe der vatikanischen Botschaft, in der der Papst übernachten soll, entdecken die Beamten schwelende Chemikalien, eine Computerdiskette mit Plänen, wie man den Papst ermorden könne, Material für Rohrbomben, Priestersoutanen und Stadtpläne mit den eingezeichneten Routen des Papstes. Die beiden Männer, die das Appartement gemietet haben, werden verhaftet. Einer von ihnen ist Ramzi Yousef, ein international gesuchter Terrorist, der 1993 wegen des Bombenanschlags auf das World Trade Center in New York verhaftet wurde. In Australien feiern die Menschen in Sydney die erste Seligsprechung einer Tochter ihre Landes: Mutter Mary MacKillop, Gründerin der St.-Josefs-Schwestern und Kind schottischer Einwanderer, wird vom Papst geehrt.

20.–22. Mai: Vor dem Besuch der **Tschechischen Republik** gibt es Ärger zwischen dem Vatikan und den tschechischen Protestanten. Papst Johannes Paul II. will Jan Sarkander heilig sprechen, einen katholischen Märtyrer des Dreißigjährigen Krieges in Mähren. Aber die Protestanten sind überzeugt, dass dieser Mann an der gewaltsamen Rekatholisierung protestantischer Gebiete beteiligt war. Während seiner Fahrt durch Mähren und Böhmen bittet der Papst um Vergebung für das Unrecht, das Katholiken an den Tschechen begangen haben, und vergibt den Protestanten das Unrecht, das sie Katholiken angetan haben.

3.–4. Juni: In **Belgien** appelliert Johannes Paul II., 50 Jahre nach Beendigung des Zweiten Weltkriegs, aus dem „Herzen Europas" zu Frieden auf dem Kontinent.

30. Juni–3. Juli: Bei seiner 66. Pastoralreise, die ihn in die **Slowakei** führt, spricht der Papst drei Priester heilig, die in den Religionskriegen als Märtyrer umgekommen sind. Außerdem besucht er ein Denkmal in Košice, um dort Calvinisten zu ehren.

14.–20. September: Der Papst veröffentlicht in Afrika sein Apostolisches Schreiben *Ecclesia In Africa* und reist zu der feierlichen Verkündung nach **Kamerun**, in die **Südafrikanische Republik** und nach **Kenia**. In seinem Schreiben fordert der Papst, die Afrikaner in die Weltpolitik einzubeziehen.

4.–9. Oktober: Die letzte Reise im Jahr führt in die **USA**, dort spricht der Papst vor 70000 Menschen im New Yorker Football-Stadion der Giants.

Der Papst neben dem Bild von Jan Sarkander, den er heilig gesprochen hat.

Dicht gedrängt begrüßen die Menschen in Manila den Papst bei seiner Ankunft.

FEBR.–SEPT. 1996

Der Papst appelliert an Osteuropa: „Konzentriert Euch nicht nur auf den Konsum und materielle Werte!“

In den ersten neun Monaten des Jahres 1996 macht der Papst gleich sechs Reisen ins Ausland: nach Mittel- und Südamerika, Osteuropa, Tunesien und Frankreich. Im Oktober stoppt ihn eine dringend notwendige Blinddarmoperation.

5.–12. Februar: Nach 13 Jahren kehrt der Papst zurück nach Mittelamerika. Seine achttägige Reise führt ihn über **Guatemala, Nicaragua** nach **El Salvador** und zu einem kurzen Besuch nach **Venezuela.** In Nicaragua hat man inzwischen versucht, eine demokratische Regierung zu etablieren. Als der Papst am 7. Februar auf dem Weg vom Flughafen in die Hauptstadt Managua ist, erblickt er ein Plakat von dem ehemaligen Chef des Sandinisten-Regimes Daniel Ortega. Darauf steht: „Willkommen, Heiliger Vater, in Nicaragua!“ In einer Pressekonferenz sagt der Papst über den Unterschied zu seiner letzten Mittelamerika-Reise: „1983 war die Reise nach Nicaragua wie ein Salto. Aber wir haben ihn überstanden. Dann änderte sich alles. Jetzt schreibt Ortega selbst, es gebe kein Problem, alles habe sich geändert. Er hat vergessen, dass es beim letzten Mal nicht so einfach war, zu den Menschen zu sprechen. Das ist der Lauf der Welt.“
14. April: Nur 12 000 Katholiken leben in der Neun-Millionen-Einwohner-Republik **Tunesien.** Während des kurzen apostolischen Besuchs in dem selbst ernannten „Land der Toleranz“ spricht Papst Johannes Paul II. mit Präsident Ben Ali in Karthago über die Notwendigkeit eines Dialogs zwischen den drei großen monotheistischen Religionen, dem Christentum, dem Judentum und dem Islam.
17.–19. Mai: „Euer Volk geht durch eine Epoche radikaler Umwandlungen“, sagt der Papst am 17. Mai in Laibach bei seiner Reise in die unabhängige Republik **Slowenien,** „während es sich allmählich von den negativen Folgen einer totalitären Ideologie, die stark beeinträchtigt hat, zu befreien sucht, ist es mit allen Kräften auf die Verwirklichung einer brüderlichen und demokratischen Gesellschaft ausgerichtet.“ Dann warnt er die zwei Millionen (davon 70 Prozent Katholiken) Slowenen davor, einer neuen Ideologie zu verfallen, die sich auf ein zügelloses Freiheits- und Konsumdenken gründe.
6.–7. September: Auf seiner zweiten Reise in das junge demokratische **Ungarn** besucht Johannes Paul II. die Benediktinerabtei von Pannonhalma, die ihr 1000-jähriges Bestehen feiert. Die Kirche Ungarns hat seit seiner letzten Reise vor fünf Jahren grundlegende Veränderungen erfahren, wie zum Beispiel die Wiedererstehung der Katholischen Universität in Budapest. Aber auch in diesem osteuropäischen Land appelliert der Heilige Vater an die zehn Millionen Einwohner Ungarns, sich nicht nur ganz auf den Konsum und die materiellen Werte zu konzentrieren, die als Reaktion auf jahrzehntelange Entbehrung in kommunistischer Zeit bei der Bevölkerung entstanden sind. Er ruft in Budapest zur Geduld auf: „Nach den dramatischen Ereignissen dieses Jahrhunderts, das gerade zu Ende geht, darf man nicht erstaunt sein, wenn die Wiedergeburt und die erwünschte Entwicklung Zeit beansprucht.“
19.–22. September: Bei seiner fünften Reise nach **Frankreich,** wo von den 58 Millionen Einwohnern 80 Prozent katholisch sind, unterstreicht der Papst die wichtige Rolle des Landes bei der Neugestaltung des Alten Kontinents. Das Thema Familie steht bei dieser Reise ebenfalls im Vordergrund. Johannes Paul II. deutet auf die vielen Schwierigkeiten hin, denen Familien in Frankreich ausgesetzt sind. Vor der Wallfahrtskirche Sainte-Anne-d'Auray trifft der Papst mit jungen Ehepaaren zusammen und spricht davon, dass die Kirche für das kommende Jahrtausend auf die Familien setze.

In der Kathedrale von Managua (Nicaragua) betet Papst Johannes Paul II. am 7. Februar 1996 vor dem gekreuzigten Christus unter einer Glaskuppel.

Über 90 000 Gläubige sind zu einer Mess

Von Ost nach West: Papst, Kanzler Kohl und Bürgermeister Diepgen

23.6.1996

mit Papst Johannes Paul II. in das Berliner Olympiastadion gekommen. Der Papst spricht über das kostbare Gut der Freiheit für die Ex-Bürger der DDR.

Papst & Kanzler gehen durch das Brandenburger Tor

Johannes Paul kommt während seiner dritten Deutschlandreise erstmals in das wieder vereinte Land. Begleitet wird der Besuch durch die öffentliche Diskussion von führenden Bischöfen um die kirchliche Lage der wieder verheirateten geschiedenen Katholiken.

Obwohl die Mauer vor gut sechs Jahren gefallen ist, bleibt der 23. Juni 1996 für Papst Johannes Paul II. ein historischer Moment. Auf einem roten Teppich, begleitet von Bundeskanzler Helmut Kohl, durchschreitet er das Brandenburger Tor von Ost nach West. Das Symbol, das lange als Zeichen für die Teilung Deutschlands galt, steht nun als Zeichen der neuen Freiheit. Nach einem Besuch bei Bundespräsident Roman Herzog im Schloss Bellevue fährt der Papst zu einer Messe in das Olympiastadion und spricht vor über 90000 Gläubigen: „Die Freiheit ist ein überaus kostbares Gut, das einen hohen Preis verlangt. Sie verlangt Hochherzigkeit, und die schließt Opferbereitschaft mit ein; sie verlangt Wachsamkeit und Mut gegenüber den Kräften, die sie von innen oder von außen bedrohen."

Bei dieser Messe spricht der Heilige Vater Dompropst Bernhard Lichtenberg und Pater Karl Leisner selig. Die Geistlichen litten unter dem Nazi-Regime im KZ Dachau. Diese dritte Pastoralreise nach Deutschland führt in der Öffentlichkeit und bei vielen Bischöfen schon im Vorfeld zu einer kontroversen Diskussion. Führende deutsche Bischöfe sprechen öffentlich gegen ihren einstigen Bischofskollegen Joseph Kardinal Ratzinger, über die seelsorgerischen Probleme und die Lage von wieder verheirateten geschiedenen Katholiken, die voll am kirchlichen Leben, einschließlich des Empfangs der Kommunion, teilnehmen wollten. Johannes Paul allerdings geht während seines Aufenthalts auf diesen Streit nicht ein.

Bei einem Essen im Collegium Leoninum mit den katholischen Bischöfen Deutschlands wird der Papst vom Mainzer Bischof Karl Lehmann begrüßt. Der Vorsitzende der deutschen Bischofskonferenz ist eine der zentralen Figuren im Streit um die geschiedenen Katholiken. Nach einem Treffen mit dem Zentralkomitee der deutschen Katholiken und dem Zentralrat der Juden in Deutschland gibt es noch ein privates Treffen mit Kanzler Kohl. Der CDU-Politiker, der zuvor manche Bedenken der Deutschen gegen Papst Johannes Paul II. geteilt hat, ruft noch spät in der gleichen Nacht den mit ihm befreundeten italienischen Philosophen Rocco Buttiglione in Rom an. Aufgeregt berichtet Kanzler Helmut Kohl über sein privates Treffen mit dem Papst: „Das ist der größte Mann der zweiten Hälfte dieses Jahrhunderts, vielleicht des ganzen Jahrhunderts. Und stellen Sie sich vor, er zieht noch größere Menschenmassen an als ich."

JAN.–OKT. 1998

„Afrika wird die Welt erstaunen“

Pastoralbesuche in Italien, Kuba, im afrikanischen Nigeria, in Österreich und Kroatien stehen in diesem Jahr auf dem Reiseplan des Papstes.

3. Januar: Papst Johannes Paul II. macht einen Pastoralbesuch in **Italien** bei den Erdbebenopfern in Umbrien und reist in die Regionen Annifo, Assisi und Cesi.

21.–23. März: Bei der Reise nach **Nigeria** kommt es zur Seligsprechung des Paters Cyprian Michael Iwene Tansi. Vor Diplomaten sagt der Papst: „Afrika wird die Welt erstaunen durch seine Errungenschaften.“ Das bezog sich vor allem auf Nigeria, das mit seinen 108 Millionen Einwohnern als „Riese Afrikas“ gilt.

19.–21. Juni: Bei einem Besuch in **Österreich** feiert der Papst eine Abschlussmesse auf dem Wiener Heldenplatz, an der fast 50 000 Gläubige teilnehmen.

Ein Schirm schützt den Papst bei der Messe am 4. 10. 98 in Split (Kroatien).

2.–4. Oktober: Die Seligsprechung eines ehemaligen Erzbischofs von Zagreb wird Kernpunkt der Reise des Papstes Anfang Oktober nach **Kroatien**, wo 76,5 Prozent der Bevölkerung katholisch sind. Über eine halbe Million Menschen nehmen an der feierlichen Konzelebration am 3. Oktober in der Nähe von Zagreb teil. Während einer anschließenden Messe in Split sagt der Papst, dass Kroatien sich nach seiner schicksalhaften Zeit jetzt noch viel mehr der Evangelisierung zuwenden müsse. Es liege an der Bereitschaft der Christen, dem Land ein neues Gesicht zu geben und sich für die ethischen und moralischen Werte in der Gesellschaft einzusetzen.

Bei der ersten Messe auf kubanischem Boden im Sportstadion von Santa Clara begeistert der Papst die Menschen.

21.–25.1.1998

Soldaten grüßen während der Willkommenszeremonie den Papst und Fidel Castro.

Zwei Welten, dazwischen das Kreuz Christi: offener Dialog zwischen den Führern

Die Karibik-Insel Kuba soll sich der Welt öffnen

Das kommunistische Kuba ist das letzte lateinamerikanische Land, das der Papst während seines Pontifikats noch nicht besucht hat. In seinem Gebet macht Johannes Paul II. der Bevölkerung Hoffnung auf eine Öffnung zur restlichen Welt.

Bereits gut ein Jahr zuvor besuchte der kubanische Staats- und Parteichef Fidel Castro den Papst im Vatikan. Während der 35-minütigen Audienz in der Privatbibliothek des Papstes sprach das Kirchenoberhaupt über die Lage der Katholiken auf der kommunistischen Karibik-Insel. Für die 11 Millionen Einwohner auf Kuba gebe es nur 200 Priester. In diesem Gespräch verabredeten die beiden alternden Kämpfer einen Gegenbesuch von Johannes Paul II. Einzige Bedingung des Papstes: Er wolle an jedem Ort mit jedem Gesprächspartner reden dürfen. Fidel Castro akzeptierte.

Am 21. Januar kommt es dann zur historischen Begegnung der beiden Führer, die beide Macht, Charisma, Geisteskraft und ein klares Programm besitzen. Auf dem Flughafen José Martí in Havanna begrüßt der kubanische Präsident an einem feuchtheißen Nachmittag seinen Besucher an der Gangway des Vatikan-Fliegers. Allerdings nicht wie üblich in seinem militärischen Kampfanzug, sondern in einem dunklen Zweireiher. Vier einheimische Kinder halten dem Papst eine Schale mit kubanischer Erde entgegen, die er küsst und segnet. Dann hält Castro eine für ihn ungewöhnlich kurze 25-Minuten-Rede.

„Das Land, das sie soeben geküsst haben, wird durch ihre Anwesenheit geehrt", begrüßt der graubärtige Staatschef den Papst und hält dann eine Ansprache, in der er Kuba und die Kubaner als Opfer der Geschichte beklagt. Castro wirft den Kolonisatoren vor, die einheimische Bevölkerung der Karibik-Insel vernichtet und die Überlebenden zu Sklaven oder Prostituierten gemacht zu haben.

Als der Papst auf das Podium steigt, spricht er zu den Menschenmassen in sanftem Ton. Er fordert die Kubaner auf, sich nicht für Opfer zu halten: „Sie sind – ja müssen es sein – die Hauptgestalter Ihrer persönlichen wie auch nationalen Geschichte." Er sagt zu den Menschen, die in dem von Christoph Kolumbus als das „schönste Land" bezeichneten Kuba leben, dass die Gläubigen wie Ungläubigen keine Angst haben sollen, Christus ihr Herz zu öffnen.

Das anschließende Gebet von Johannes Paul II. geht in die Geschichte ein: „Möge Kuba allen eine Atmosphäre der Freiheit, des gegenseitigen Vertrauens, der sozialen Gerechtigkeit und des dauerhaften Friedens bieten. Möge Kuba mit all seinen großartigen Möglichkeiten sich für die Welt öffnen, und möge sich die Welt für Kuba öffnen, damit dieses Volk (...) mit Hoffnung in die Zukunft blicken kann."

Millionen sehen das Christusbild neben dem von Che Guevara

Später kritisierte der Papst in aller Schärfe die Abtreibungspraxis in Kuba sowie staatliche Einmischung in die Erziehung der Erwachsenen. Schwangerschaftsabbruch sei ein „abscheuliches Verbrechen". Die Kubaner zeigen rege Anteilnahme am Papstbesuch. Auf dem Platz der Revolution wird neben dem Bild des Revolutionärs Che Guevara ein riesiges Christusbild montiert. Rund eine Million Menschen kommen zu dem im Freien stattfindenden Gottesdienst. Zwischen Johannes Paul II. und Revolutionsführer Fidel Castro entwickelt sich während des Besuchs ein herzlicher und offener Dialog. Zu den gemeinsamen Zielen gehört die Bekämpfung des Analphabetismus, der Kinderprostitution, der Arbeitslosigkeit, des Hungers, von Krankheiten und der Gewalt.

Johannes Paul II. küsst bei seiner Ankunft in Havanna kubanische Erde, die ihm Kinder in einer Schachtel reichen, damit der geschwächte Papst nicht niederknien muss.

JAN.–NOV. 1999

In den USA spricht der Papst gegen Abtreibung und Todesstrafe

In Mexiko spricht Johannes Paul II. vor Hunderttausenden über die christliche Aufgabe der Jugend. In den USA trifft er Präsident Bill Clinton, und mit Rumänien besucht der Papst das erste Land mit überwiegend orthodoxer Bevölkerung.

22.–26. Januar: 20 Jahre nach seiner ersten **Mexiko**-Reise pilgerten Tausende Gläubige aus Mittelamerika in das Aztekenstadion, um den Papst zu hören. In seiner apostolischen Mahnschrift *Ecclesia In America* fordert er die Menschen auf, zu schauen und den Horizont zu erweitern. Und er spricht zu den Jugendlichen: „In der neu aufkommenden Ära der Informatik (...), einer Ära, die immer mehr einer Globalisierung entgegenstrebt, in welcher der Austausch wirtschaftlicher und sozialer Beziehungen immer schneller wird, steht ihr, liebe Jugendlichen, jener Herausforderung gegenüber, Verstand und Herz der Menschheit für die Neuigkeit von Christus und die Dankbarkeit Gott gegenüber zu öffnen."

Präsident Bill Clinton stützt den Papst bei seiner Ankunft in den USA.

26.–28. Januar: Präsident Clinton begrüßt Johannes Paul II. bei seiner Ankunft auf dem Lambert International Airport/St. Louis in den **USA**. Der Papst und der US-Präsident sprechen bei ihrem Treffen in St. Louis strittige Themen, wie die Irak-Krise, Abtreibung und die Todesstrafe, an. Zugleich fordert Johannes Paul II. den Verzicht auf militärische Gewalt. Als Abschluss der Amerika-Reise steht eine Messe in einem Sportstadion in St. Louis auf dem Programm.

7.–9. Mai: Der Besuch in **Rumänien** ist die erste Reise des Papstes in ein überwiegend orthodoxes Land. Karol Wojtyla fordert die Einheit der orthodoxen und katholischen Christen.

19. September: Während seines eintägigen Besuchs in **Slowenien** ruft Papst Johannes Paul II. bei einem Gottesdienst in Maribor alle Völker auf dem Balkan zu einem friedlichen Miteinander und zu Toleranz auf.

5.–8. November: Apostolische Reise nach **Indien**. Von einer Milliarde Einwohnern sind nur 1,5 Prozent Katholiken. Anschließend besucht der Heilige Vater erstmalig **Georgien.**

Der Papst und der rumänisch-orthodoxe Patriarch Teoktist fordern bei einer Messe in Bukarest, dass die Waffen im Jugoslawienkrieg niedergelegt werden.

Mehr als 400 000 Menschen, darunter Hunderte Priester, kamen zur Messe von Papst Johannes Paul II. in den ostpolnischen Ort Drohiczyn.

5.–17.6.1999

Bei einem Besuch in seiner Geburtsstadt Wadowice erinnert nur ein kleines Pflaster an den schweren Sturz von Karol Wojtyla auf seiner achten Polenreise.

Eine Einwohnerin der Ostsee-Metropole Danzig wartet hinter ihrem geschmückten Fenster gespannt auf die Ankunft von Papst Johannes Paul II.

„Ohne Solidarność wäre diese Reise nicht möglich!“

Die achte Polenreise des Papstes im Sommer ist auch die längste. Johannes Paul II. spricht vor dem Parlament über die geschichtliche Entwicklung des Staates in den letzten 20 Jahren und besucht die „Schwarze Madonna“ in Tschenstochau.

Johannes Paul II. stürmt in diesem Jahr mit einer CD mit seinen Liedern und Worten, die zu verschiedenen Anlässen und Zeremonien aufgenommen wurden, die Hitparaden rund um die Welt. Und auch die Fakten zu seiner achten Polenreise sind rekordverdächtig: In 13 Tagen besucht er in seiner Heimat 23 Orte, liest zwölf Messen, nimmt an 24 Treffen teil, spricht vor über neun Millionen Menschen und legt 5340 Kilometer in Helikoptern und Flugzeugen zurück.

Erstmalig spricht Karol Wojtyla vor den beiden Kammern im polnischen Parlament. Und der Pontifex erinnert die Politiker an die bedeutende Rolle der Arbeitergewerkschaft, die diese bei der Befreiung Polens vom kommunistischen Regime gespielt hatte: „Wir sind uns alle der Tatsache bewusst, dass diese heutige Begegnung im Parlament ohne Solidarność nicht möglich gewesen wäre.“ Unter den applaudierenden Zuhörern sitzen in der Loge der Ehrengäste auch die ehemaligen Präsidenten General Wojciech Jaruzelski und der Solidarność-Gründer Lech Walesa. Jaruzelski, der 1981 das Kriegsrecht über Polen verhängt hatte, würdigte den Papst: „Er ist ein weiser, verantwortungsvoller und respektwürdiger Gegner der Kommunisten gewesen.“

Im Mittelpunkt dieser Polenreise stand der Dank für die geschichtliche Entwicklung des Staates in den letzten 20 Jahren und der gegenwärtige gesellschaftliche und politische Umbruch Polens, vermeldet Radio Vatikan am Ende der Reise. Johannes Paul II. besucht auch Polens bedeutendsten Wallfahrtsort: Auf dem Berg Jasna Góra in Tschenstochau (polnisch Czestochowa) steht das Pauliner-Kloster, das von König Wladiyslaw Jagiello Ende des 14. Jahrhunderts gestiftet wurde. In der barocken Basilika hängt das Bildnis der „Schwarzen Madonna“. Der Legende nach wurde dieses Bild vom Evangelisten Lukas auf ein Brett aus Zypressenholz gemalt. Dieses Brett soll vom Tisch der Heiligen Familie aus Nazareth stammen. Millionen Menschen aus aller Welt besuchen jedes Jahr das Madonnenbild, das dem Orden 1382 vermacht wurde. Es heißt, die „Schwarze Madonna“ soll geholfen haben, dass die Mönche des Klosters im 17. Jahrhundert einer 40-tägigen Belagerung durch schwedische Truppen standgehalten haben.

Polnisches Nationalheiligtum: die Schwarze Madonna von Tschenstochau

Große Aufregung in den letzten Tagen des Papstbesuches: Johannes Paul stürzt in der Warschauer Nuntiatur und verletzt sich am Kopf. Eine Wunde an der Schläfe muss mit drei Stichen genäht werden. Doch das Programm geht weiter. Ein kleines Pflaster erinnert an den Unfall. Später ist es eine schwere Grippe, die einen Reiseabstecher des Papstes nach Armenien in letzter Minute verhindert.

20.–26.3.2000

Traum wird wahr: Pilger-Reise in das Heilige Land

Die diplomatisch wohl schwerste Reise des Papstes in das Heilige Land ist auch zugleich die erfolgreichste. Er bittet das jüdische Volk für den Hass und die Verfolgung durch die Christen um Vergebung.

Das Jahr 2000, das weltweit als „Jubeljahr" oder „Millennium-Jahr" bezeichnet wird, ist für den Papst ein Schlüsseljahr seines Pontifikats. Bereits seit den ersten Amtstagen wünschte sich Karol Wojtyla nichts mehr als eine Reise in das Heilige Land. Und jedes Mal, wenn die Diplomaten des Vatikans dem Papst in Rom über die scheinbar unüberwindbaren Schwierigkeiten zu dieser Pilgerreise berichteten, fragte er sie: „Wann werdet ihr mich gehen lassen?" In seinem apostolischen Schreiben *Tertio Millennio Adveniente* von 1994 plant das Kirchenoberhaupt eine Pilgerreise zu den großen Stätten der biblischen Geschichte. Nach Ur in der irakischen Wüste von al-Hajar, der Heimat Abrahams, nach Sinai, der Stätte der Zehn Gebote, nach Bethlehem, Nazareth und Jerusalem im Heiligen Land; und nach Damaskus, dem Ort der Bekehrung des Heiligen Paulus und des Beginns der Heidenmission.

Als fünf Jahre später die Vatikan-Diplomaten immer noch ihre Zweifel an der Verwirklichung des Traumes von Johannes Paul II. hatten, kündigte dieser dann selbst an: „Ich werde jetzt gehen." In einem Brief über die Pilgerfahrt, der zu den poetischsten Dokumenten des Papstes während seines Pontifikats gehört, schreibt er: „Obwohl es keinen Ort gibt, an dem Gott nicht gefunden werden kann, gibt es einige Orte, wo die Begegnung mit dem Göttlichen intensiver erlebt werden kann."

Am Nachmittag des 20. März fliegt der „Langzeitprediger" Gottes von Rom nach Jordanien und besucht die Gedenkstätte für Moses auf dem Berg Nebo, etwa 25 Kilometer westlich der Hauptstadt Amman.

Auf einer Messe am nächsten Tag erhalten 2000 junge Leute die Erstkommunion. Dabei betont der Papst, wie wichtig der Zusammenhang zwischen den beiden großen biblischen Gestalten Moses und Elija und dem Christentum ist. Von Jordanien führt die Reise weiter nach Tel Aviv in Israel. Vor diesem Besuch gab es in Israel eine Umfrage. Das Ergebnis: 56 Prozent der Bevölkerung wussten nicht, dass die katholische Kirche weltweit den Antsemitismus verurteilt und bekämpft. Obwohl seit dem Zweiten Vatikanischen Konzil im Jahr 1965 die katholische Kirche einen neuen Dialog zum Judentum anstrebt.

Was in diesen drei Jahrzehnten Diplomaten, Dialoge und Dokumente bei der israelischen Bevölkerung nicht erreicht haben, vermittelt der Papst mit seinen Gesten bei der Begrüßungszeremonie auf dem Flughafen von Tel Aviv: Er grüßt die israelische Flagge, hört aufmerksam die israelische Nationalhymne und schreitet eine Ehrenformation der israelischen Streitkräfte ab. Diese Zeichen vermitteln mehr als alle Worte. In der Beziehung zwischen der katholischen Kirche und dem jüdischen Volk hat sich etwas Fundamentales getan.

Tiefste Trauer für die Verfolgung der Juden durch die Christen

Der zweite Tag seiner Visite führt Johannes Paul II. in die Palästinensischen Autonomiegebiete. Jassir Arafat versucht, den Papst-Besuch in den Medien als Anerkennung eines „palästinensischen Staates" durch das Kirchenoberhaupt zu nutzen. Er erklärt, der heilige Petrus war Palästinenser. Johannes Paul II. betet in der Geburtskirche, direkt neben der überlieferten Geburtsstätte Jesu, und sagt: „Weil in Bethlehem jeder Tag Weihnachten ist, ist in den Herzen der Christen jeder Tag Weihnachten."

Am Donnerstag hält der Papst mit seinen engsten Mitarbeitern eine Messe im „Abendmahlssaal" auf dem Zionsberg. Hier soll Jesus mit seinen Jüngern das Abendmahl gefeiert haben und an Pfingsten die Kirche entstanden sein. Zu den eindrucksvollsten Momenten der Pilgerfahrt gehört ein Akt der Buße in der Gedenkstätte Yad Vashem, der wirklich von Herzen kommt: „Als Bischof von Rom und Nachfolger des Apostels Petrus versichere ich dem jüdischen Volk, dass die katholische Kirche tiefste Trauer empfindet über den Hass, die Verfolgung und alle antisemitischen Akte, die jemals irgendwo von Christen gegen Juden verübt wurden."

Palästinenser-Chef Arafat versucht, den Papst-Besuch medienwirksam zu nutzen.

Der Papst vor israelischen Flaggen an der Klagemauer in Jerusalem

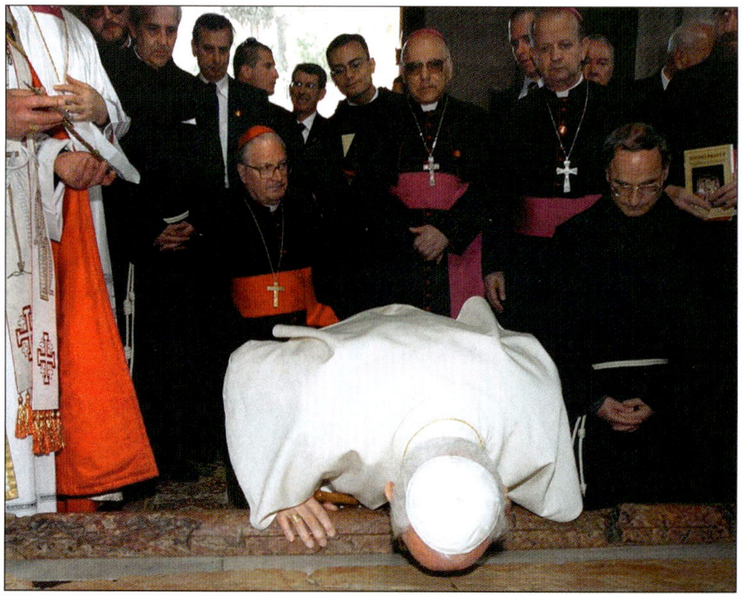

Der Papst küsst den Stein, auf dem Jesus vor seinem Begräbnis gewaschen wurde.

Der Papst betet an der Klagemauer und steckt nach jüdischer Sitte einen Zettel mit einer Bitte an Gott in einen Spalt.

FEBR.–MAI 2000

Seligsprechung für zwei Kinder

Die Pilgerreise führt Papst Johannes Paul II. in diesem Jahr in den Sinai und nach Portugal zum Marienwallfahrtsort Fátima.

24.–26. Februar: Zum ersten Mal betritt ein Papst **Ägypten**. In Kairo wird Johannes Paul II. von Präsident Mubarak empfangen. Auch dieser Besuch zählt zu den Pilgerfahrten, die der Papst in diesem Jahr an die heiligen Stätten Abrahams, Moses und Jesu im Nahen Osten antritt. Am Sonnabend

Pilger im portugiesischen Fátima

Den Geschwistern Jacinta (l.) und Francisco Marto (r.) und ihrer Cousine Lucia dos Santos soll 1917 bei Fátima die Mutter Gottes erschienen sein.

besucht der Papst den Sinai. Hier soll nach biblischer Überlieferung Moses auf dem Berg Horeb die Zehn Gebote empfangen haben.

12.–13. Mai: Zum dritten Mal kommt der Papst in den Marienwallfahrtsort Fátima in **Portugal**. Mittelpunkt der Reise ist die Seligsprechung der beiden Hirtenkinder Jacinta und Francisco. Ihnen war am 13. Mai 1917 und noch zwei weitere Male die Mutter Gottes erschienen. Den Kindern soll sie mehrere Botschaften anvertraut haben. Unter anderem den frühen Tod der Seherkinder und die „Bekehrung Russlands". Das dritte Geheimnis ist bis heute vom Vatikan unveröffentlicht.

4.–9.5.2001

Johannes Paul II. und der orthodoxe Erzbischof Christodoulos auf dem Areopag-Hügel unter der Akropolis. Zwischen ihnen ein großes Bild des Apostels Paulus, der hi

Johannes Paul II. auf den Spuren des heiligen Paulus

In Athen bittet der Papst die Menschen um Vergebung für die Schreckenstaten der Kreuzritter, in Syrien ruft er zu Frieden und Dialog zwischen Christen und Muslimen auf.

Der große Wunsch von Johannes Paul II. ist es, sich zur 2000 Jahre zurückliegenden Geburt Christi als Pilger an die mit der Heilsgeschichte verbundenen Stätten zu begeben. So reist der Papst Anfang Mai nach **Griechenland**, um sich auf die Spuren des heiligen Paulus zu begeben. Bei der Begrüßung im Präsidentenpalast sagt der Pontifex: „Hier in Athen gründete Paulus eine der ersten Gemeinden seiner Reise ins Abendland, (...) hier arbeitete er unermüdlich, um Christus bekannt zu machen, hier litt er für die Verkündigung des Evangeliums, und hier kam zum ersten Mal ein Dialog zwischen der christlichen Botschaft und der hellenistischen Kultur zu Stande."

Dann bittet der Papst um Vergebung für die Verbrechen der Kreuzritter, die 1204 die Stadt Konstantinopel verwüstet und dabei viele orthodoxe Christen ermordet haben.

In Athen trifft Johannes Paul auch den griechisch-orthodoxen Erzbischof von Griechenland Christodoulos, um den Dialog zwischen den beiden Kirchen zu vertiefen.

Christen, Muslime und Juden sollen vertrauensvoll zusammenarbeiten

Am 5. Mai trifft der Papst in **Syrien** ein. Am Flughafen in Damaskus, der „Perle des Orients", wird er von Staatschef Baschar Assad begrüßt. In seiner Ansprache gedenkt Johannes Paul II. auch dem Dialog zwischen Christen und Muslimen: „Gemeinsam anerkennen wir den einen, unteilbaren Gott, den Schöpfer allen Seins. Gemeinsam müssen wir der Welt verkünden, dass der Name des einen Gottes ein Name des Friedens und ein Gebot des Friedens ist."

Syrien war bis zum siebten Jahrhundert ein christliches Land, und viele der 16 Millionen Syrer (davon zwei Prozent Katholiken) verstehen ihre Heimat sogar als die Wiege des Christentums. Aus Syrien stammen bis zur Kirchenspaltung zwischen Ost und West sechs Päpste. Aber der Pontifex aus Polen ist das erste katholische Kirchenoberhaupt, das Syrien besucht.

Am Sonntag, den 6. Mai, einem syrischen Nationalfeiertag, hält der Papst im Abbassyine-Stadion eine Messe, zu

eine erste Missionsrede hielt.

der auch muslimische Gläubige erschienen sind. „Auf dieser heiligen Erde sollen Christen, Muslime und Juden vertrauensvoll und mutig zusammenarbeiten", sagt Johannes Paul II., „damit der Tag kommt, an dem jedes Volk seine legitimen Rechte respektiert sieht sowie in Frieden und gegenseitigem Verständnis leben kann."

Am 8. Mai trifft der Papst in **Malta** ein, der letzten Station seiner Reise. Der Papst ermutigt die Bewohner, das neue Jahrtausend zu einer Epoche der Solidarität und des Friedens zu machen. Dann spricht er auf Malta drei herausragende Christen selig, darunter den Priester Georg Preca.

JUNI–SEPT. 2001

Die Angst vor der Gläubigen-Abwerbung

Wieder geht die Reise in Länder mit überwiegend orthodoxen Gläubigen. Deren Kirchenobere haben Angst, dass der Papst ihnen die Gläubigen mit seinem Besuch abwerben will.

23.–27. Juni: Die 94. Auslandsreise von Johannes Paul II. geht in ein Land, in dem die Katholiken in der Minderheit sind. Rund 10 Prozent der 50 Millionen Einwohner sind katholischen Glaubens. In der **Ukraine,** dem „Stammland der Orthodoxie", gibt es schon im Vorfeld Proteste gegen den Besuch, weil viele meinen, dass der Papst hier Gläubige der russisch-orthodoxen Kirche abwerben will. Er sei nicht mit dieser Absicht gekommen, sagt der Papst bei der Begrüßung durch Staatspräsident Kutschma am Flughafen in Kiew. Und dann setzt er ein weiteres Zeichen zum Dialog: Er bittet die orthodoxen Christen um Vergebung für die Fehler in der Vergangenheit.

Die Vatikanzeitung „Osservatore Romano" schreibt, dass diese Visite des Papstes keine politische Reise ist und der Pontifex sich auch nicht in die Angelegenheiten der Orthodoxie einmischen will. Vielmehr wolle er die Glaubenstreue der Christen in der Zeit der Verfolgung würdigen.

22.–27. September: In **Kasachstan** mit seinen 16 Millionen Einwohnern herrscht Religionsfreiheit, die jedoch der Kontrolle der Regierung unterliegt. Es ist die vierte Reise des Papstes in die ehemals sowjetischen Gebiete. Sämtliche Reden und Predigten hält der Papst in russischer Sprache, damit er auch die benachbarte sibirische Bevölkerung ansprechen kann. Auch den anschließenden Besuch in **Armenien** nutzt der Papst, um ein friedliches Miteinander der katholischen Kirche und der jeweiligen Ortskirche zu demonstrieren und damit die Ökumene voranzubringen.

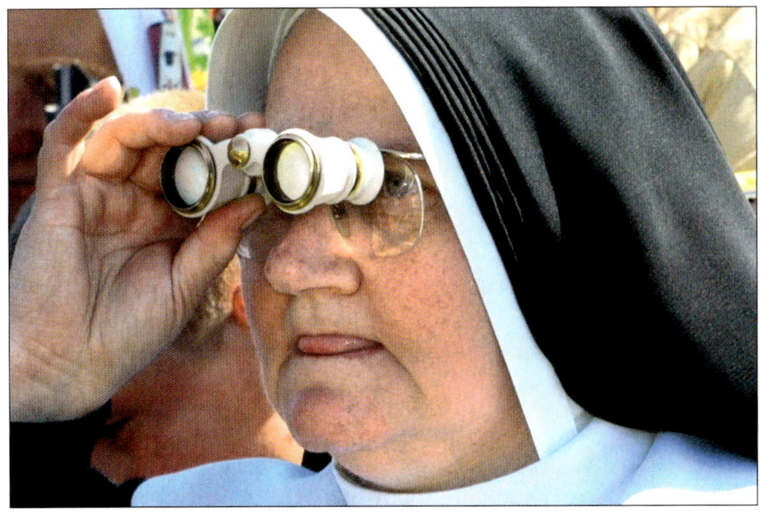

Mit einem Opernglas verfolgt eine Nonne die Papst-Messe im ukrainischen Lwow.

Johannes Paul II. und der ukrainische Kardinal Lubomyr Husar begrüßen sich bei einer griechisch-katholischen Messe. Zu dieser Messe versammelten sich etwa eine Million Menschen auf der Pferderennbahn von Lwow (Lemberg).

16.–19.8.2002

Johannes Paul weiht eine neue Wallfahrtskirche ein

Und wieder ein Papst-Besuch in Polen, diesmal ist das Leitthema die göttliche Barmherzigkeit und der Höhepunkt der Visite die Einweihung einer neuen Wallfahrtskirche.

Der neunte Besuch in Polen ist zugleich die 98. Auslandsreise von Papst Johannes Paul II. Aber diesmal reist das Kirchenoberhaupt nicht wie sonst durch sein Heimatland, er bleibt im Umkreis des Erzbistums Krakau, das er bis 1978, vor seiner Wahl zum Papst, geleitet hat. Trotzdem gelte seine Visite ganz Polen, so Karol Wojtyla bei seiner Ankunft und sagt: „Ich umarme und grüße alle Menschen in den verschiedenen Bereichen der polnischen Gesellschaft. Besonders grüße ich alle, die leiden: die Kranken, die Einsamen, die Alten, alle, die in Armut oder unter unwürdigen Verhältnissen leben." Das Leitthema dieser Reise nach Krakau, dessen historische Altstadt seit 1978 von der UNESCO zum „Kulturgut der Menschheit" erklärt wurde, ist die Verehrung der göttlichen Barmherzigkeit. *Dives In Misericordia – Reich an Erbarmen*, so hieß die zweite, 1980 verfasste Enzyklika von Johannes Paul II. Diese Botschaft haben sich die polnischen Bischöfe für den Papstbesuch ausgewählt. Denn der Heilige Vater weiht als Höhepunkt seines Aufenthaltes eine neue Wallfahrtskirche ein, die der göttlichen Barmherzigkeit gewidmet ist. Diese Verehrung geht auf Visionen der Ordensschwester Faustina Kowalska zurück. An dem Grab der heilig Gesprochenen im Kloster von Lagiewniki, unweit der neuen Kirche, hat Karol Wojtyla bereits in den vierziger Jahren häufig gebetet. Im neuen Gotteshaus

Geschwächt hält Papst Johannes Paul II. am 18. August einen Gottesdienst unter freiem Himmel ab. Der Papst verurteilt die Ungläubigkeit der modernen Menschen.

haben 3000 Gläubige Platz. Die Wallfahrtskirche, die neben Millionen von polnischen Pilgern auch US-Pilger aufnehmen soll, ist ein moderner Rundbau mit einem frei stehenden Glockenturm.

Neben mehreren Seligsprechungen und der Einweihung der neuen Kirche steht auch der Besuch des 400 Jahre alten Wallfahrtsorts Kalwaria Zebrzydowska auf dem Programm. Der Papst: „Ich bin ihm seit meiner Jugend verbunden. Dort habe ich Inspiration für meine pastorale Arbeit gesucht."

Zwei Millionen Polen kamen zu der Messe.

MAI–AUG. 2002

Weltjugendtag in Toronto

Nach Besuchen in Aserbaidschan und Bulgarien geht der Papst in diesem Jahr auf eine über 22000 Kilometer lange Amerikareise.

22.–26. Mai: 7,5 Millionen Einwohner leben in **Aserbaidschan**, 62 Prozent der Bevölkerung sind Schiiten. Die Zahl der Katholiken in dem Land wird offiziell mit 120 angegeben. In der Hauptstadt Baku gibt es für sie nur eine kleine Pfarrei mit zwei Salesianerpatres. Auf dieser Reise in das muslimische Land stehen für den Papst überwiegend Begegnungen mit Politikern und ökumenische und interreligiöse Treffen an. Der Papst spricht mit dem Führer der Muslime im ganzen Kaukasus Sheikul-Islam Allahshukur Pasha-Zade. Am 23. Mai reist Johannes Paul weiter nach **Bulgarien**. Diesmal handelt es sich allerdings um einen Pastoralbesuch mit starker ökumenischer Ausrichtung zu den rund 80000 Katholiken.

23. Juli–2. August: Nach einem neunstündigen Flug trifft der Papst in **Kanada** ein. In Toronto nimmt er am 17. Weltjugendtag teil und erklärt bei seiner Begrüßung den Sinn des Treffens: „Zu viele Menschenleben beginnen und enden ohne Freude, ohne Hoffnung. Das ist einer der Hauptgründe des Weltjugendtages. Junge Leute kommen zusammen, um sich – kraft ihres Glaubens an Jesus Christus – für die große Sache des Friedens und der menschlichen Solidarität zu engagieren." Am 30. Juli landet der Papst in **Guatemala**-Stadt. Zum Empfang sind Zehntausende Guatemalteken gekommen, unter ihnen auch Staatspräsident Alfonso Portillo, der den Besuch von Johannes Paul II. als „Symbol des Friedens und der Versöhnung unter den Menschen" würdigte. Zum Abschluss der Reise, auf die der Pontifex über 22000 Kilometer zurückgelegt hat, besucht er zum fünften Mal **Mexiko**. Am Flughafen versammeln sich zur Begrüßung 5000 Gläubige und rufen in Sprechchören: „Bruder – Du bist schon Mexikaner!" Die Bevölkerung feiert euphorisch den Heiligen Vater, der betont, wie notwendig eine ständige Erneuerung und ein konstanter Fortschritt für das Land sei.

Teilnehmer des 17. katholischen Weltjugendtages im kanadischen Toronto stellen vor Papst Johannes Paul II. das hölzerne Kreuz des Treffens auf.

Indianische Tänzerinnen bei der Messe in der Basilika von Guadalupe. Der Papst hat in Mexiko erstmals einen indianischen Ureinwohner heilig gesprochen.

3.–4.5.2003

Der Papst & die Jugend – ein Pakt für die Zukunft

Nachdem seine Friedensbemühungen in der Irak-Krise gescheitert sind, reist der Papst nach Spanien. Ein Land, das an der Seite der USA in den Irak-Krieg gezogen ist. Der Pontifex ruft in Madrid die spanische Jugend zur Mitarbeit als Wegbereiter für den Frieden in der ganzen Welt auf. Sie sollen erreichen, was ihm nicht gelungen ist.

In diesem Jahr tritt Johannes Paul II. seine 99. apostolische Reise, die ihn nach **Spanien** führt. Während seines fast 25-jährigen Pontifikats hat er dabei mehr als 1,2 Millionen Kilometer zurückgelegt. Das entspricht etwa 30 Umrundungen des Erdballs oder der dreifachen Distanz zwischen Erde und Mond. In Madrid setzt das Kirchenoberhaupt auf die Jugend, nachdem seine Friedensbemühungen in der Irak-Krise mit den Politikern gescheitert sind. 600000 begeisterte Jugendliche sind zu einer Messe auf den Luftwaffenstützpunkt Cuatro Vientos in der Nähe von Madrid gekommen. Einige halten große Transparente in die Luft, mit der Aufschrift: „Juan Pablo, olé, olé, olé!"

Der Papst zur Jugend: „Ihr seid die Handwerker des Friedens!"

„Der Friede sei mit Euch, Friede mit Spanien! Ihr wisst gut, wie sehr ich mir um den Frieden in der Welt Sorgen mache", sagt der Papst zu den Anwesenden, „Die Spirale der Gewalt, des Terrors und des Krieges führt auch in unseren Tagen zu Hass und Tod. Ihr müsst Handwerker des Friedens sein!"

Daraufhin antworten die jungen Katholiken: „Johannes Paul, wir sind Deine Jugend."

Ein Friedensappell als Gastgeschenk. Zugleich ruft der Pontifex alle Spanier auf, ihre katholischen Wurzeln in den Aufbau Europas hineinzutragen. Bei seiner Ankunft wird der Papst vom katholischen König Spaniens Juan Carlos und dessen Frau Königin Sofia herzlich empfangen.

Im Zentrum von Madrid auf der Plaza de Colón und in den umliegenden Straßen kommt über eine Million Menschen zur großen Messfeier, darunter das Königspaar, Ministerpräsident José María Aznar López und fast das ganze Kabinett. Während der Messe werden fünf Ordensleute vom Papst heilig gesprochen. Einer von ihnen ist der Spanier Don Pedro, der Anfang des 20. Jahrhunderts Armenschulen gründete.

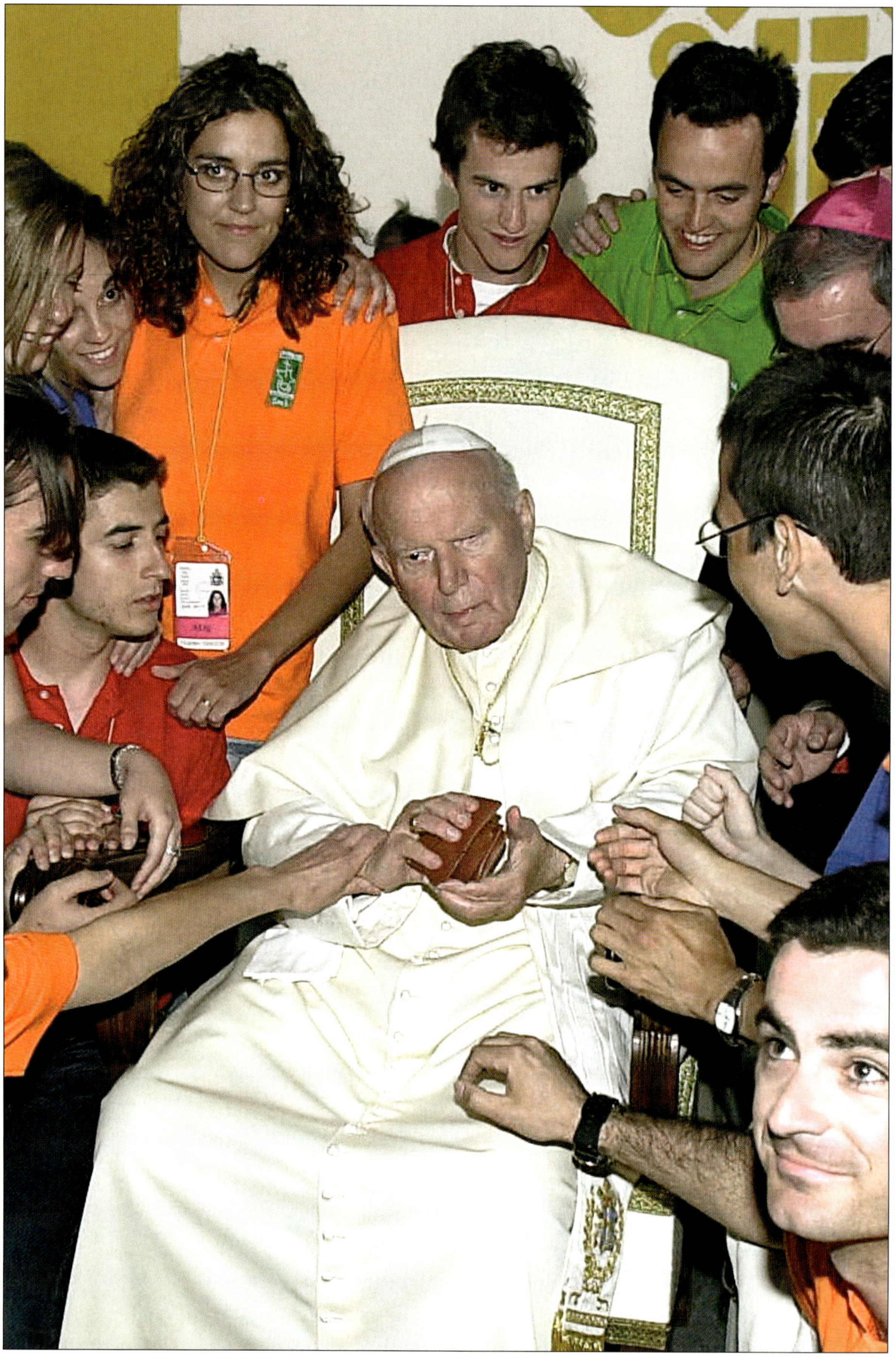

Der Papst, von Jugendlichen umringt, bei einem Treffen auf einem Luftwaffenstützpunkt in der Nähe von Madrid

Johannes Paul II. spricht in Madrid drei Nonnen und zwei Priester heilig.

Königin Sofia von Spanien küsst den Bischofsring des Heiligen Vaters.

Auch König Juan Carlos kniet nieder, um den Ring zu küssen.

2003

Kroatien – „Die Freiheit verkauft man nicht für alles Gold der Welt!"

Die Jubiläumsreise führt Johannes Paul II. nach Kroatien. Trotz einer Attentatsdrohung von Islamisten spricht der Papst vor Tausenden unter freiem Himmel.

5.–9. Juni: Strahlender Sonnenschein und Temperaturen um 40 Grad begrüßen Johannes Paul II. bei seiner 100. Auslandsreise in **Kroatien**. „Mögen all diejenigen, die weltliche und religiöse Autorität verkörpern, niemals müde werden, die von einem grausamen Krieg verursachten Wunden zu heilen und die Folgen eines totalitären Systems zu überwinden, das viel zu lange versucht hat, eine menschenunwürdige Ideologie durchzusetzen", sagt der Papst bei seiner Ankunft in der früheren jugoslawischen Teilrepublik.

Die Sicherheitsvorkehrungen für die Papst-Visite sind verschärft. Denn islamische Extremisten drohen mit einem Attentat auf Johannes Paul II. Nach Angaben der kroatischen Polizei ging die Warnung per E-Mail während der Kroatien-Reise des katholischen Kirchenoberhauptes ein. Absender ist eine Gruppe „Islamische Front der Mudschahedin". Trotz der Warnung beginnt der Papst in der ostkroatischen Stadt Osijek am Samstag mit einer Messe unter freiem Himmel vor etwa 100 000 Gläubigen.

In der Hafenstadt Dubrovnik spricht das Kirchenoberhaupt vor 70 000 Menschen die Ordensgründerin Marija Petković selig. In seiner Predigt fordert der Papst mehr Sensibilität für das menschliche Leben und erklärt, dass die moderne Gesellschaft mehr denn je den „Genius der Frau" braucht. Marija Petković wurde 1892 auf der dalmatinischen Insel Korčula geboren. Nachdem die Inselbewohner durch eine Seuche verarmten und Tausende auswandern mussten, gründete die tapfere Frau den Orden „Töchter der Barmherzigkeit", um seelisch und materiell Not Leidenden zu helfen. Eine der Kernaussagen der Seligsprechung ist: „Die Freiheit verkauft man nicht für alles Gold der Welt… Ich hoffe, dass das Erbe der menschlichen und christlichen Werte auch weiterhin der kostbare Schatz der Menschen dieses Landes sein wird."

22. Juni: Es ist die kürzeste Auslandsreise des Papstes. Bei seiner Kurzvisite in **Bosnien-Herzegowina** ruft Papst Johannes Paul II. in Banja Luka die auf dem Balkan lebenden Völker zu Frieden und Versöhnung auf. Und die internationale Gemeinschaft bittet der Heilige Vater um weitere Unterstützung für das immer noch unter den Folgen des Krieges leidende Land. Der Papst-Besuch zeigt trotz des freundlichen Empfanges, dass der alte Hass unter den Völkern zwischen Serben und Kroaten weiterhin vorhanden ist. – Für die zweite Hälfte des Jahres plant der Papst noch weitere Reisen.

Ein Katamaran setzt Papst Johannes Paul II. im Hafen von Rijeka ab.

Der Papst in der bosnischen Serben-Metropole Banja Luka.

13.5.1981

Schüsse auf den Papst: ein Jahrhundert-Verbrechen

Die Schüsse fallen um 17.17 Uhr. Am 13. Mai 1981 hält die Welt den Atem an. Auf Papst Johannes Paul II. ist geschossen worden. Der junge Türke Ali Agca hat das Oberhaupt der katholischen Kirche lebensgefährlich verletzt. Das grausame Attentat ist bis heute nicht restlos aufgeklärt worden. War Ali Agca Einzeltäter oder Erfüllungsgehilfe von Geheimdiensten?

Das Telefon in der Rezeption der kleinen römischen Pension Isa in der Via Cicerone 35 klingelt seit dem Morgen fast ununterbrochen. Kein Wunder, denn im Mai ist Hochsaison für viele Pilger, und die romantische Pension liegt günstig zwischen Spanischer Treppe und Vatikan im eleganten Stadtteil Prati. Als der Hotelbesitzer endlich von seinem Espresso ans Telefon eilt, meldet sich eine Stimme in akzentfreiem, perfektem Italienisch und reserviert ein Zimmer für die Zeit vom 10. bis Mittwoch, den 13. Mai 1981, auf den Namen „Faruk Ozgün". Der Hotelbesitzer erinnert sich an den jungen, ruhigen Türken, der bereits vor einem Monat und auch im Dezember 1980 in seiner Pension übernachtet hatte. Auch diesmal wird für „Faruk Ozgün", der in Wirklichkeit Ali Agca heißt und in der Türkei ein gesuchter Mörder und Terrorist ist, das Zimmer mit der Nummer 31 reserviert.

Als ein paar Tage später der 1958 in Malatya in Anatolien geborene Mehmet Ali Agca im Isa eincheckt, trägt er einen unauffälligen grauen Anzug. Aber dieser Mann mit der schwarzen Pony-Frisur ist kein gewöhnlicher Rom-Pilger, in seinem Gepäck hat er einen Reisepass, ausgestellt in Neveshir in der Türkei unter der Nummer Tr-F 136635 auf den Namen „Faruk Ozgün", und eine halbautomatische 9-mm-Browning-Pistole. Die Waffe wurde zuvor angeblich bei einem neofaschistischen Waffenhändler in Wien gekauft – mit nur einem Zweck: Das Verbrechen des Jahrhunderts zu begehen! Mit der 9-mm-Waffe will Ali Agca den Heiligen Vater, Papst Johannes Paul II., erschießen. Auch der Zeitpunkt ist genau festgelegt: der 13. Mai 1981, der Gedenktag der Madonna von Fátima.

Drei Tage vorher, am Sonntag, den 10. Mai, besucht der Papst die römische

17.17 Uhr auf dem Petersplatz in Rom: Der Türke Ali Agca zieht seine halbautomatische 9-mm-Pistole (roter Kreis) und gibt drei Schüsse auf Papst Johannes Paul II. ab. Eine vierte Kugel bleibt wie durch ein Wunder im Lauf stecken.

Sekunden nach dem Attentat: Das katholisch Adjutanten von der Schweizergarde Ange

irchenoberhaupt fällt in die Arme seines Sekretärs Monsignore Stanislaw Dziwisz (rechts) und seines ugel. Nur wenige Augenblicke später ist die weiße Soutane des Papstes von seinem Blut rot gefärbt.

Gemeinde San Tommaso d'Aquino. Die italienische Zeitschrift „Oggi" belegt erst sehr viel später, im Januar 2001: Auch hier ist der fanatische Türke vor Ort und kommt sogar bis auf wenige Meter an das Kirchenoberhaupt heran. Die Genehmigung, diesen abgesperrten Bereich zu betreten, wurde im Vatikan erteilt. Ein Vatikanangestellter bringt die Sondererlaubnis sogar in die Pension Isa, in der Ali Agca wohnt.

Ein schöner Frühlingstag: 20000 Menschen pilgern zum Petersplatz

Das Kuriose: Erst später stellt sich heraus, dass dieser Bote der Vater von Emanuela Orlandi ist. Eine 15-jährige Vatikanbürgerin, die bis heute spurlos verschwunden ist. Eine türkische Neofaschistenorganisation forderte angeblich später die Freilassung des Attentäters Ali Agca im Austausch für das Mädchen.

Am 11. und 12. Mai verlässt Ali Agca die Pension Isa in der Nähe der Piazza Cavour und der Engelsburg auf der Vatikanseite des Tibers, um auf dem Petersplatz die Örtlichkeiten genau zu studieren.

Der 13. Mai 1981 ist in Rom ein herrlicher Frühlingstag. Rund 20000 Touristen und Pilger freuen sich auf die wöchentliche Generalaudienz des Papstes, darunter auch viele Gläubige aus Polen und eine 450 Mann starke Abordnung der Gewerkschaftsbewegung „Solidarność", die erst nach zähen Verhandlungen mit ihrer Regierung reisen durfte.

Später beschreibt Ali Agca in seiner von der italienischen Journalistin Anna Maria Turi verfassten Biografie, wie er die letzten Stunden vor dem Attentat erlebte: Im Morgengrauen steht er auf, um zehn Minuten lang auf den Knien zum Allmächtigen zu beten. Dann rasiert er sich sorgfältig und entfernt auch sein gesamtes Körperhaar, um sich auf einen Heldentod, an den er glaubt, vorzubereiten. Seit drei Tagen ernährt er sich nur von Obst und Gemüse, trinkt Milch, Pampelmusen- und Orangensäfte. Immer nur in kleinen Mengen. Die Diät soll dazu beitragen, dass er sich leicht und unbeschwert fühlt.

Bereits um 9 Uhr verlässt der Attentäter die Pension. Später schreibt er: „Mir ist aufgefallen, dass der Name der Pension in arabischer Schrift auch Jesus bedeuten kann. Ich lächele, und es scheint mir wie vorherbestimmt, dass ich von der Pension Jesus aufbreche, um das Oberhaupt der katholischen Kirche zu ermorden."

13.5.1981

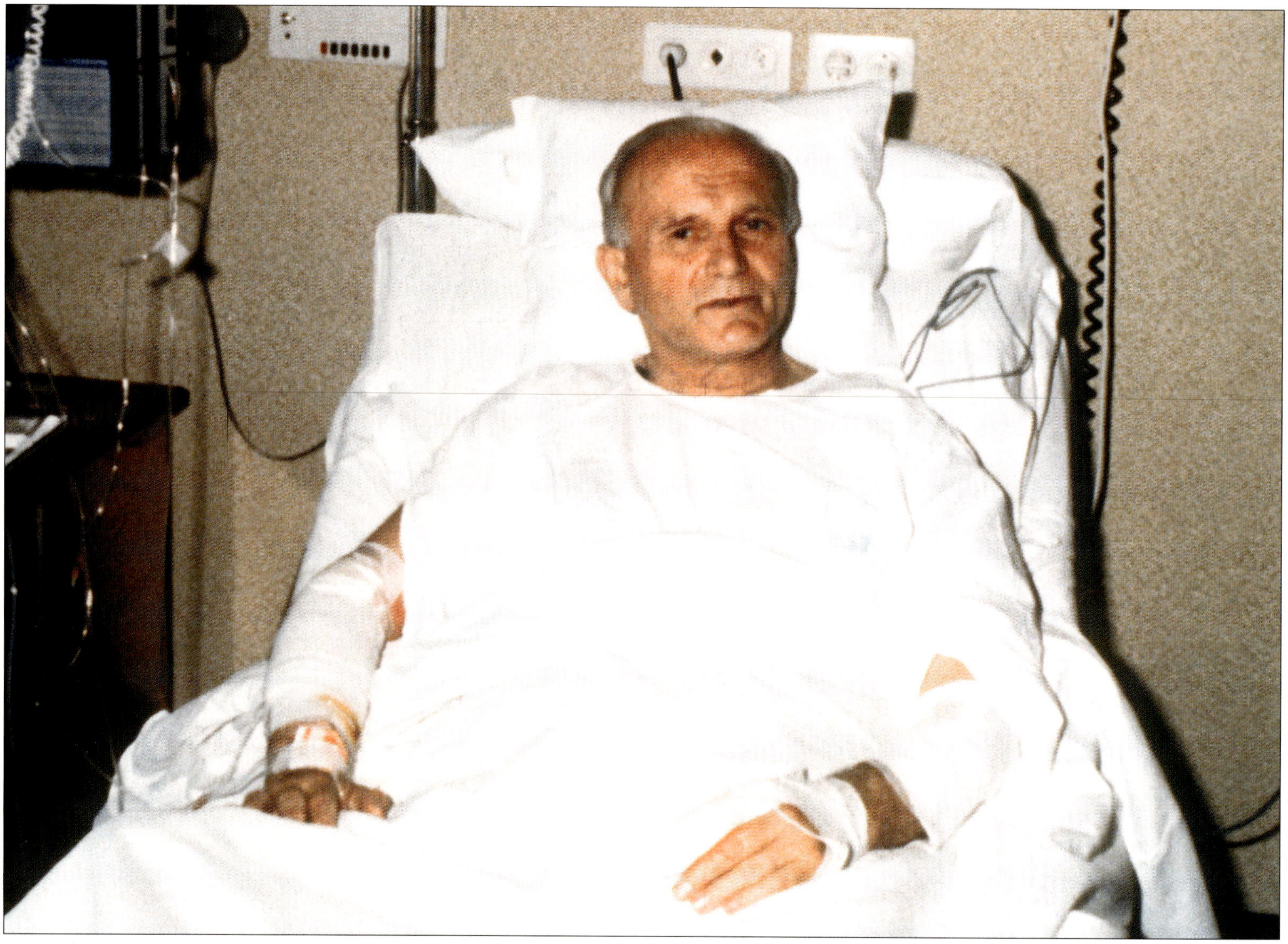

Der Heilige Vater auf dem Weg der Besserung. Papst Johannes Paul II. in der römischen Gemelli-Klinik. Über drei Liter Blut hatte er verloren.

Am Nachmittag zieht er gemeinsam mit Tausenden Pilgern und Römern die Via della Conciliazione hinauf und gelangt auf Vatikan-Gebiet. Er betritt den Petersplatz und geht langsam die Kolonnaden entlang. Der Platz ist durch niedrige hölzerne Barrieren in drei Abschnitte aufgeteilt. Durch die Absperrungen entstand eine improvisierte Straße, auf der das „Papstmobil", ein weißer umgebauter Toyota-Jeep, später entlangfahren wird, damit der Heilige Vater die Menge bei der Audienz begrüßen kann. Ali Agca findet eine Stelle hinter einer Reihe von Pilgern, die direkt hinter einer Barrikade stehen, drei Meter von der Stelle entfernt, an der der Papst vorbeikommen muss. Er versteckt sich hinter einer stämmigen Nonne. Nicht weit von ihm entfernt, stehen die amerikanische Touristin Ann Odry und Rose Hall aus Jamaika. Es ist kurz vor 17 Uhr, eine Hand hält die Kamerahülle, die Ali Agca wie ein Tourist vor dem Bauch hängen hat. Darunter verbirgt sich eine Browning Parabellum, Kaliber 9 mm. Der ruhige schwarzhaarige Mann mit der olivenfarbenen Haut und den hervorstehenden Backenknochen bereitet sich mental auf sein Verbrechen vor.

Papst Johannes Paul II. hat an diesem Tag mit Freunden zu Mittag gegessen. Der bekannte französische Genetiker Professor Jérôme Lejeune, der die Chromosomen-Anomalie identifiziert hat, die das Down-Syndrom verursacht, war einer der Gäste. Pünktlich um 17 Uhr fährt das kleine, weiße Papstmobil durch den Glockentorbogen auf den Platz, wo die Menge den Papst euphorisch begrüßt. Der Pontifex lächelt. Der Toyota-Jeep fährt normalerweise ein oder zwei Mal um den Platz, bevor er an der Plattform vor der Basilika hält und der Papst zur Menge spricht. Um 17.13 Uhr rollt der Jeep langsam vor die Holz-Barrieren, Menschen strecken dem Heiligen Vater ihre Kinder entgegen, um sie segnen zu lassen. Ein kleines Mädchen, das der Papst aufnimmt, wird den glücklichen Eltern zurückgegeben, und das Papstmobil rollt auf die schweren Bronzetüren des Apostolischen Palastes zu.

Die Schüsse treffen den Papst in Ellenbogen, Finger und Bauch

Als es kurz darauf, etwa sechs Meter vom Türken Ali Agca entfernt, vorbeifährt, springt dieser hinter seiner Deckung hervor und gibt mehrere Schüsse auf den Heiligen Vater ab. Die Detonationen hallen über den Petersplatz. Der erste Schuss streift Karol Wojtyla am Ellenbogen, der zweite zerfetzt ihm den linken Zeigefinger, der dritte Schuss dringt in den Bauchbereich unterhalb des Nabels ein. Der Papst sinkt in die Arme seines Sekretärs Monsignore Stanislaw Dziwisz und seines persönlichen Adjutanten Angelo Gugel von der Schweizergarde. Die weiße Soutane färbt sich von dem austretenden Blut langsam dunkelrot. In der Nähe des Papstes bricht die US-Touristin Ann Odry zusammen, sie wurde von einer austretenden Kugel lebensgefährlich verletzt.

Der Attentäter Ali Agca will fliehen, schafft es aber nicht mehr, die für die Flucht mitgebrachte Rauchbombe zu zünden. Er wird von einer resoluten Nonne festgehalten. Sekunden später schlagen aufgebrachte Zeugen auf den Attentäter ein. Zwei in der Nähe stehende Polizisten bahnen sich einen Weg durch die Menschenmenge und nehmen den jungen Türken fest.

Der schwer verletzte Papst wird sofort in den Operationssaal im neunten Stock der Gemelli-Klinik, die gut sechs Kilometer vom Vatikan entfernt liegt, gebracht. Normalerweise braucht man für die Fahrt mindestens 25 Minuten, die Notambulanz schafft es in acht Minuten. Trotzdem verliert Karol Wojtyla drei Liter Blut, er ist kaum noch bei Bewusstsein.

HINTERGRUND

Festgenommen: Nach seiner Vernehmung wird Mehmet Ali Agca, schwer bewacht von Polizisten, in das römische Gefängnis Regina Coeli gebracht.

Wer ist der Attentäter Ali Agca?

Der rechtsradikale Türke Ali Agca war kein Unbekannter. Vor dem Papst-Attentat hat er bereits einen Menschen in Istanbul ermordet. Ihm gelang die Flucht aus dem Gefängnis.

Schon einmal hat der 1958 in Malatya in Anatolien geborene Mehmet Ali Agca gezielt auf einen Menschen geschossen – und ihn getötet. Am 1. Januar 1979 erschoss der Anhänger des rechtsradikalen türkischen Obersten Alparslan Türkesch den Chefredakteur der liberalen Tageszeitung „Milliyet", Abdi Ipekci. Agca wird verhaftet und später in Abwesenheit zu lebenslanger Haft verurteilt. Denn Ende November desselben Jahres kann er aus dem Militärgefängnis Kartal bei Istanbul fliehen. Tage nach seiner Flucht schickt er einen Brief an die Redaktion von „Milliyet". Der Inhalt: Ali Agca droht, Papst Johannes Paul II., der am 28. November zu einem Besuch in die Türkei reisen will, zu ermorden. Das sei der einzige Grund, warum er aus dem Gefängnis geflohen sei.

Mehr als 10 000 türkische Soldaten werden nach dieser Drohung zum Schutz des Papstes abgestellt. Aber der Besuch des Pontifex verläuft ohne Zwischenfälle. Ali Agca taucht unter. Er reist unter anderem in den Iran, nach Bulgarien, Italien, Österreich, Frankreich und in die Bundesrepublik Deutschland, wo er wahrscheinlich Kontakt zu den rechtsradikalen „Grauen Wölfen" in Frankfurt aufnahm.

Noch kurz vor dem Papst-Attentat reist er für zwei Wochen mit einer Reisegruppe nach Mallorca.

Aufgewachsen ist Agca in ärmlichen Verhältnissen. Sein Vater arbeitet in einer Mine, er trinkt, schlägt Frau und Kinder und kommt eines Tages nicht mehr nach Hause. Ali, der noch zwei jüngere Geschwister hat, wird Ernährer der Familie. Sein Geld verdient er damit, an Reisende auf dem Bahnhof Wasser zu verkaufen. Später schuftet er als Handlanger auf Baustellen, schleppt Zementsäcke. Mit 14 Jahren schreibt er Lobgedichte auf Adolf Hitler. Er bekommt ein Stipendium und beginnt ein Studium in Istanbul. Während dieser Zeit schließt er sich den „Grauen Wölfen" an und begeht mehrere Raubüberfälle.

Im Juni 1997 entführen zwei Türken eine Boeing 737 der Air Malta. Auf dem Kölner Flughafen werden sie verhaftet. Die Entführer wollten vor TV-Kameras eine Sympathieerklärung für Ali Agca abgeben.

13.5.1981

Stanislaw Dziwisz spendet dem Heiligen Vater die Letzte Ölung. Dann kämpfen die Ärzte um Chefchirurg Dr. Francesco Crucitti im OP um das Leben des Pontifex. Die Kugel im Unterleibbereich hat im Körper schwere Schäden angerichtet. Als die lebensgefährlichen Blutungen gestillt sind, steigt auch der Puls wieder. Der Dickdarm ist zerfetzt, im Dünndarm gibt es fünf Wunden, aber die Kugel hat keines der wichtigen Organe, wie Leber, Bauchspeicheldrüse, Nieren, Harnleiter oder die Wirbelsäule, getroffen. Nach fünfstündiger Operation scheint das Leben des Papstes gerettet. Gegen 0.45 Uhr gibt es ein Bulletin: „Die Operation ist erfolgreich beendet worden, der Zustand des Patienten ist zufrieden stellend." Erst dann zerstreut sich die Menschenmenge, die auf dem Petersplatz viele Stunden den Rosenkranz gebetet hat.

Noch in derselben Nacht wird Ali Agca in der Polizei-Zentrale von Beamten vernommen. Ein Arzt bestätigt, dass der Täter nicht unter Drogen oder bewusstseinsverändernden Psychopharmaka steht. Der leitende Beamte Alfredo Lazzarini erklärt gegenüber der Presse: „Ali Agca ist ein Terrorist mit großem T, eiskalt, glasklar im Kopf und als Schütze hervorragend trainiert. Kein exaltierter Verrückter, den religiöser oder politischer Fanatismus umtreibt, sondern ein Mann, der ein Vorhaben jedweder Art durchführen kann – bis hin zur Selbstopferung."

Bis heute ist ungeklärt, ob die Schüsse auf den Papst die Tat eines Einzelnen ist oder eine Organisation dahinter steht. Wem gehörte die Stimme, die im perfekten Italienisch das Zimmer für Agca in der Pension Isa reservierte? Warum fand man auf dem Petersplatz auch eine Patronenhülse vom Kaliber 7 mm? Die Waffe des Täters war eine 9-mm-Pistole. Wer finanzierte dem jungen Türken zahlreiche Auslandsreisen nach Spanien, Bulgarien, Italien und in die Bundesrepublik Deutschland?

Die angesehene römische „Spiegel"-Korrespondentin Valeska von Roques ist in ihrem Buch „Verschwörung gegen den Papst" den verschiedenen Theorien nachgegangen.

CIA oder KGB – Wer waren die Drahtzieher?

Sie schildert die Interessen der zwei konkurrierenden Geheimbünde im Vatikan „Opus Dei" und der Freimaurerloge P2, die Verstrickung der Geheimdienste CIA und KGB auf dem Höhepunkt des Kalten Krieges und die Wirren einer fehlgeleiteten italienischen Justiz.

In ihrem Buch schreibt sie: „Das Attentat auf den Papst war der schmutzigste aller schmutzigen Tricks, die der Propagandakrieg zwischen der kapitalistischen und der kommunistischen Welt im Westen hervorgebracht hat … Mit diesem Anschlag auf den Papst, der als Teil der Planung den Bulgaren und dem KGB untergeschoben werden sollte, war beabsichtigt gewesen, die Sowjetunion als das ‚Reich des Bösen' aus dem Kreis der zivilisierten Staaten zu verbannen … Es war ein diabolischer Plan."

Erst viel später, am 24. Mai 2002, vermeldet die Nachrichtenagentur Reuters, dass Papst Johannes Paul II. auf seiner Reise nach Sofia Bulgarien von dem Vorwurf freispricht, dass das damals kommunistische Land in das Attentat auf ihn 21 Jahre zuvor verwickelt gewesen sei.

Der Attentäter Mehmet Ali Agca wird von der italienischen Justiz in einem Drei-Tage-Prozess – vom Verfahren ausgeschlossen – zu lebenslanger Haft verurteilt. Nach 19 Jahren wird der 42-jährige Attentäter im Juni 2000 an die Türkei ausgeliefert und steht dort wegen früherer Raubüberfälle erneut vor Gericht. Durch die immer wieder wechselnden Aussagen des Türken sind bisher alle Versuche gescheitert, das Papst-Attentat endgültig aufzuklären.

HINTERGRUND

Wer entführte Emanuela Orlandi?

Mysteriös ist das spurlose Verschwinden der 15-jährigen Vatikan-Bürgerin Emanuela Orlandi. 1983 wird die Tochter eines Vatikan-Boten entführt.

Wartet bis heute auf ein Lebenszeichen seiner Tochter Emanuela: Ercole Orlandi.

Am 23. Juni verlässt das dunkelhaarige Mädchen gegen 18.30 Uhr die kirchliche Musikschule, an der sie Klavier, Querflöte und Gesang studiert. Eine Freundin sah sie noch kurz darauf.

Zwei Wochen später, am 5. Juli, wird die Familie Orlandi von einem Mann angerufen. Er erklärt am Telefon, dass Emanuela von der „Türkischen antichristlichen Befreiungsfront – Türkesch" entführt worden sei und am 20. Juli gegen den Gefangenen Ali Agca ausgetauscht werden solle. Aber der Papst-Attentäter weigert sich, auf diese Weise freizukommen.

Trotz mehrerer Appelle des Papstes an die Täter ist Emanuela bis heute spurlos verschwunden. Seitdem ranken sich unzählige Spekulationen um den Fall. Am 22. März 1995 wurde der Priester und Caritas-Direktor Don Tonino Intiso, der als Vermittler zwischen dem Vatikan und den Entführern fungiert haben will, verhaftet. Die Staatsanwaltschaft verdächtigt ihn der Erpressung.

Gerüchten zufolge soll Emanuela heute in Kolumbien leben. Sie sei nicht entführt worden, sondern habe wegen einer Liaison mit einem Geistlichen ihr Elternhaus verlassen. Am 4. Dezember 2002 vermeldet Radio Vatikan eine weitere Version zum Fall: „Die Entführung der Vatikanbürgerin Emanuela Orlandi war ein Versuch östlicher Geheimdienste, den Papst einzuschüchtern und von seiner Kritik am Kommunismus abzubringen." Davon ist ein italienischer Untersuchungsrichter überzeugt. In einem Buch schreibt Ferdinando Imposimato, dass die gleichen östlichen Geheimdienste wohl auch hinter dem Papstattentat von 1981 stünden.

Flankiert von zwei Beamten, wird der mittlerweile grauhaarige Attentäter Ali Agca im August 2000 in Istanbul wegen verschiedener Raubüberfälle vor Gericht gebracht. Italien hatte ihn nach 19 Jahren Haft an die Türkei ausgeliefert.

HINTERGRUND

Der Attentäter und sein Opfer: Papst Johannes Paul II. besucht den Türken Ali Agca im Dezember 1983 in seiner Zelle im römischen Rebibbia-Gefängnis.

Vergebung für den Attentäter

Von Ende September bis Ende Oktober 1983 fand die VI. ordentliche Versammlung der Bischofssynode statt, die sich mit dem Thema „Versöhnung und Buße" befasste. In einem apostolischen Schreiben sagt Johannes Paul II. später, die Quelle der Versöhnung sei das Kreuz Christi. Seine vertikale Dimension symbolisiere die Wiederversöhnung des Menschen mit Gott, seine horizontale Dimension die Wiederversöhnung unter den Menschen.

Zwei Monate später zeigt der Papst seine Menschlichkeit. Er besucht am 27. Dezember 1983 den Attentäter Agca im Rebibbia-Gefängnis. Den Mann, der ihn fast getötet hat.

Die Bilder aus der Gefängniszelle vom Papst in seiner weißen Soutane und dem inhaftierten Türken in Turnschuhen, Jeans und blauem Pullover gingen um die Welt. Karol Wojtyla umarmt den Türken und führt ein 20 Minuten langes Vier-Augen-Gespräch. Am Ende des Besuchs vergibt der Papst seinem Peiniger. Ali Agca bereut bei diesem Treffen seine Tat und küsst zum Abschied den Bischofsring. Später behauptet der Attentäter in einem Interview, er habe Johannes Paul II. die ganze Wahrheit über das Attentat erzählt. Doch der Papst schweigt, nie spricht er öffentlich über dieses Treffen. Für ihn ist dieser Besuch nicht wichtig, um eventuelle Hintergründe über die Drahtzieher des Anschlags zu erfahren. Ihm geht es darum, dem Menschen, der ihm so viel Schmerz und Leid zugefügt hat, zu verzeihen. Und der Welt ein Beispiel für wahre Nächstenliebe zu geben. Johannes Paul II. sagte über das Attentat: „Ich bin durch die Fürsprache Mariae verschont worden und habe gespürt, dass eine göttliche Hand die Geschosskugeln abgelenkt hat."

Der Papst legte seine vom Attentat blutbefleckte Schärpe im Mai 1982 am portugiesischen Wallfahrtsort Fátima nieder. Eine herausoperierte Kugel wurde 1991 in die Krone der Jungfrauenstatue eingesetzt.

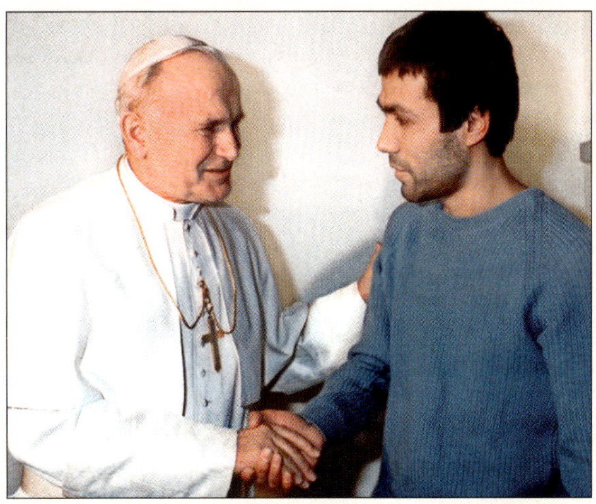

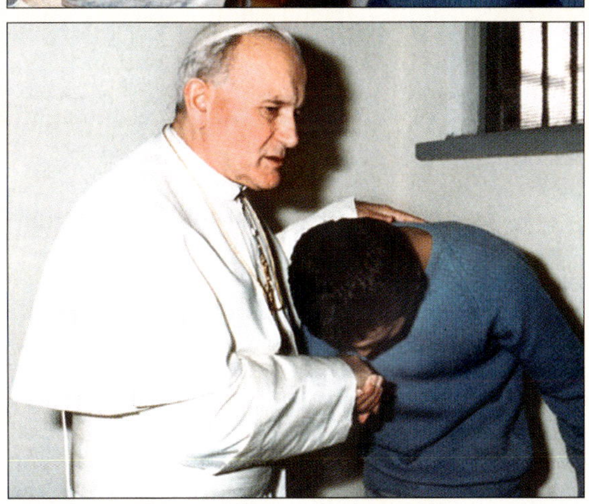

Zum Abschluss des Besuches vergibt der Papst seinem Peiniger: Der zu lebenslanger Haft verurteilte Ali Agca bereut seine Tat in dem Vier-Augen-Gespräch und küsst den Ring des Oberhaupts der katholischen Kirche. Später trifft er sich mit dem Attentäter zu weiteren Gesprächen.

VERWALTUNG

Papst Johannes Paul II. vor dem Vatikan-Wappen bei einer Ansprache

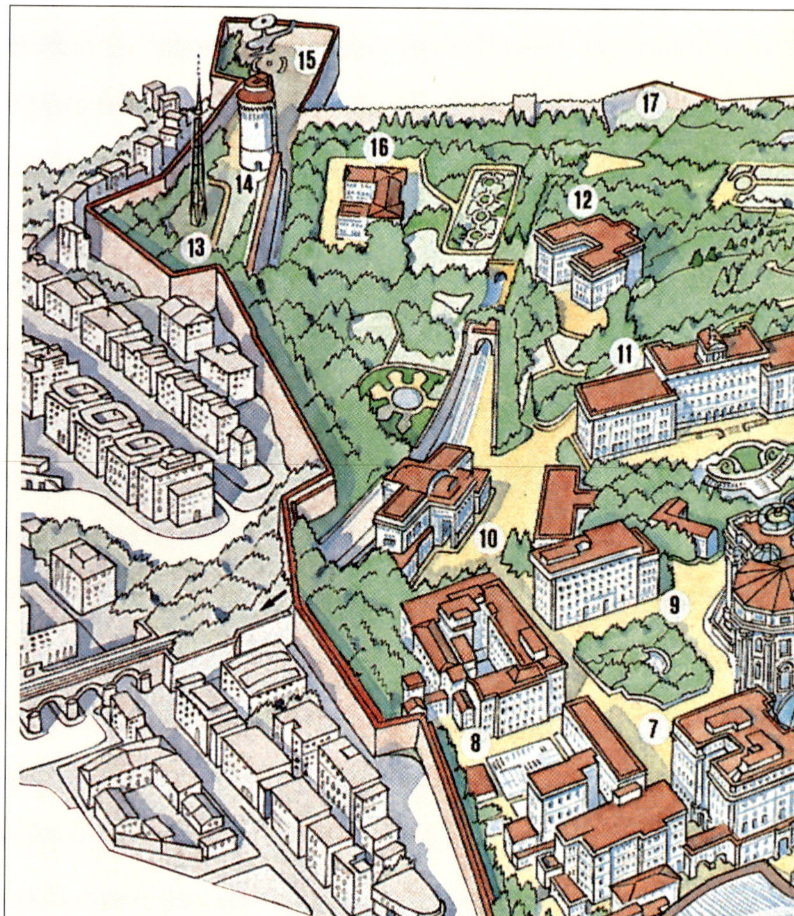

So funktioniert der kleine Vatikanstaat

Keine Steuern, aber Ausgangssperre – trotzdem ist der Vatikan ein voll funktionsfähiger Staat.

Mit 44 Hektar gerade einmal so groß wie ein norddeutscher Bauernhof, verfügt der christliche Gottesstaat seit fast einem drei viertel Jahrhundert doch über alles, was ein Staat so braucht: eine Flagge in Gelb-Weiß mit der Tiara und den gekreuzten Petrusschlüsseln, eine Nationalhymne, eigene Münzen und Briefmarken, eine eigene Vorwahl, ein eigenes Autokennzeichen (SCV) und eigene Medien. Es gibt unter anderem einen Bahnhof, einen Hubschrauber-Landeplatz, eine Tankstelle mit steuerfreiem Benzin, einen Supermarkt mit verbilligtem Alkohol und Zigaretten, eine Druckerei, eine Post, ein Heizkraftwerk, eine Bank, Polizei, Feuerwehr und zahlreiche Büros.

Nur Steuern und ein Staatsvolk gibt es nicht, dafür eine Art Ausgangssperre. Abends um acht wird die Città del Vaticano abgeschlossen und erst am nächsten Morgen um sechs wieder geöffnet. Etwa 530 Menschen sind derzeit Besitzer eines Vatikan-Passes – aber nur auf Zeit. Endet zum Beispiel ihr kirchliches Amt, erlischt in der Regel auch ihre Staatsbürgerschaft. Oberster Regent ist der Papst, die Regierung delegiert er aber an die „Pontifikalkommission für den Staat der Vatikanstadt". Sie besteht aus sieben Kardinälen, die mehrmals im Jahr die Haushalts- und Finanzpolitik des Stadtstaates festlegen. Um den „Alltagskram" kümmert sich der Chef des Governatorato Edmund Kardinal Szoka. Er ist gleichzeitig Präsident der Kardinalskommission. Ihm unterstehen Museen, Galerien, technische Dienste, Wirtschaftsdienste und Gesundheitsdienste. Das Governatorato ist zuständig für die Instandhaltung von Wasserleitungen und die Stromversorgung und kauft Wasser und Strom aus Italien. Weitere Dinge, um die sich das Governatorato kümmert, sind die Müllentsorgung, die Post, die Polizei, die Feuerwehr, die Verwaltung der Parkplätze, Wohngebäude, der Büros und des Bahnhofs.

Zoll- und Grenzkontrollen gibt es nicht. Dafür ist wahrscheinlich jeder Rom-Besucher schon einmal im Vatikan gewesen, ohne es zu bemerken. Die helle Marmorleiste am Eingang des

Wo liegt was im Vatikanstaat?

Vom Petersplatz (1) bis zum Museum für moderne religiöse Kunst (31) – diese Übersicht zeigt auf einen Blick alle wichtigen Einrichtungen im Vatikan, der mit nur 44 Hektar der kleinste Staat der Welt ist.

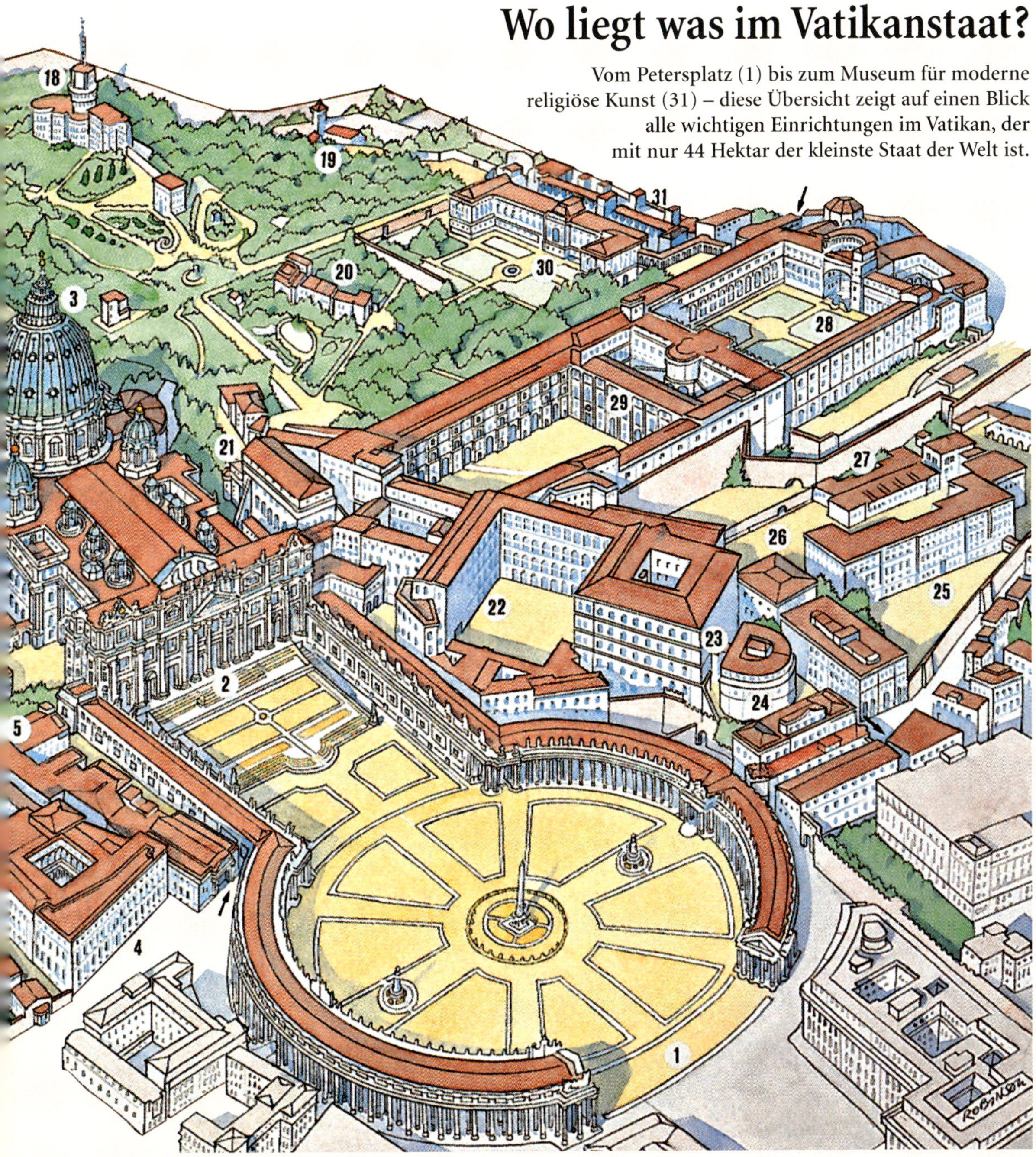

HINTERGRUND

„Geheim-diplomaten“

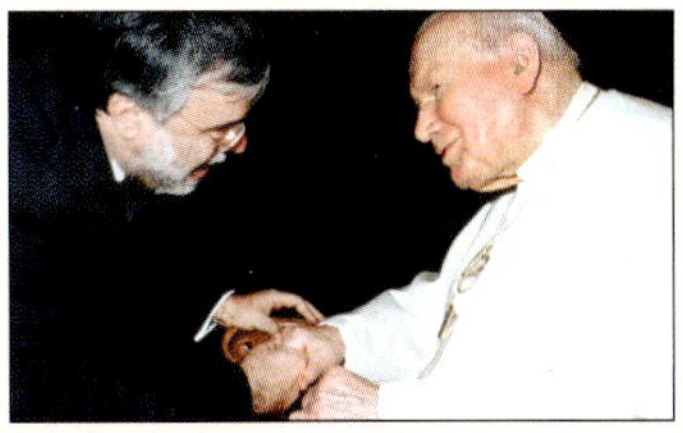

St.-Egidio-Chef Riccardi beim Papst

Immer dann, wenn ein offizieller Auftritt des Vatikans nicht opportun erscheint, schlägt die Stunde des Andrea Riccardi und seiner Gemeinschaft von Sant'Egidio. Die Mitglieder der Laienbewegung sind beinahe so etwas wie die Geheimdiplomaten des Papstes. Sie verhandelten von ihrer Zentrale aus, die sich in einem ehemaligen Karmeliterkloster im Stadtteil Travestere findet, das Gipfeltreffen 2000 zwischen Papst und hochrangigen Muslimen der Al-Azhar-Universität in Kairo, empfingen eine Delegation der Arabischen Liga genauso wie den Kosovarenführer Ibrahim Rugova oder den katholischen Patriarchen von Bagdad. Gegründet hatte Riccardi seine Bewegung bereits 1968, offiziell anerkannt vom Vatikan wurde sie erst 1986 und verfügt heute über ein schmales Budget von dreieinhalb Millionen Euro.

Friedens-Demo von Sant'Egidio

Über 100 000 Menschen finden Platz auf dem Petersplatz im Vatikan.

Petersplatzes markiert die Grenze zwischen der italienischen Republik und dem christlichen Gottesstaat seit Unterzeichnung der Lateranverträge 1929. Damals verzichtete Papst Pius XI. gegenüber dem italienischen Diktator Mussolini auf das Gebiet des Kirchenstaates, das in seiner Blütezeit nicht ganz bis Venedig und fast bis Neapel reichte. Geblieben sind den Päpsten heute einige exterritoriale Kirchen und Paläste, die Sommerresidenz Castel Gandolfo und die Gärten und Museen innerhalb der Leonischen Mauer, der Apostolische Palast, der Petersdom und der Petersplatz. Immerhin also der historische Kern: Denn hier hatte Kaiser Nero nach dem Brand Roms einen Zirkus anlegen und den Apostel Petrus als Märtyrer hinrichten lassen. Der „erste“ Papst wurde umgekehrt ans Kreuz geschlagen.

Im Völkerrecht wird zwischen Vatikanstaat und Heiligem Stuhl unterschieden. Der Heilige Stuhl ist die oberste Instanz der katholischen Weltkirche mit dem Papst an der Spitze und bereits seit dem Mittelalter international anerkannt. Der Vatikanstaat ist ihm zu- und untergeordnet. Sein Zweck besteht darin, die Unabhängigkeit und Souveränität des Heiligen Stuhles sichtbar zu machen und im internationalen Bereich zu gewährleisten.

POLIZEI

Warum das Vatikan-Gefängnis als Lager genutzt wird

Die Römer nennen sie „Häscher" – die Männer in den blauen Polizeiuniformen, die den Vatikan schützen.

Der Vatikan hat eine eigene 120 Mann starke Polizei, die für Ordnung sorgt.

Etwa 120 Polizisten in Dunkelblau sorgen mit Papstemblem auf der Schirmmütze und Beretta im Holster für Ruhe und Ordnung im Vatikan. Das hat Tradition: Gegeben hat es die päpstliche Polizei, im Volksmund „sbirri" (Häscher) genannt, schon seit dem Mittelalter. Einige Hundert bewaffnete Sbirren zeichneten sich ab dem 16. Jahrhundert durch Härte und ein ausgeklügeltes Spitzelsystem aus, mit dem sie das päpstliche Territorium gegen Räuber und Revolutionäre verteidigten. Seit Gründung des Vatikanstaats 1929 schützen sie außerdem die exterritorialen Besitztümer des Heiligen Stuhls in Rom sowie die Sommerresidenz Castel Gandolfo.

Bis zum 11. September 2001 hatten die Papst-Polizisten wenig zu tun. Den letzten bewaffneten Raubüberfall im Vatikan gab es 1986 auf das Büro eines Kassierers, doch ein Angestellter löste Alarm aus und schlug die Räuber in die Flucht. Das Polizeigefängnis, ein einziger kleiner Raum, wird deshalb normalerweise als Altpapierlager genutzt.

Doch seit den Anschlägen auf das World Trade Center steht auch im Vatikanstaat die innere Sicherheit hoch im Kurs. Seitdem gibt es eine „Unità Antisabotaggio", eine Antiterroreinheit, und die Mitglieder des „Corpo di Gendarmeria dello Stato della Città del Vaticano" (Gendarmeriekorps des Staates der Vatikanstadt) können von ihrem Posten am St.-Anna-Tor fast jeden Winkel im Vatikan per Videokamera überwachen. Im Falle eines Falles liefern die italienischen Kollegen jenseits des Petersplatzes auf Anfrage Verstärkung. Die dürfen laut den Lateranverträgen auch die zahlreichen Taschendiebe auf dem Petersplatz dingfest machen.

Papst Johannes Paul II. empfängt in der

MEDIEN

Jesus ist überall gegenwärtig: auch am Sendemast vom Radio Vatikan in Rom.

Schlagzeilen für Gott und Kirche

Das Medienzeitalter hat auch vor den Toren des Vatikans nicht Halt gemacht. So leistet man sich eine Tageszeitung und eine Radiostation.

Ohne Zeitung und Radio will auch der Vatikan nicht sein. Ausländischen Medien gegenüber ist der Gottesstaat mehr als zurückhaltend mit Informationen. Über Drehgenehmigungen, Tonbandmitschnitte und Interviewwünsche entscheidet der Rat für Soziale Kommunikation, den Spötter gerne als „Desinformationsministerium" bezeichnen. Der Vatikan leistet sich lieber seine eigene Propaganda. Seit 1931 sendet Radio Vatikan meist Erbauliches für den Geist , und das drei Mal täglich auf allen Wellen – mittlerweile auch Satellitenprogramme – und in 40 Sprachen.

„Prawda der Kirche" nennen Kritiker den „Osservatore Romano". Gegründet wurde er, als 1861 die ersten Schlachten zwischen Papsttruppen und italienischer Armee tobten. Kampfblatt der katholischen Kirche ist er bis heute geblieben, Neuigkeiten sind in der Vatikan-Zeitung nicht zu erwarten. Die Reden des Papstes, vatikanische Dokumente und zensierte Kommentare helfen besser bei Schlaflosigkeit als jede Tablette, spötteln Korrespondenten. Er erscheint täglich in Italienisch und ein Mal in der Woche mit jeweils einer spanischen, englischen, französischen, deutschen und portugiesischen Ausgabe, ein Mal im Monat sogar auf Polnisch.

Ein junger Schweizergardist wird im

SCHWEIZERGARDE

Der Papst und seine Fremdenlegion

Sala Clementina im Vatikan die neu vereidigten Rekruten seiner Leibwache.

Vatikan vereidigt. Die Schweizergarde des Papstes hat Nachwuchssorgen.

Sie sehen aus wie eine Operetten-Armee in Pluderhosen und mit Hellebarden. Aber die Schweizergardisten, die für den Papst die Blutstreue schwören, trainieren Karate und Judo, um das Kirchenoberhaupt zu schützen. Ein Mord in den eigenen Reihen sorgte für einen Skandal im Vatikan.

Die Beförderung des Alois Estermann währte nur neun Stunden, dann war der neue Kommandant der Schweizergarde tot. Erschossen im Mai 1998 von einem seiner Unteroffiziere, den er jahrelang schikaniert haben soll. Der Mord an Estermann, der sich im rechtsklerikalen Opus Dei engagierte, war der erste Mord im Vatikan seit 150 Jahren und ein Skandal. Denn die Leibwächter des Papstes in ihren malerischen Uniformen sind Helden. Auch der päpstliche Offizier Estermann war da keine Ausnahme: Er war es, der sich 1981 gleich nach den Schüssen des Papst-Attentäters Ali Agca schützend vor den Heiligen Vater geworfen hatte.

Das hat Tradition seit dem Spätmittelalter: Gerade einmal 20 Jahre war es her, dass sich die Garde durch ein Abkommen zwischen Papst Julius II. und den katholischen Kantonen in der Schweiz formiert hatte, da starben 147 Soldaten der Cohors Pedestris Helvetiorum auch schon den Heldentod. Aufgerieben von den marodierenden Horden Kaiser Karls V. an jenem 6. Mai 1527, der als Sacco di Roma (die Plünderung Roms) in die Geschichte eingehen sollte. 42 Gardisten gelang es, Papst Klemens VII. durch einen Geheimgang auf die Engelsburg in Sicherheit zu bringen.

Seitdem ist der 6. Mai der Tag, an dem die 101 Gardisten dem Papst Blutstreue schwören. Die Schweizer mit Hellebarde und in Pluderhose sind die älteste noch bestehende Fremdenlegion. Ihre Mitglieder haben während ihrer zweijährigen Dienstzeit die vatikanische Staatsbürgerschaft. Dienen dürfen in der päpstlichen Rest-Armee nur katholische Schweizer Staatsbürger zwischen 19 und 30 Jahren von einwandfreiem Leumund, die mindestens 1,74 Meter groß sind, keinen Bart tragen und keine Ehefrau haben. Sie müssen den Schweizer Militärdienst absolviert und mindestens die Mittelschule oder eine Lehre abgeschlossen haben. Reich werden die normalen Gardisten nicht. Gottes Lohn ist zwar unermesslich, doch der Vatikan zahlt nur rund 1049 Euro im Monat. Die Schweizer, die in der Kaserne direkt neben dem St.-Anna-Tor, am Fuße des Apostolischen Palastes, residieren, verteidigen den Vatikanstaat nach außen und schützen den Apostolischen Palast. Außerdem sind sie geschult in Judo sowie Karate und fungieren als Leibwache des Papstes.

Garde-Kommandant Alois Estermann und seine Frau Gladys bei einer Privataudienz. Beide wurden 1998 im Vatikan erschossen, der erste Mord seit 150 Jahren!

SPENDENFLUT

Wer den Pfennig nicht ehrt...

Der so genannte Pfennigtag für den Papst hat Tradition. Schon im Mittelalter sammelte ein englischer König von jedem Hausbesitzer einen Penny für den Heiligen Stuhl.

Über fast 53 Millionen Euro zusätzlich konnte sich der Papst am 29. Juni 2002 freuen.

Das hat Tradition bis weit ins Mittelalter: Im achten Jahrhundert erhob in England König Ina von Wessex bei jedem Hausbesitzer einen Penny Extra-Steuer für den Papst. Der Brauch fand Nachahmer. Aus der Steuer wurde im 19. Jahrhundert eine freiwillige Abgabe. Bis heute spenden eine Milliarde Katholiken in aller Welt am Namenstag der Heiligen Peter und Paul den „Peterspfennig". Das Geld kann der Papst nach Gutdünken für wohltätige Zwecke verwenden. Öffentliche Berichte, was er damit tut, gibt es nicht. Noch bis 1993 wurden die Pfennige der Gläubigen zur Budget-Aufbesserung des Heiligen Stuhls verwendet.

Ein Franziskanerbruder aus München sammelt am „Pfennigtag".

DIE DIPLOMATIE

Der Apostolische Nuntius in Deutschland, Giovanni Lajolo, und Bundeskanzler Gerhard Schröder 2003 in Berlin.

Die Botschafter des Heiligen Stuhls

Nuntien sind die Botschafter des Papstes. Sie sind als Diplomaten anerkannt, ebenso wie die Sondergesandten, die im Auftrag des Heiligen Stuhls an fast jeden Krisenherd vor Ort gehen. Egal, ob im Irak oder im Kongo.

Sie stellen keine Visa aus und keine Aufenthaltsgenehmigungen, aber sie sind dennoch fast überall auf der Welt akkreditiert: die Papst-Botschafter. Die Nuntien handeln Staatsverträge (Konkordate) aus und verbünden sich schon mal mit streng muslimischen Staaten, wenn es bei internationalen Konferenzen um Allianzen gegen Abtreibung und Geburtenkontrolle geht, wie bei der Weltbevölkerungskonferenz 1994 in Kairo. Vielleicht ein Relikt jener Zeit, als Papst Pius XI. in den 1920er Jahren die Parole ausgab, notfalls „mit dem Teufel persönlich zu verhandeln".

Offiziell repräsentieren die Nuntien den Heiligen Stuhl und nicht den Vatikanstaat, da die katholische Kirche nach internationalem Recht auch dann berechtigt wäre, vertreten zu sein, wenn es den vatikanischen Stadtstaat nicht gäbe.

Die Nuntien sind derzeit bei allen internationalen Organisationen von den Vereinten Nationen bis UNESCO, von der Welthandelsorganisation bis zum Europarat vertreten und in 174 Staaten als Diplomaten anerkannt. Lediglich in China, Vietnam und streng islamischen Ländern, wie Saudi-Arabien, ist der Vatikan nicht durch einen Nuntius vertreten.

Für ihre Befürworter sind die Papst-Diplomaten wichtige Mittelsmänner, die in so manch heikler politischer Mission interveniert haben. So besuchte beispielsweise 1979 ein päpstlicher Gesandter im Iran die Geiseln in der amerikanischen Botschaft.

Februar 2003: Der Papst-Gesandte Etchegaray besucht Saddam Hussein.

Für Kritiker sind die Nuntien Auge und Ohr des Papstes, Spitzel der römischen Kurie bei den nationalen Bischöfen, verlängerter Arm Roms gegen Rebellen in den eigenen Reihen. In der Tat pflegen die Nuntien gute Kontakte zu den politischen Kräften des jeweiligen Landes und melden regelmäßig nach Rom. Ihre Berichte bestimmen die jeweilige Politik des Vatikans und können die Karrieren nationaler Bischöfe fördern oder zum Einsturz bringen. Wer wirklich wissen will, was in einem Dritte-Welt-Staat los ist, fragt am besten den Nuntius. Ein Netz kleiner Klöster, katholischer Sozialarbeiter und Missionare funktioniert, wie einst der stellvertretende CIA-Chef Vernon Walters konstatierte, als „ältester und größter Geheimdienst der Welt".

Außerdem fungieren die Papst-Botschafter als Headhunter auf der Suche nach geeignetem Bischofs-Nachwuchs. Wer positiv auffällt, landet an der Pontifikal-Akademie und wird zur hausgemachten Elite der Kurie geschmiedet. 32 Kandidaten werden jedes Jahr ausgewählt, büffeln vier Jahre Kirchen- und internationales Recht, Sprachen und Kirchendiplomatie und dienen 20 Jahre lang als Attachés, bevor sie als Papst-Botschafter in die Welt entsandt werden. Ihre Ausbildung und internationale Erfahrung macht sie bei ihrer Rückkehr nach Rom zu einflussreichen Persönlichkeiten, die über informelle Netzwerke und Seilschaften verfügen, mit denen sie die Vatikan-Politik entscheidend beeinflussen.

FINANZEN

Immobilien & Aktien: die Broker im Auftrag des Herrn

Der Vatikan gehört zu den zehn erfolgreichsten Investoren Italiens, ein Drittel wird mit Aktien verdient.

Die Jünger Petri hoffen immer noch auf ein Wunder, wie einst, als Jesus und sein erster Apostel die Tempelsteuer in Kafarnaum nicht bezahlen konnten. Damals sagte Jesus: „Geh an den See, wirf die Angel aus, und im Maul des ersten Fisches, den Du heraufholst, wirst Du ein Vier-Drachmen-Stück finden."

Heute bräuchte der Heilige Stuhl viele Fische, wies doch der Haushalt der Kurie 2002 13,5 Millionen Euro Miese aus. Der Heilige Stuhl ist chronisch klamm, denn Kunstwerke wie der Petersdom oder Michelangelos Pietà sind unverkäuflich, doch Instandhaltung und Personal kosten viel Geld. Zwar spendeten die Katholiken reichlich, und der Stadtstaat erwirtschaftete einen Überschuss, doch Löhne und Gehälter der mehr als zweieinhalbtausend Mitarbeiter sowie die defizitären Medien fraßen alles auf. Das Grundproblem: Man weiß nie genau, wie viel Geld hereinkommt, denn der Löwenanteil der Einnahmen sind Spenden, 2002 immerhin mehr als 85 Millionen Euro.

Vermögensverwalterin ist die Amministrazione del Patrimonio della Sede Apostolica (APSA). Ihre „ordentliche" Abteilung kümmert sich um den Immobilienbesitz und zahlt aus den Mieteinnahmen der rund 1700 Wohnungen und den Überschüssen aus der „außerordentlichen Abteilung" die Löhne, Pensionen und Gehälter der Mitarbeiter des Heiligen Stuhls und der Papst-Diplomaten.

Cash-Cow des Heiligen Stuhls ist die „Sezione Straordinaria". Ihre Mitarbeiter investieren in Aktien, Anleihen, Gold und Devisen. Die Anlegestrategie lautet: „Wir investieren so vorsichtig wie ein guter Familienvater", das heißt 95 Prozent Sicherheit, fünf Prozent Risiko. Das bedeutet im Klartext aber auch: keine Rüstung, keine Gentechnik, keine Verhütungsmittel oder sonstige anrüchige Investments. Das hat den Papst während des Börsencrashs zwar nicht vor einem Kursverlust allein der italienischen Werte des Vatikans von rund 3,6 Millionen Euro bewahrt, einen speziellen Schutzengel müssen die Broker des Herrn dennoch gehabt haben. Die Verluste hielten sich in Grenzen, und der Wirtschaftsdienst „Milano Finanza" kürte den Papst zu einem der zehn erfolgreichsten Investoren Italiens.

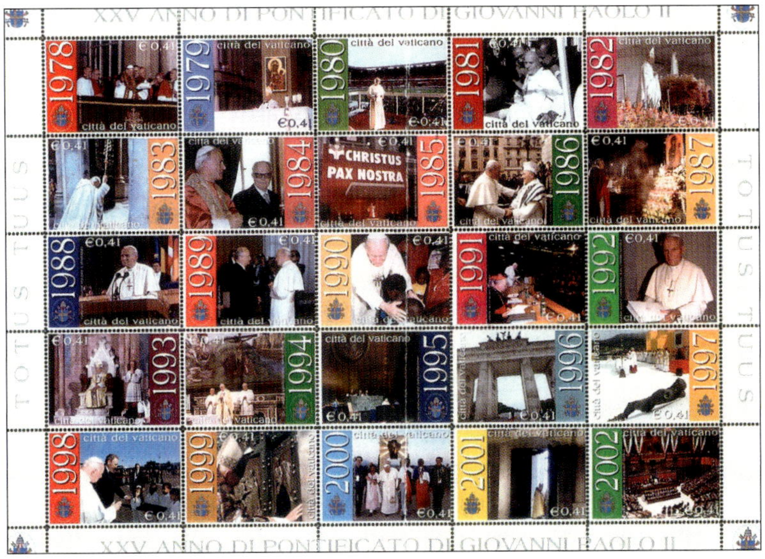

Der Vatikan gibt auch eigene Briefmarken heraus.

Wenn es gut läuft, finanziert die „Straordinaria" rund ein Drittel der benötigten Gelder für Personal- und Gebäudekosten. 2002 lief es schlecht, an den Finanzmärkten verlor der Kirchenstaat 16,3 Millionen Euro.

Grundstock der christlichen Investmentstrategie: eine Milliarde Lire in fünfprozentigen Staatstiteln und 750 Millionen Lire in bar, die Papst Pius XI. 1929 als Entschädigung für den verlustig gegangenen Kirchenstaat erhielt.

Wie reich die Kurie wirklich ist, weiß niemand genau, das geschätzte flüssige Vermögen soll sich auf rund 650 Millionen Euro belaufen. Der Haken: Die Wertpapiere werden in der jährlichen Bilanz der APSA nur mit ihrem Kaufpreis, nicht aber zu ihrem Marktwert aufgelistet. Auch die Immobilien bewerten die päpstlichen Buchhalter laut Kritikern zu niedrig. Nach aktuellen Marktpreisen sollen sie rund drei Mal so viel wert sein.

HINTERGRUND

Keine Bilanzen

Der Vatikanstaat ist wohl einer der wenigen Staaten, die Gewinn erwirtschaften. 18 Millionen Dollar waren es 2001. Davon gingen sechs an den Heiligen Stuhl. Insgesamt betrage das Stadtbudget rund 130 Millionen Dollar, schätzt der amerikanische Jesuit und Steuerexperte Thomas J. Reese. Sicher ist das nicht, denn die Vatikan-Bilanzen müssen bisher nicht veröffentlicht werden. Haupteinnahmequellen sind der Verkauf von Briefmarken und Münzen sowie die Post- und Telefondienste, die das Governatorato der Kurie in Rechnung stellt. Weitere Einnahmequellen sind die Tankstelle und der Supermarkt. Auch die Museen erwirtschaften mit ihren Eintrittsgeldern, Lizenzen, den Reproduktionen, Büchern und Geschenkartikeln einen Überschuss. Restaurierungen der unschätzbaren Kunstwerke werden über den Verleih von Gemälden an ausländische Museen finanziert oder wie im Fall der Sixtinischen Kapelle von Sponsoren übernommen.

HINTERGRUND

Das Finanzmanagement des Papstes

Kardinalskommission (Commissione Cardinalizia di Vigilanza)
Sie besteht aus fünf Kardinälen, die die Geschäfte der Vatikan-Bank prüfen. Die Geistlichen sind direkt dem Papst unterstellt. Sie treffen sich ein Mal im Jahr zum Bilanzabschluss.

Staatssekretariat (Segretaria di Stato)
Rund 200 Mitarbeiter kümmern sich im Vorzimmer des Papstes um die inneren und die äußeren Angelegenheiten des Heiligen Stuhls. An der Spitze steht der Kardinalstaatssekretär, er berichtet täglich dem Papst.

Päpstliche Vermögensverwaltung (Amministrazione del Patrimonio della Sede Apostolica, APSA)
Sie verwaltet das Vermögen des Heiligen Stuhls in ihren beiden Abteilungen:

Rechnungshof (Prefettura degli Affari Economici della Santa Sede)
Er prüft die Jahresabschlüsse sämtlicher Behörden des Heiligen Stuhls und des Vatikanstaats mit der Ausnahme der Vatikan-Bank (IOR). Gegenüber der päpstlichen Vermögensverwaltung (APSA) hat der Rechnungshof keine Weisungsbefugnis.

Vatikan-Bank (Istituto per Opere di Religione, IOR)
Die Bank verwaltet Gelder aus Schenkungen, Stiftungen und Testamenten für fromme Zwecke und führt Konten von Orden, Diözesen und Stiftungen. Ihre Überschüsse fließen direkt an den Papst als den Chef des Heiligen Stuhls.

Außerordentliche Abteilung (Sezione Straordinaria)
Sie ist die Cash-Cow des Vatikans. Sie investiert in Aktien, Anleihen, Devisen und Gold. Die Überschüsse leitet sie an die ordentliche Abteilung weiter.

Ordentliche Abteilung (Sezione Ordinaria)
Verwaltet den Immobilienbesitz. Aus den Mieteinnahmen und den Überschüssen zahlt sie Gehälter der Mitarbeiter des Heiligen Stuhls und hält die Gebäude in Stand. Sie finanziert die Botschaften und Diplomaten des Papstes weltweit.

SKANDALE

Gottes schnelles Geld: die unehrenwerten Geschäfte der Vatikan-Bank

Geldwäsche und Bürgschaften – die Skandale der Vatikan-Bank. Selbst über Verbindungen zur Mafia wurde spekuliert.

Schön hat er nicht ausgesehen, der Mailänder Bankier Roberto Calvi, wie er da so unter der Londoner Blackfriars Bridge hing, einen Strick um den Hals und sechs Kilo Steine in den Anzugtaschen. Ein Auftragsmord der Mafia, mit der der Direktor der Banco Ambrosiano zusammenarbeitete?

Die Zeitungen hatten ihre Schlagzeilen am Tag nach jenem 18. Juni 1982 – und der Vatikan einen handfesten Skandal. Denn Calvi wusch nicht nur Gelder für die ehrenwerte Gesellschaft, sondern machte auch Geschäfte mit der Vatikan-Bank IOR (Istituto per le Opere di Religione). Sein Geschäftsfreund: der amerikanische Erzbischof Paul Marcinkus, IOR-Chef und gleichzeitig im Direktorium einer Ambrosiano-Tochter auf den Bahamas. Calvi bot seinem Kirchen-Freund spekulative Geschäfte mit hohen Gewinnen. Die Aussicht auf das schnelle Geld lockte den Gottesmann, sollte er doch die maroden Finanzen des Heiligen Stuhls sanieren und gleichzeitig die polnische Gewerkschaft Solidarność finanzieren. Keine leichte Aufgabe für den Geistlichen, der gerne weiße Anzüge statt der Soutane trug, Golf spielte und Havannas rauchte. Marcinkus stellte dem hoch verschuldeten Bankier Bürgschaften des IOR aus, die Calvi seinen Gläubigern zur Beruhigung vorlegte. Am Ende betrug der Schaden 1,2 Milliarden Dollar, Calvi war tot, seine Bank wurde wegen betrügerischen Bankrotts geschlossen. Erzbischof Marcinkus genoss als Vatikan-Bürger diplomatische Immunität. Schuld wollte im Gottesstaat niemand sein, trotzdem zahlte der Vatikan 240 Millionen Dollar an die Calvi-Gläubiger. Marcinkus leitete das IOR noch bis 1989 und wurde dann strafversetzt in eine kleine Gemeinde in den USA. Die Vatikan-Bank bekam ein Kontrollgremium aus fünf Finanzexperten und einen Laien als Chef: Angelo Caloia, den Ex-Präsidenten des Mediocredito Lombardo. Aber 1993 geriet das IOR erneut in die Schlagzeilen, als ein Zeuge im größten Bestechungsskandal der italienischen Nachkriegsgeschichte aussagte, rund 50 Millionen Dollar Schmiergelder über die Vatikan-Bank gewaschen zu haben. Seit 1994 prüft eine Schweizer Tochter von Price Waterhouse die Bücher der Bank.

Immer noch wird das IOR im Vatikan lieber totgeschwiegen. Bilanzen werden nicht veröffentlicht, Anfragen abgeblockt. Dabei ist das IOR, gegründet 1887 für die Verwaltung der Finanzen, zunächst einmal eine fast normale Geschäftsbank mit Sitz im Niccolò-Turm. 36 Milliarden Euro verwaltet es nach eigenen Angaben, Guthaben der Angestellten und der Behörden des Vatikans, das Vermögen von religiösen Orden, Bistümern, Diözesen und katholischen Wohlfahrtsverbänden. Das ist praktisch, um staatliche Restriktionen zu umgehen. Prominentestes Beispiel: In den 80ern versorgte der Vatikan die verbotene polnische Solidarność über das IOR mit Geldern, trotz Kriegsrecht und Wirtschaftssanktionen. Heute können zum Beispiel Amerikaner die Vatikan-Bank einschalten, um trotz des US-Wirtschaftsembargos Gelder nach Kuba zu überweisen.

Der „Bankier Gottes" Roberto Calvi wurde wegen illegaler Devisenausfuhr zu vier Jahren Haft auf Bewährung verurteilt.

Paul Marcinkus spielte Golf, rauchte Havannas und leitete die Geschicke der Vatikan-Bank IOR. Nach dem Skandal-Zusammenbruch der Banco Ambrosiano musste sich der Erzbischof als Seelsorger einer kleinen Gemeinde in die USA zurückziehen.

BEZÜGE

Wer verdient was?

Im Vatikan zahlt man keine Steuern, dafür sind die Verdienste auch eher als bescheiden zu bezeichnen.

Gottes Lohn ist unermesslich, deshalb geizt der Vatikan mit irdischer Belohnung. Das gilt vor allem für die rund 2300 Kleriker beim Heiligen Stuhl. So erhält ein Kardinal rund 30 000 Euro im Jahr, Bischöfe zwischen 12 000 und 30 000. Wer kann, bessert sein Gehalt durch Nebenjobs auf, das gilt auch für die rund 1400 Mitarbeiter des Vatikanstaats, überwiegend Laien.

Höhere Angestellte erhalten erst seit kurzem marktübliche Gehälter, einfache Arbeiter wie Portiers oder Putzleute den in Italien üblichen Tariflohn. Trotzdem sind Jobs im Vatikan begehrt. Denn alle Gehälter bleiben unversteuert, und überdies lässt sich billig einkaufen: Benzin ist rund 30 Prozent billiger als im Nachbarstaat Italien, aber rationiert auf 1800 Liter pro Angestellten, Zigaretten und Alkohol kosten im Supermarkt wenig mehr als die Hälfte. Außerdem ist die Gesundheitsfürsorge für alle Angestellten samt Familie fast kostenlos. Gearbeitet wird von Montag bis Samstag in einer 36-Stunden-Woche, es gibt 20 Feiertage und 13 Monatsgehälter. Doch vor den Arbeitsvertrag hat der Heilige Vater das Gebet gesetzt: vor der Unterschrift ist das Glaubensbekenntnis Pflicht. Eingestellt werden nur „treue und unbescholtene Katholiken", die sich per Unterschrift verpflichten, an alles zu glauben, „was in Gottes Wort offenbart wurde und vom kirchlichen Lehramt zu glauben gelehrt wird".

Briefsortierung im Vatikan-Postamt

DAS REGIERUNGSSYSTEM

Das sind die „Minister" des Papstes

Johannes Paul II. regiert im Vatikan nicht allein – 20 „Minister" leiten die Arbeit des Heiligen Stuhls.

Über Gott kann man nicht abstimmen, unter dieser Losung verteidigt die Kurie seit Jahrhunderten ein streng hierarchisches Regierungssystem.

Oberste Instanz der katholischen Weltkirche ist der Heilige Stuhl mit dem Papst als absolutem Monarch, der völkerrechtlich sogar ohne Vatikanstaat regieren könnte. Unterstützt wird er bei seinen Regierungsgeschäften von insgesamt 50 „Ministerien und Ämtern", die kirchlich Dikasterien heißen und sich in neun Kongregationen und elf Räte gliedern. Die „Minister" werden für mindestens fünf Jahre vom Papst ernannt.

Das bekannteste Dikasterium ist die „Kongregation für die Glaubenslehre", Nachfolgerin der Inquisition, unter Vorsitz des Kardinals Joseph Ratzinger. Sie ist in etwa vergleichbar mit einer Mischung aus religiösem „Innenministerium" und „Verfassungsschutz". Wirtschaftlich am mächtigsten ist die „Kongregation für die Evangelisierung der Völker", die über einen eigenen Haushalt verfügt und deshalb nicht in der Gesamtbilanz des Heiligen Stuhls auftaucht. Um die päpstliche Entwicklungshilfe und Sozialarbeit kümmern sich gleich drei Ministerien: der „Rat für Gerechtigkeit und Frieden", der Rat „Cor Unum", der die Hilfswerke koordiniert, und der „Rat für Migranten", der sich für Flüchtlinge, Asylbewerber und Gastarbeiter einsetzt. Als eine Art Justizministerium fungiert der „Rat für die Interpretation von Gesetzestexten". Der Vatikan hat zwar eigene weltliche Gesetze, folgt aber im Normalfall der italienischen Rechtspraxis, so dass sich der „Justizminister" nur um die religiösen Rechtsgrenzen kümmern muss.

Eines der wichtigsten Ministerien ist die „Präfektur für die wirtschaftlichen Angelegenheiten". Sie ist das Finanz- und Wirtschaftsministerium des Papstes. Ihr Chef ist Kardinal Sergio Sebastiani.

Auf gleicher hierarchischer Ebene wie die Ministerien befindet sich das „Governatorato", im Prinzip nichts weiter als ein Verwaltungsministerium für den Stadtstaat des Vatikans.

Stellvertreter des Papstes und gleichzeitig mächtigster Mann im Vatikan ist der unbeliebte „Regierungschef", der Kardinalstaatssekretär Angelo Sodano. Kritiker nennen ihn „den beschränktesten Staatssekretär des 20. Jahrhunderts", Freunde bezeichnen ihn als jovial, zupackend und freundlich. Bei ihm laufen alle Fäden des Kurienapparats zusammen.

Er hat zwei Abteilungsleiter: Erzbischof Jean-Marie Tauran, der für die „Beziehung zu den Staaten" zuständig ist, also „Außenminister", und Erzbischof Leonardo Sandri. Der kümmert sich als „Substitut" um die Alltagsgeschäfte des Heiligen Stuhls. Er ist der Verwaltungschef der Kurie und bleibt im Amt bei einer Sedisvakanz, dem Zeitraum zwischen dem Tod eines Papstes und der Wahl seines Nachfolgers. Die anderen Minister werden „arbeitslos".

Angelo Kardinal Sodano mit den Politikern Napolitano und Andreotti

Der deutsche Kurienkardinal Joseph Ratzinger ist ein enger Vertrauter des Papstes.

ORTE DER RUHE

Hier erholt sich der Papst von seinen anstrengenden Reisen: der Palmengarten im Vatikan. Im Hintergrund sieht man die prächtige Kuppel der Peterskirche.

So lebt der „Marathon-Mann Gottes"

Die Privaträume des Papstes sind schlicht, ganz ohne Prunk. Nur zwei Menschen, eine Nonne und ein Sekretär, kümmern sich um das Oberhaupt der katholischen Kirche.

Das große Fenster zu seinen Privaträumen, aus dem Johannes Paul II. zu den Massen auf dem Petersplatz spricht, kennt fast jeder aus dem Fernsehen. Von hier verkündet er seine Weihnachtsbotschaften. Aber was liegt hinter dem Fenster, wie wohnt ein Papst, der zugleich an der Spitze des seit 1929 souveränen Staates Vatikan steht?

Wer Gold, Glanz und Glamour in den Privaträumen des „Marathon-Mannes Gottes", wie man den Papst im Vatikan auch nennt, vermutet, liegt falsch. Die Räume sind einfach und praktisch wie Karol Wojtyla selbst. Ein goldener Thron, auf dem sich seine Vorgänger der Öffentlichkeit präsentierten, steht jetzt nutzlos in einer Korridornische vor der Bibliothek. Sie ist so etwas wie das „Oval Office" der katholischen Kirche. Hier empfängt der Mann aus Polen an seinem Schreibtisch die Staatschefs aus aller Welt und verhandelt. Selbst der kubanische Revolutionär Fidel Castro saß schon hier. Und wenn dem Pontifex bei den Gesprächen mit den Mächtigen der Welt mal etwas nicht passte, schlug er auch schon mal mit beiden Händen auf den Schreibtisch – die zentimeterdicke Holzplatte hat es verkraftet.

Zum persönlichen Stab des Papstes gehören nur zwei Personen, der persönliche Sekretär, Bischof Stanislaw Dziwisz, und die Nonne, Schwester Tobiana. Da kommt es auch schon vor, dass die beiden Helfer hoffnungslos überfordert sind. Als zum Beispiel US-Präsident Ronald Reagan im April 1986 am Abend vor seinem Militärschlag gegen Libyen den Papst bitten wollte, die katholischen US-Bürger nicht auf grenzenlosen Pazifismus einzuschwören, erreichte er Johannes Paul nicht. Schwester Tobiana war an diesem Abend heiser und konnte nicht ans Telefon, Bischof Dziwisz war zu Besuch in Polen, und das Kardinalstaatssekretariat war ab 15 Uhr nicht mehr besetzt. Und ein Handy besitzt der Heilige Vater nicht.

Auch die Sicherheitsvorkehrungen zu den Privaträumen sind bescheiden. Es reicht, einen unbewaffneten Schweizergardisten an der Porta del Bronzo am Petersdom zu überrumpeln, um dann mit dem Fahrstuhl direkt bis vor die Tür des Papstes zu fahren. Aber der will auch im privaten Bereich ein greifbarer Mensch und kein Herrscher sein.

Schwarzer Ski-Dress statt weißer Sutane: de

„Arbeitsplatz" des Papstes: Hier beantwortet er seine Post noch mit der Hand.

Der geübte Wanderer Wojtyla nahm bis vor zehn Jahren problemlos jede Stufe.

'apst (4. v. l.) 1984 bei seinem Lieblingssport

Johannes Paul II. mit Priestern beim Abendessen in seinen privaten Räumen. Von Prunk keine Spur

INQUISITION

Alle Missverständnisse im „Fall Galilei" überwunden

Und die Erde ist rund und dreht sich um die Sonne! Fast 360 Jahre hat es gedauert, bis der Vatikan die Lehren des Wissenschaftlers Galileo Galilei anerkannte. Auszüge aus der Ansprache von Papst Johannes Paul II.:

Das Thema der komplexen Verhältnisse bedeutet wahrscheinlich in der Geschichte der Naturwissenschaften einen ebenso wichtigen Abschnitt wie jener, der mit dem Namen Galileo verbunden ist. Damals glaubte man, man müsse ein eindeutiges Ordnungsmodell vorlegen. Die komplexen Verhältnisse weisen aber gerade darauf hin, dass, wer den Reichtum der Wirklichkeit berücksichtigen möchte, notwendig eine Vielzahl von Modellen braucht. Diese Feststellung wirft eine Frage auf, die Naturwissenschaftler, Philosophen und Theologen gleichermaßen anspricht: Wie soll man die Erklärung der Welt – ausgehend von den elementaren Seinsformen und Erscheinungen – mit der Anerkennung der Tatsache verbinden, dass „das Ganze mehr ist als die Summe seiner Teile"?

Will der Wissenschaftler streng und formal die Erfahrungstatsachen beschreiben, ist er gezwungen, auf über die strenge Wissenschaft hinausreichende Begriffe zurückzugreifen, deren Verwendung gleichsam von der Logik seines Vorgehens gefordert ist. Natürlich muss die Natur dieser Begriffe exakt verdeutlicht werden, denn sonst gelangt man zu unangemessenen Grenzüberschreitungen, die die streng wissenschaftlichen Entdeckungen mit einer Weltanschauung oder ideologischen oder philosophischen Aussagen verknüpft, die keineswegs streng dazugehören. Hier wird erneut die Wichtigkeit der Philosophie deutlich, die sowohl die Erscheinungen als auch ihre Deutung in Betracht zieht. (…)

Die heutige Kultur erfordert ein ständiges Bemühen um eine Synthese der Erkenntnisse und eine Integration des Wissens. Gewiss verdanken wir der Spezialisierung der Forschung sichtbare Erfolge. Doch wenn sie nicht durch ein aufmerksames Bedenken der verschiedenen Akzente des Wissens im Gleichgewicht gehalten wird, besteht die große Gefahr, eine „Kultur der Bruchstücke" zu erreichen, die tatsächlich einer Leugnung echter Kultur gleichkäme. Echte Kultur ist nämlich ohne Menschlichkeit und Weisheit nicht vorstellbar.

Ähnliche Anliegen hatte ich am 10. November 1979 aus Anlass der ersten Jahrhundertfeier seit der Geburt von Albert Einstein, als ich vor dieser Akademie den Wunsch aussprach, „dass Theologen, Gelehrte und Historiker, vom Geist ehrlicher Zusammenarbeit beseelt, die Überprüfung des Falles Galilei vertiefen und in aufrichtiger Anerkennung des Unrechts, von welcher Seite es auch immer gekommen sein mag, das Misstrauen beseitigen, das dieses Ereignis noch immer bei vielen gegen eine fruchtbare Zusammenarbeit von Glaube und Wissenschaft, von Kirche und Welt hervorruft". (…)

Nun aber, gerade im Jahr, wo der 350. Jahrestag des Todes von Galilei wiederkehrt, legt die Kommission nach Abschluss ihrer Arbeiten eine Reihe von Publikationen vor. Ich möchte Kardinal Poupard meine lebhafte Wertschätzung dafür aussprechen, dass er in der Abschlussphase die Forschungsergebnisse der Kommission koordiniert hat. Allen Fachleuten aber, die irgendwie an den Arbeiten der vier Gruppen dieser die Fächer übergreifenden Studien teilgenommen haben, spreche ich meine tiefe Genugtuung und meinen lebhaften Dank aus. Die in über zehn Jahren geleistete Arbeit entspricht einer vom Zweiten Vatikanischen Konzil erlassenen Weisung und lässt die verschiedenen wichtigen Punkte der Frage besser hervortreten. In Zukunft wird man die Ergebnisse der Kommission berücksichtigen müssen. Vielleicht wird man sich darüber wundern, dass ich am Ende einer Studienwoche der Akademie zum Thema der Komplexität der verschiedenen Wissenschaften auf den Fall Galilei zurückkomme. Ist dieser Fall denn nicht längst abgeschlossen, und sind die begangenen Irrtümer nicht längst anerkannt?

Gewiss stimmt das. Doch die diesem Fall zu Grunde liegenden Probleme betreffen sowohl die Natur der Wissenschaft wie die der Glaubensbotschaft. Es ist daher nicht auszuschließen, dass wir uns eines Tages vor einer analogen Situation befinden, die von beiden Teilen ein waches Bewusstsein vom eigenen Zuständigkeitsbereich und seinen Grenzen erfordern wird. Das Thema der Komplexität könnte dann einen Hinweis liefern.

Bei der Auseinandersetzung, in deren Mittelpunkt Galilei stand, ging es um eine doppelte Frage. Die erste betrifft das Verstehen und die Hermeneutik der Bibel. Hier sind zwei Punkte zu betonen. Vor allem unterscheidet Galilei wie der Großteil seiner Gegner nicht zwischen dem wissenschaftlichen Zugang zu den Naturerscheinungen und der philosophischen Reflexion über die Natur, die sie im Allgemeinen erfordern. Daher lehnte er den ihm nahe gelegten Hinweis ab, das kopernikanische System bis zu seiner durch unwiderlegliche Beweise erwiesenen Geltung als Hypothese vorzutragen. Das war im Übrigen eine Forderung seiner experimentellen Methode, die er genial eingeführt hatte.

Ferner war die geozentrische Darstellung der Welt in der Kultur der Zeit allgemein als vollkommen der Lehre der Bibel entsprechend anerkannt, in der einige Aussagen, wenn man sie wörtlich nahm, den Geozentrismus zu bestätigen schienen. Das Problem, welches sich die Theologen der Zeit stellten, war also die Übereinstimmung des Heliozentrismus mit der Heiligen Schrift.

Die Wissenschaft hat neue Kenntnisse über die Bibel ermöglicht

So zwang die neue Wissenschaft mit ihren Methoden und der Freiheit der Forschung, die sie voraussetzte, die Theologen, sich nach ihren Kriterien für die Deutung der Bibel zu fragen. Dem Großteil gelang dies nicht.

Merkwürdigerweise zeigte sich Galilei als aufrichtig Glaubender in diesem Punkte weitsichtiger als seine theologischen Gegner. Er schreibt an Benedetto Castelli: „Wenn schon die Schrift nicht irren kann, so können doch einige ihrer Erklärer und Deuter in verschiedener Form irren" (Brief vom 21. Dezember 1613, in der *„Edizione nazionale delle Opere di Galileo Galilei"*).

Schon hier können wir eine Schlussfolgerung ziehen. Wenn eine neue Form des Studiums der Naturerscheinungen auftaucht, wird eine Klärung des Ganzen der Disziplinen des Wissens nötig. Sie nötigt sie zur besseren Abgrenzung ihres eigenen Bereiches, ihrer Zugangsweise und ihrer Methoden wie auch der genauen Tragweite ihrer Schlussfolgerungen. Mit anderen Worten, dieses Neue verpflichtet jede Disziplin, sich genauer ihrer eigenen Natur bewusst zu werden.

Die vom kopernikanischen System hervorgerufene Umwälzung machte also eine Reflexion darüber notwendig, wie die biblischen Wissenschaften zu verstehen sind, ein Bemühen, das später überreiche Früchte für die modernen exegetischen Arbeiten bringen sollte, die ferner in der Konzilskonsti-

HINTERGRUND

Der Mathematiker und Philosoph Galilei

Galileo Galilei aus Florenz war der intellektuelle Star Italiens und zu seiner Zeit bereits einer der bedeutendsten Wissenschaftler Europas.

Am 13. Februar 1633 trifft der damals 68-jährige Mathematiker und Philosoph nach einer beschwerlichen Reise in Rom ein, um sich vor der heiligen Inquisition für sein neuestes Werk zu verantworten. Aber Galilei ist voller Hoffnung, dass die kirchliche Macht ihn nicht strafen wird, denn er ist gläubiger Katholik und ein langjähriger Freund von Papst Urban VIII. Der Pontifex war es, der ihn sogar dazu ermutigte, sein Buch „Der Dialog über die beiden hauptsächlichen Weltsysteme" zu veröffentlichen, und außerdem hat er von vier Zensoren der Kirche die Druckerlaubnis erhalten. Was sollte ihm also geschehen? Doch bereits nach sechs Monaten ist Galilei gestürzt. Die Richter der Inquisition verbieten sein Buch, und der anerkannte Wissenschaftler muss sogar auf Knien seiner Lehre abschwören, dass die Erde sich um die Sonne dreht. Und auch sein Freund, Papst Urban VIII., lässt ihn fallen. Der Prozess ist eine historische Demütigung und der Höhepunkt der jahrhundertelangen Unterdrückung von Wissenschaftlern, Medizinern und anders denkenden Intellektuellen.

Erst rund 360 Jahre später bekennt sich der Vatikan offiziell zu seinem Fehler. Am 31. Oktober 1992 spricht Johannes Paul II. vor der Päpstlichen Akademie der Wissenschaften über die Fehler der katholischen Kirche und rehabilitiert Galileo Galilei.

Diese Farblithografie von Albert Chereau zeigt 1633 den Wissenschaftler Galilei in Ketten vor der Inquisition in Rom.

tution *Dei Verbum* eine Bestätigung und neuen Impuls erhalten haben.

Die Krise, die ich eben angedeutet habe, ist nicht der einzige Faktor, der auf die Deutung der Bibel Auswirkungen gehabt hat. Wir berühren hier den zweiten, nämlich pastoralen Aspekt des Problems. (…)

Hier können wir an eine analoge Krise zu der erinnern, von der wir sprechen. Im vergangenen Jahrhundert und zu Beginn des unseren hat der Fortschritt der historischen Wissenschaften neue Kenntnisse über die Bibel und ihr Umfeld möglich gemacht. Der rationalistische Kontext aber, in dem die Ergebnisse meist dargestellt wurden, konnte sie für den christlichen Glauben schädlich erscheinen lassen. So dachten manche, die den Glauben verteidigen wollten, man müsse ernsthaft begründete historische Schlussfolgerungen abweisen. Das war aber eine voreilige und unglückliche Entscheidung. Das Werk eines Pioniers wie P. Lagrange verstand die notwendigen Unterscheidungen auf Grund sicherer Kriterien anzubieten. Hier wäre das zu wiederholen, was ich oben gesagt habe. Es ist eine Pflicht der Theologen, sich regelmäßig über die wissenschaftlichen Ergebnisse zu informieren, um eventuell zu prüfen, ob sie diese in ihrer Reflexion berücksichtigen oder ihre Lehre anders formulieren müssen.

Wenn die heutige Kultur von einer Tendenz der Wissenschaftsgläubigkeit gekennzeichnet ist, war der kulturelle Horizont der Zeit des Galilei einheitlich und von einer besonderen philosophischen Bildung geprägt. Dieser einheitliche Charakter einer Kultur, der an sich auch heute positiv und wünschenswert wäre, war einer der Gründe für die Verurteilung des Galilei. Die Mehrheit der Theologen vermochte nicht formell zwischen der Heiligen Schrift und ihrer Deutung zu unterscheiden, und das ließ sie eine Frage der wissenschaftlichen Forschung unberechtigterweise auf die Ebene der Glaubenslehre übertragen.

Wie Kardinal Poupard dargelegt hat, war Robert Bellarmin, der die wirkliche Tragweite der Auseinandersetzung erkannt hatte, seinerseits der Auffassung, dass man angesichts eventueller wissenschaftlicher Beweise für das Kreisen der Erde um die Sonne

> *„Der heutige Kosmos hat nach der Erkenntnis von Einstein nicht mehr die Bedeutung von damals"*

„bei der Erklärung der Schriftstellen, die gegen (eine Bewegung der Erde) zu sprechen scheinen", sehr vorsichtig sein und „vielmehr sagen müsse, wir möchten das, was bewiesen wird, nicht als falsch hinstellen" *(Brief an R. A. Foscarini, 12. April 1615)*. Vor ihm hatte die gleiche Weisheit schon den heiligen Augustinus schreiben lassen: „Wenn jemand die Autorität der Heiligen Schriften gegen einen klaren und sicheren Beweis ausspielen würde, fehlt ihm das Verständnis, und er stellt der Wahrheit nicht den echten Sinn der Schriften entgegen, er hat diesen vielmehr nicht gründlich genug erfasst und durch sein eigenes Denken ersetzt, also nicht das, was er in den Schriften, sondern das, was er bei sich selber gefunden hat, dargelegt, als ob dies in den Schriften stände." Vor einem Jahrhundert hat Papst Leo XIII. diesen Gedanken in seiner Enzyklika *Providentissimus Deus* aufgegriffen: „Da eine Wahrheit unmöglich einer anderen Wahrheit widersprechen kann, darf man sicher sein, dass ein Irrtum in der Deutung der heiligen Worte oder bei einem anderen Diskussionsgegenstand nur behauptet wurde." (…)

Ausgehend vom Zeitalter der Aufklärung, bis in unsere Tage hat der Fall Galilei eine Art Mythos gebildet, in dem das dargelegte Bild der Ereignisse von der Wirklichkeit weit entfernt war. In dieser Perspektive war dann der Fall Galilei zum Symbol für die angebliche Ablehnung des wissenschaftlichen Fortschritts durch die Kirche oder des dogmatischen „Obskurantentums" gegen die freie Erforschung der Wahrheit geworden. Dieser Mythos hat in der Kultur eine erhebliche Rolle gespielt und dazu beigetragen, zahlreiche Männer der Wissenschaft in gutem Glauben denken zu lassen, der Geist der Wissenschaft und ihre Ethik der Forschung auf der einen Seite sei mit dem christlichen Glauben auf der anderen Seite unvereinbar. Ein tragisches gegenseitiges Unverständnis wurde als Folge eines grundsätzlichen Gegensatzes von Wissen und Glauben hingestellt. Die durch die jüngeren historischen Forschungen erbrachten Klärungen gestatten uns nun die Feststellung, dass dieses schmerzliche Missverständnis inzwischen der Vergangenheit angehört.

Der Fall Galilei kann uns eine bleibend aktuelle Lehre sein für ähnliche Situationen, die sich heute bieten und in Zukunft ergeben können.

Der Kosmos von damals war auf das Sonnensystem beschränkt

Zur Zeit des Galilei war eine Welt ohne physisch absoluten Bezugspunkt unvorstellbar. Und da der damals bekannte Kosmos sozusagen auf das Sonnensystem beschränkt war, konnte man diesen Bezugspunkt nicht entweder auf die Erde oder auf die Sonne verlegen. Heute hat keiner dieser beiden Bezugspunkte nach Einstein und angesichts der heutigen Kenntnis des Kosmos mehr die Bedeutung von damals. Diese Feststellung betrifft natürlich nicht die Stellungnahme des Galilei in der Auseinandersetzung; sie kann uns aber darauf hinweisen, dass es jenseits zweier einseitiger und gegensätzlicher Ansichten eine umfassendere Sicht gibt, die beide Ansichten einschließt und überwindet.

Eine weitere Lehre ist die Tatsache, dass die verschiedenen Wissenschaftszweige unterschiedlicher Methoden bedürfen. Galilei, der praktisch die experimentelle Methode erfunden hat, hat, dank seiner genialen Vorstellungskraft als Physiker und auf ver-

DREWERMANN

Die Kirchen versagen, und die Sekten gedeihen

Bizarrer Wunderglaube und aberwitziger Fundamentalismus vertreiben die Gläubigen aus den Gotteshäusern. Diese These vertritt der Theologe und Philosoph Eugen Drewermann, dem die katholische Kirche 1992 Predigtverbot erteilte. Dieser Text wurde 1996 auf der Internetseite von „Religio" veröffentlicht.

Theologe, Psychoanalytiker und Schriftsteller Eugen Drewermann – der Kirchenkritiker nimmt kein Blatt vor den Mund.

Den Kirchen laufen die Leute weg. Allein in 1991 verließen in Deutschland ca. 230 000 evangelische und mehr als 150 000 katholische Christen ihre Kirchen, ein Jahr danach stieg die Zahl sogar noch um weitere 30 Prozent an, seitdem hält sie sich auf einem hohen Sockel relativ konstant. Selbst fünf Millionen Mark teure Werbeaktionen von fünf katholischen Diözesen oder die kirchliche Finanzierung von pfarrerfreundlichen Fernsehserien konnten diesen Trend nicht umkehren. Es ist eine eitle Selbsttäuschung, wenn prominente Kirchenvertreter erklären, die Leute glaubten eben nur noch ans Geld und wollten die Kirchensteuer sparen oder sie glaubten eben an gar nichts mehr und seien ganz einfach „Neuheiden", so schlimm, wie es nach Meinung von Bischof K. Lehmann (Mainz) seit den Tagen des heiligen Bonifaz in deutschen Landen nicht mehr der Fall war.

Wahr ist, dass heute etwa 80 Prozent der Bevölkerung, egal, ob sie formell noch zur Kirche gehören oder nicht, von der kirchlichen Verkündigung eher abgeschreckt als angelockt werden. Die Kirche als beamtete Institution tut nicht, was Jesus wollte und was die Menschen brauchen – das ist der allgemeine Eindruck; sie verwaltet im Wesentlichen nur noch sich selbst, vor allem ihre beachtlichen Immobilien und Ländereien; sie redet eine unverständlich gewordene Sprache; ihre „Gottesdienste" beeindrucken als feierlich kostümierte Langeweile; und nicht zuletzt: Die Kirche scheint zu einer anonymen Behörde entartet, die sich eher an großen Mitgliederzahlen als an den Nöten und Fragen der Einzelnen interessiert zeigt. Mit ihren fertigen dogmatischen Formeln, ausgefeilt in Jahrhunderten, verfügt sie nicht mehr über die Kraft, Menschen in den entscheidenden Fragen des Lebens Halt und Orientierung zu geben.

So geht derzeit ein Bruch durch die Generationen. Die Eltern können in der Kirchensprache ihren eigenen Kindern nicht mehr sagen, was sie tröstet angesichts von Krankheit, Unrecht und Tod und was ihnen weiterhilft, wenn sie nicht mehr weiterwissen. Der Kirchenbesuch schon der Achtjährigen gerät selbst am Ostermorgen in den noch verbliebenen kirchentreuen Familien zu einer Frage der Macht von Tradition und Elternautorität – nicht mehr des Glaubens; und 18-jährig geworden, werden auch die Noch-Kirchgänger wie selbstverständlich wegbleiben. Wohin aber werden sie gehen?

Insbesondere die katholische Kirche hat seit Papst Gregor VII. im elften Jahrhundert einen uneingeschränkten Monopolanspruch auf die Wahrheit Christi erhoben, die sie in den Händen des römischen Papstes und der Bischöfe unfehlbar zu hüten meint. Jeder, der ihr den Rücken kehrt, begibt sich, so droht sie, objektiv in die Unsicherheit, in den Unglauben, in die Gottesferne. Genau das aber ist der springende Punkt: Die Religion ist keine Angelegenheit eines vermeintlich „objektiven" Wissens – das spüren immer mehr Menschen; sie ist eine Frage der persönlichen Existenz; sie ist keine Lehrform, sondern eine Lebensform. „Selbst Konzilien können irren", meinte schon Martin Luther 1519 in Leipzig. Die „Wahrheit", christlich betrachtet, liegt einzig in der Unmittelbarkeit des Menschen zu Gott. Und gerade das ist es, was die Menschen heute wie verzweifelt suchen. Sie erwarten, dass es nicht länger um die Glorie der Kirche, sondern um sie selber geht.

„Die Religion ist eine Sache des Einzelnen", schrieb R. M. Rilke bereits um 1902 und fügte hinzu: „Das Auftauchen von Sekten in Russland und Schweden ist nichts weiter als das natürliche Streben, die Last eines gemeinsamen und erstarkten Glaubens aufzulösen, auf Einzelne zu verteilen, persönlich zu machen."

Die Gefahr freilich ist dabei groß, die ersehnte Freiheit eines offenen Bruches auf die Dauer nicht zu ertragen und am Ende doch wieder Unterschlupf in einer neuen Zwangssicherung verordneter „Wahrheiten" zu suchen. Der Vorwurf ist gewiss leicht zu erheben, dass manche Sekten noch weit machtbewusster, gewinnsüchtiger, dogmatischer und abergläubischer sich gebärden als die etablierten Großkirchen, aus deren Versatzstücken sie sich mit größter Freizügigkeit bedienen. Und doch demonstrieren die außerkirchlichen Religionsbewegungen allein schon durch ihre Verbreitung, mehr noch aber durch die Inhalte, die sie vertreten, dreierlei zugleich.

Religion muss mehr sein als das Ensemble alter Kinderängste

1. Die Zeit scheint endgültig vorbei, da man „Gott" den Menschen von außen, im Gefühl lehramtlicher Macht und tradiertem Offenbarungswissen, dekretieren konnte. 200 Jahre nach Voltaire, Lessing, Kant und Schleiermacher

spüren die Menschen instinktiv, dass Religion mehr sein muss als das Ensemble alter Kinderängste. Die Großkirchen aber haben die Macht verloren, vor allem im sexuellen Bereich noch nachhaltige Schuldgefühle zu erzeugen, und plötzlich zeigt sich, dass sie recht eigentlich nur zur Lösung derjenigen Probleme und Konflikte nötig waren, die sie selber mit ihren zum Teil wirklichkeitsfremden Moralvorstellungen und absonderlichen dogmatischen Doktrinen geschaffen haben. Die übliche Decke ist aufgesprengt, und so suchen viele Menschen heute nach einer Religionsform, die ihren persönlichen Erwartungen näher steht.

Oft werden dabei die Kirchen der Reformation, die gerade aus dem Abwehrkampf gegen den Imperialismus der römischen Papstkirche hervorgegangen sind, ungerechterweise mit in den Strudel ihrer „Schwesterkirche" hineingerissen, teils weil sie aufgehört haben, sich klar genug zu profilieren, teils weil sie tatsächlich liberaler sind und es daher dem Einzelnen leichter fällt, sich von ihnen zu lösen. Schließlich kann man Schach oder Tennis spielen, ohne einem Schachklub oder Tennisverein beizutreten – und vor allem ein Christ kann man offenbar umso besser sein, als man sich dem absurd anmutenden Konfessionszwang entzieht. „Warum hast du keine Religion?"– „Aus Religion." Das ist die Antwort vieler Menschen heute, und sie ist wohlbegründet. Wer an einen Gott glaubt, der nach der Meinung Jesu die Sonne aufgehen lässt über alle Menschen (*Mt* 5, 45), der wird es nicht länger dulden, dass im Namen der etablierten Religionen und Konfessionen aus dem Schöpfer des Himmels und der Erde eine Lokal- oder Nationalgottheit zur Rechtfertigung eines fanatischen Exklusivitätsdenkens gemacht wird.

So partikular und engstirnig die einzelnen Sekten auch wirken und im Einzelnen auch tatsächlich sein mögen – ein Hauptmotiv ihrer Anziehungskraft liegt allemal in der Verheißung universeller Weite und grenzenloser Integrationsbereitschaft, von Eigenschaften also, die dem Ursprung nach zutiefst in der Vision des Mannes aus Nazareth vom Anbruch des „Reichs Gottes" begründet liegen, die den Großkirchen aber nach den Jahrhunderten ihres endlosen Gezänkes um den rechten Glauben so recht niemand mehr glauben will.

2. Ein ungelöstes Problem der tradierten kirchlichen Theologie liegt insbesondere in der falschen Beziehung von Mensch und Natur. Der biblische Schöpfungsglauben hat den Menschen, scheinbar problemlos, in den Mittelpunkt der Welt gerückt und ihm alle Rechte gegenüber der Natur zugesprochen, die er laut göttlichem Auftrag sich „untertan" machen darf und soll. Im „christlichen" Abendland waren es seit dem Beginn der Neuzeit wesentlich die Naturwissenschaften, die dieses Weltbild Zug um Zug zerstört haben. Im Februar 1600 wurde der Dominikanermönch Giordano Bruno in Rom verbrannt, einfach weil er es wagte, die Entdeckungen des Kopernikus mit einer neuen religiösen Weltsicht zu verknüpfen:

Das Universum war für ihn ein beseeltes, organisches Ganzes und als solches in einer nach Zeit und Raum unendlichen Entwicklung begriffen, ein Kosmos, bestehend aus unendlichen Sonnen und unendlichen Welten, der unendliche Spiegel eines unendlichen Gottes. Die römische Kirche brauchte bis zum Jahre 1992, um auch nur die Bewegungsgleichungen aus Galileis Mechanik als rechtens anzuerkennen. Bis heute hielt sie an ihrem mittelalterlichen Weltbild in allen wesentlichen Punkten unverändert fest. Noch bis in die Mitte des 20. Jahrhunderts hinein bekämpfte sie die Entdeckungen Charles Darwins, und noch immer steht sie mit der Verhaltensforschung und der Psychoanalyse auf Kriegsfuß.

Das Hauptdefizit der kirchengebunden Theologen liegt im Psychischen

Es war nicht die Kulturpolitik der alten DDR, die aus der Evolutionslehre ein Argument des Atheismus machte, es war (und ist) die Uneinsichtigkeit der kirchlich verordneten Starre selbst, die Generation für Generation mit ihrem bizarren Wunderglauben und aberwitzigen Fundamentalismus eine Vielzahl nachdenklicher junger Menschen von sich wegtreibt.(…)

Die gefühllose Grausamkeit der jüdisch-christlichen Religion gegenüber den Tieren entsetzte vor 150 Jahren schon Schopenhauer und war für ihn ein Argument zu Gunsten einer buddhistisch-hinduistischen Spiritualität. Wir haben, erneut gegen den Widerstand des Kirchendogmatismus, von Seiten der Naturwissenschaften lernen müssen, wie eng Mensch und Tier in der Geschichte des Lebens auf diesem Planeten zusammenhängen und dass die Gefühle höherer Säugetiere nicht sehr verschieden sind von unseren eigenen, doch gibt es bis heute weder eine Ethik noch eine Frömmigkeit, die diesen Einsichten Rechnung trüge. Esoterische Mystik, astrologische Weissagung, alle möglichen Kopien „primitiver" Magie, Seelenwanderungslehre und Karmaphilosophie gehören zur Grundausstattung zahlreicher Sekten, so abstrus ihre Praktiken im Einzelfall auch ausfallen mögen – sie erhalten ihre scheinbare Berechtigung durch die beharrliche Weigerung der Großkirchen, eine religiös gültige und moralisch gültige Synthese von Rationalität und Mystik, von Geist und Natur, von Mensch und Tier zu formulieren.

3. Das Hauptdefizit der kirchengebundenen Theologie aber liegt im Bereich des Psychischen. Die Vernachlässigung des Einzelnen und die Isolation des Menschen aus der Natur wirken zusammen in der Gleichgültigkeit der kirchlichen Lehre und Phrasen gegenüber den Fragen von Individuation und Selbstfindung. Immer noch erweckt vor allem die katholische Kirche in den jüngsten Enzykliken des Papstes den Eindruck, als falle die menschliche Seele im Augenblick der Zeugung fertig vom Himmel. Der Vorwurf Feuerbachs in den vierziger Jahren des 19. Jahrhunderts schon, die Kirchendogmen projizierten das Bilderbuch der menschlichen Seele zur Entfremdung des Menschen auf Erden in den Himmel, ist niemals konstruktiv durch psychologische Vertiefung des eigenen Standpunktes durchgearbeitet worden.

Die Sekten sind das Ergebnis des Versagens der Kirchen

Die Folge: Die Kirchenmacht hat sich an die Stelle der menschlichen Selbstwahrnehmung gesetzt; sie dient nicht der Reifung der menschlichen Person, sondern steht selbst unter dem Verdacht, die Quelle zahlreicher psychischer Deformationen zu sein.

Die klassischen Seelsorgeinstrumente der katholischen Kirche: die Beichte und die Krankensalbung, sind zu etwas Äußerlichem, fast Peinlichem verkommen, wohingegen die Sprechzimmer der Psychiater von Patienten überquellen.

Die religiöse und seelische Not der Menschen ist riesig, nur die beamteten Kirchenvertreter hören sie nicht und fürchten sie: Es müsste alles in der Kirche sich ändern, um darauf hilfreich antworten zu können.

So viel ist klar: Die Sekten sind das Ergebnis des Versagens der Kirchen. In der Sprache Jesu: „Die Menschen sind wie versprengte Schafe ohne Hirten."

Worauf es heute ankommt, ist nicht mehr der seit Jahrhunderten vergebliche Versuch, eine Kirche zu ändern, die sich partout nicht ändern will, sondern eine glaubwürdige Form des Glaubens für die Menschen heute und die Menschheit von morgen zu gewinnen.

Die Bedingungen und Erfordernisse einer solchen Religiosität werden von den Sekten immerhin richtig geahnt: Wahr ist eine Religion nur, die erstens zwischen den Kulturen der Menschheit vermittelt, statt zu trennen, die zweitens zwischen Mensch und Natur verbindet, statt zu spalten, und die drittens zwischen Denken und Fühlen, Bewusstsein und Unbewusstem integrierend, statt dissonierend wirkt. Die Sekten heute sind wie die Splitter eines zerbrochenen Kirchenfensters, doch in diesen Scherben spiegelt sich das Licht einer aufgehenden Sonne, das in dem Raum keiner noch so ehrwürdigen Kathedrale mehr sich gefangen nehmen lässt.

HINTERGRUND

Eugen Drewermann

Er hat über 70 Bücher veröffentlicht, die Moraltheologie und Bibelexegese behandeln. Die Amtskirche entzog ihm bereits 1991 die Lehrerlaubnis.

Eugen Drewermann wurde 1940 in Bergkamen geboren. Nach dem Abitur studierte er Philosophie in Münster, Theologie in Paderborn und Psychoanalyse in Göttingen. Mit der Einführung der Bundeswehr und des allgemeinen Wehrdienstes 1956 geriet er in Konflikt mit der Lehre der katholischen Kirche, weil er wegen seiner pazifistischen Überzeugung den Wehrdienst verweigerte. 1966 wurde Drewermann zum Priester geweiht und arbeitete danach im Gemeindedienst und in der Studentenseelsorge. Auf Grund seiner zunehmend kritischen Haltung gegenüber der Amtskirche und weil er seine in vielen Belangen von der Kirchenführung abweichenden Meinungen nicht korrigieren wollte, entzog ihm Erzbischof Johannes Joachim Degenhardt im Oktober 1991 die kirchliche Lehrerlaubnis.

UTA RANKE-HEINEMANN

Auf der Suche nach den Spuren Gottes

Die Tochter des dritten Bundespräsidenten Gustav Heinemann hat als erste Frau weltweit im Fach katholische Theologie promoviert und habilitiert. Die streitbare Professorin Uta Ranke-Heinemann spricht in TV-Talk-Shows gegen die kirchliche Lehre der Jungfrauengeburt. 1987 wird ihr die kirchliche Lehrerlaubnis entzogen. Hier Auszüge aus ihrer „Feldkirchrede" vom 29. Mai 2003.

Meine Suche nach den Spuren Gottes ist noch nicht zu Ende und besteht weitgehend aus Abschiednehmen. Es gibt lange Abschiede. Manche dauern ein Leben lang. Zudem sind sie zunächst ganz leise, und man bemerkt sie am Anfang kaum. (…)

Meine frommen, evangelischen Eltern beteten mit uns jeden Abend, wenn wir in unseren Bettchen lagen:

Müde bin ich, geh zur Ruh,
schließe beide Äuglein zu,
Hab ich Unrecht heut getan,
sieh es, lieber Gott, nicht an.
Deine Gnad und Jesu Blut
macht ja allen Schaden gut.

Aber langsam begriff ich: Blut wäscht keine Flecken ab. Für manche sensible Denkerin klebt zu viel Blut an dieser Eintrittskarte in den Himmel. Wenn die Christen, statt die grausame Hinrichtung Jesu zu zelebrieren und sein Blut zu trinken, sein Leben befolgten, wäre das besser. Aber das christliche Glaubensbekenntnis, das heißt die offizielle Kurzfassung des Christentums, auch Credo genannt, sagt über Jesu Leben nichts: Geboren von der Jungfrau Maria – gekreuzigt unter Pontius Pilatus. Dazwischen eine Lücke. Jesus hätte genau so gut zu Hause sitzen und Kreuzworträtsel lösen können, für das Credo der Christen spielt keine Rolle, was er zu Lebzeiten sagte oder tat.

Jesu Absage an die Vergeltung und das Gebot der Feindesliebe, das hätte die Kurzfassung des Christentums sein müssen. Nicht ein Glaubensbekenntnis, sondern eine Lebensregel. Wenn die Kirchen den Menschen 2000 Jahre nur die zwei Worte: „Keinen Krieg" oder „keine Bomben" ins Herz geschrieben hätten, das wäre der Weg zur Erlösung, zur Herauslösung aus dem Teufelskreis der Vergeltungen gewesen, aber niemals das Blut. Das kann jeder leicht begreifen, der abends das Fernsehen einschaltet und dem dann das Blut über den Wohnzimmerteppich läuft aus allen Himmelsrichtungen der Welt und aus allen Städten und Dörfern, in denen Jesus damals seine Worte redete und in den christlichen Sand schrieb.

Und so bin ich fortgegangen von dem Gott mit den blutigen Händen, dem Erwürger der Erstgeborenen, der von Abraham das Opfer Isaaks verlangte und später seinen einzigen Sohn für uns opferte. Ich wandte mich ab von den Theologen, die meine Wissenslücken mit ihrer Verstandesfeindlichkeit und ihren grausamen Märchen füllten, und glaubte ihnen nicht mehr. Und ihr Buch, die Bibel, war mir nicht mehr Gottes Wort. Es wurde Menschenwort und tröstete mich nicht. (…)

Ich flüchtete mich schließlich zu den Zweiflern, weil mir der Zweifel immer noch am sichersten schien und ich mich unter den Zweiflern noch am wohlsten fühlte. Und unter ihnen fand ich einige, die an einem doch nicht zweifeln konnten: dass alles, was ist, eine Ursache hat, weil von nichts nichts kommt. (…)

Warum soll ich an Gott glauben, wenn ich weiß, dass es Gott gibt? Aus der Triade: Glaube, Hoffnung, Liebe ist der Glaube von mir gegangen. Aber Hoffnung und Liebe sind bei mir geblieben. Und so habe ich also an Stelle des christlichen Glaubensbekenntnisses, von dem mir nur der Anfang und der Schluss verblieb (Gott und ewiges Leben), allenfalls mein siebenfaches negatives Glaubensbekenntnis, das lautet so:

1) Die Bibel ist nicht Gottes-, sondern Menschenwort
2) Dass Gott in drei Personen existiert, ist menschlicher Fantasie entsprungen (wegen dieses Satzes wurde Giordano Bruno verbrannt)
3) Jesus ist Mensch und nicht Gott
4) Maria ist Jesus' Mutter und nicht Gottes Mutter
5) Gott hat Himmel und Erde geschaffen, die Hölle haben die Menschen hinzuerfunden
6) Es gibt weder Erbsünde noch Teufel
7) Eine blutige Erlösung am Kreuz ist eine heidnische Menschenopferreligion nach religiösem Steinzeitmuster.

Und jetzt das Positive: Gott, der Urheber des Universums, hat allen Menschen zwei Dinge einprogrammiert:

Prof. Dr. Uta Ranke-Heinemann, Autorin von „Eunuchen für das Himmelreich"

Erstens die goldene Verhaltensregel, die da lautet: „Menschlichkeit und Wohlwollen". Zweitens hat er allen Menschen die Sehnsucht nach einem glücklichen Leben jenseits des Todes ins Herz geschrieben.

Aber vor dem Positiven, das mir verblieben ist, noch eine Frage an die Christen: Sie sagen mit Recht, dass Gott, der Urheber des Universums, sich in der Schöpfung offenbart, weil man aus dem Geschaffenen auf den Schöpfer schließen kann. So steht es auch in ihrer Bibel, *Römerbrief*, Kapitel 1: „Das, was man von Gott erkennen kann, … wird seit Erschaffung der Welt an den Werken der Schöpfung durch das Denken wahrgenommen." Aber um an Gott glauben zu können, verlangen nun die Christen vom Gott der Schönheit und Ordnung eine zusätzliche Offenbarung, eine, wie sie sie nennen „übernatürliche Offenbarung", dass er nämlich seine Naturgesetze durch Wunder durchbricht, dass durch eine Jungfrau ein Gottmensch empfangen und geboren wird, der über Wasser läuft, Wasser in Wein verwandelt, nach seinem Tod lebendig aus seinem Grab heraussteigt und anschließend mit seinen Jüngern isst und trinkt. Sie verlangen also vom Gott der Ordnung eine gelegentliche Aufhebung der Ordnung und erkennen somit Gott mal an der Ordnung, mal gerade an der Unordnung. Und diese Unordnung ist dann die Grundlage ihres Glaubens und ihrer Frohen Botschaft an die Welt, eine Botschaft, die nie froh war, sondern eine Vergewaltigung des gottgeschaffenen Verstandes und die für einen großen Teil der Menschheit, den vorchristlichen nämlich, sowieso zu spät kommt. Der Gott der Christen schickt seine Botschaft offenbar erst dann ab, wenn die meisten Empfänger verstorben sind. Mein Verstand sträubt sich gegen diese absurde Gedankenlosigkeit, mit der die Christen durch ihre Mirakel Offenbarung und ihre Wundergläubigkeit die wirkliche Offenbarung Gottes, nämlich die für alle Menschen aller Zeiten gültige, verdunkeln und überschreiben und mit der sie viele Menschen daran hindern, Gott zu erkennen, weil die eine Offenbarung Gottes die andere Offenbarung Gottes widerlegt. Als ich ein Kind war, schenkte mir meine Großmutter ein „Wunderknäuel". So nannte man damals ein großes Wollknäuel, aus dem, je fleißiger man strickte, desto mehr kleine Spielsachen herausfielen, ganz naturgesetzgemäß, genau wie aus dem Welten-Knäuel sich ständig neue Dinge entwirren, wenn man das Universum genauer studiert. Das Vorhandensein des Welten-Knäuels jedoch, das heißt das Vorhandensein des Universums, lässt sich durch kein Naturgesetz erklären und an keinem Faden zurückverfolgen. Denn das Naturgesetz, das Gott allem, was existiert, einprogrammiert hat, gemäß dem alles funktioniert und gemäß dem Gott das Universum hält und in Gang hält, kann nicht erklären, wieso das Universum überhaupt da ist, wieso nicht nichts da ist. Unerklärlich, und zwar ein Wunder im eigentlichen Sinn, ist das Wunder der Schöpfung. Dem Einwand, die Welt sei keine Schöpfung Gottes, sondern bestehe in völliger Unabhängigkeit von Ewigkeit her, entgegnet Descartes: „Ich sehe nicht, wieso das Geschaffene nicht von Ewigkeit her von Gott geschaffen sein kann. Denn da Gott von Ewigkeit her seine Macht hat, kann er sie auch von Ewigkeit her ausgeübt haben" (*Gespräch mit Burman*). Für uns, die wir, solange wir leben, immer nur das Universum, aber nie Gott sehen können, ist das Universum ein riesiges Knäuel, das wir immer mehr abwickeln, ohne in diesem kurzen Leben auch nur an das Ende des Fadens, geschweige denn über den Faden hinaus zu gelangen. Gott selbst können wir nicht ergründen. Er entzieht sich unserer Wissenschaft. (…)

Als ich vor einiger Zeit einen Vortrag in einer Bielefelder Buchhandlung hielt und anschließend Bücher signierte, kam zum Schluss der Buchhändler und bat mich, noch ein Exemplar zu signieren, zu dem er mir etwas erklären wolle. Ich sagte, das sei nicht nötig, ich wollte es auch so und auf jeden Fall signieren. Aber dann legte er eine Todesanzeige hin und sagte: Es handelt sich um diese Eltern, die eigentlich heute Abend kommen wollten, aber sie sind gestern in die USA geflogen zur Beerdigung ihres Sohnes, und die Mutter bat mich vorher, dieses Exemplar von Ihnen signieren zu lassen. Ich las die Todesanzeige: Unser einziger Sohn… Professor… Es folgte der Name einer Universität in Amerika. Ich war erschrocken und überlegte, wie kann ich nun in einem Satz alles sagen, sozusagen das End-Gültige, das am Ende noch Gültige? Ich dachte an die Auseinandersetzung über die Auferstehung, die Jesus mit den Sadduzäern, die nicht an die Auferstehung glaubten, hatte: „Und es kamen Sadduzäer zu ihm, die bekanntlich sagen, es gebe keine Auferstehung", und dass Jesus zu ihnen sagte: „Was die Toten betrifft, dass sie auferweckt werden, habt ihr denn nicht gelesen im Buch Moses bei der Geschichte vom Dornbusch, wie Gott zu ihm sagte: ‚Ich bin der Gott Abrahams und der Gott Isaaks und der Gott Jakobs'? Er ist nicht ein Gott der Toten, sondern der Lebendigen. Ihr irrt sehr." Und so schrieb ich also in das Exemplar: „Gott ist nicht ein Gott der Toten, sondern der Lebendigen" (*Mk* 12, 27). Ich weiß nicht, ob dieser Satz, den Jesus zu den Sadduzäern sagte, ein Trost sein konnte für jene Eltern. Aber ich weiß, dass dieser Satz ein Trost war und ist für mich.

Ich habe viel über diesen Satz Jesu nachgedacht. Es scheint, dass der Mensch aus zwei verschiedenen Teilen, die eine ganz verschiedene Laufzeit haben, zusammengefügt ist: Körper und Verstand (Geist, Herz, Seele, wie immer man den geistigen Teil des Menschen nennen will). Beide Teile sind in einem ständigen Wandel begriffen, wobei der eine Teil altert, der andere Teil wächst. Der Körper hat eine ganz beschränkte – Garantie kann man noch nicht einmal sagen – eine ganz beschränkte Laufzeit. Die körperlichen Schäden nehmen unaufhaltsam zu. Mancher Körper altert und wird nicht einmal alt. Schon Embryonen altern, schon Kinder sind vergreist. Denn alle altern, aber nicht alle werden alt. Aber der Geist des Menschen bleibt nicht nur völlig unbeschädigt – außer bei einigen schweren Krankheiten – sondern wird sogar durch Schaden klüger. Durch Schaden wird man klug, wie jeder weiß. Über die wachsende Intelligenz im Alter schreibt ausführlich Cicero in der Schrift *Über das Alter*: „Fände sich diese Eigenschaft des vermehrten Urteilsvermögens nicht bei alten Leuten, so hätten die Römer nicht ihre höchste Ratsversammlung Senat, das heißt Rat der Alten genannt." (Anmerkung: Senat kommt von senex = der Greis). Wenn der Körper am Ende ist, dann ist der Verstand erst am Anfang. Die Seele verlässt den Körper, wenn dieser stirbt. Nicht umgekehrt. Nicht weil die Seele ihn verlässt, stirbt der Körper, sondern weil der Körper stirbt, verlässt die Seele ihn und geht zu dem Gott der Lebendigen, geht zu Gott und den anderen Lebendigen.

James Watson übrigens, der Entdecker der Doppel-Helix, kam neulich in einem „Spiegel"-Interview zu dem gleichen Ergebnis bezüglich der wachsenden Intelligenz im Alter. Und wenn er auf die Frage „Was ist Leben?" von dem „Prinzip der Paarbildung in der Evolution" spricht und von der „Einfachheit" und „Schönheit" dieses Prinzips, so ist es genau das, worüber ich auf meine Art immer nachdenken muss.

Ich möchte deswegen noch etwas anfügen, was nur mich persönlich betrifft. Für mich wäre es leichter gewesen, wenn mein Vater der ungläubige Skeptiker geblieben wäre, der er vor meiner Geburt war, zusammen mit seinen Eltern, meinen geliebten Großeltern. Aber leider wurde er kurz nach meiner Geburt gläubig durch den evangelischen Pfarrer Friedrich Graeber. Unter Skeptikern verstehe ich nicht Leute, die an der Existenz Gottes zweifeln, sondern Zweifler, die an der Verstandesfeindlichkeit der christlichen Kirchen verzweifeln. Bei den christlichen Kirchen führt nämlich jeder Konfessionswechsel immer nur vom Regen in die Traufe. Die Traufe, in die ich – auf der Suche nach der großen Toleranz – durch meine Konversion zum Katholizismus geraten würde, hat mein Vater klar erkannt, den Regen, in dem ich in der evangelischen Kirche stand und stehen gelassen wurde, allerdings nicht. Um mich vor der Intoleranz der Katholiken zu schützen, wurde er selbst intolerant. Er suchte zum Beispiel zu verhindern, dass ich meinen Klassenkameraden Edmund Ranke heiratete, nur weil er katholisch war, was einen langen Schatten auf die Beziehung zu meinem Vater warf. Mein Vater sah, dass das nicht gut gehen konnte, als ich 1953 katholisch wurde, und es ging auch nicht gut. Aber klüger wird man nur durch erfahrenen Schaden, nicht durch angedrohten. Und Schaden nimmt man da wie dort, denn unter beiden Kirchendächern kann jemand, der anfängt zu denken und aufhört zu glauben, durch manchen unliebsamen Regen böse nass geregnet werden.

Mein frommer, strenger Vater Gustav Heinemann, der seinerzeit eine hohe Funktion in der evangelischen Kirche Deutschlands innehatte, die ihm persönlich mehr bedeutet hat als sein späteres Amt des Bundespräsidenten, ist seit 1976 tot. Und wir kommen uns immer näher. Ich verstehe ihn jetzt immer besser – und ich denke, er hat jetzt alles begriffen. (…)

HINTERGRUND

Wer ist Uta Ranke-Heinemann?

Sie ist eine Frau, die jedes heiße Eisen anpackt und sogar im Mai 1999 für das Amt des Bundespräsidenten kandidierte.

„Ein Esel stellt sich Gott als Esel vor, der Papst stellt sich Gott als Mann vor", schrieb die 1927 in Essen geborene Uta Ranke-Heinemann, Tochter von Gustav Heinemann, der von 1969 bis 1974 Bundespräsident war. Nach ihrem Studium in Oxford, Bonn, Basel und Montpellier tritt sie 1953 zum katholischen Glauben über und promoviert ein Jahr später als erste Frau weltweit in katholischer Theologie. 1954 heiratet sie einen Klassenkameraden, den Religionslehrer Edmund Ranke, und arbeitet als Dozentin am Erzbischöflichen Katechetinnenseminar in Bonn. Die streitbare Theologin übt in TV-Sendungen Kritik am kostenintensiven „Frömmigkeitsspektakel" um den Besuch des Papstes 1980 in Deutschland. 1987 spricht sie in einer Live-Talk-Show des WDR gegen die kirchliche Lehre der Jungfrauengeburt. Im Juni desselben Jahres wird ihr die Lehrbefugnis entzogen. Ein Jahr später veröffentlicht sie ihren Bestseller „Eunuchen für das Himmelreich" (1989 „Sachbuch des Jahres" in Deutschland). Auch ihr 1992 veröffentlichtes Buch „Nein und Amen. Anleitung zum Glaubenszweifel" wird ein internationaler Bestseller.

MARGOT KÄSSMANN

Die katholische Kirche und ökumenische Perspektiven

Landesbischöfin Dr. Margot Käßmann hielt das nachfolgende Referat am 12. Juli 2000 bei der Thomas-Morus-Gesellschaft in Hannover.

Ich möchte ihnen einen Witz erzählen, von dem Katholiken mir versichert haben, er sei nicht provozierend: Der Papst geht mit einem Kardinal das erste Mal in seinem Leben in die Sauna. Beim letzten Saunagang sagt er: „Das ist ja tatsächlich eine prima Sache, das können wir morgen wieder machen." Der Kardinal antwortet: „Tut mir Leid, Heiliger Vater, aber das geht nicht. Morgen ist gemischte Sauna." Der Papst : „Ach, das macht nichts, ich gehe auch mit Protestanten."

Die Frage nach der einen, heiligen, christlichen, apostolischen und katholischen Kirche, sie ist also durchaus in unserem Alltag akut.

Kirchenverständnis

Da wir von der Kirche sprechen, müssen wir drei große Traditionsstränge unterscheiden. Als die drei großen Konfessionsfamilien möchte ich die Orthodoxie, den römischen Katholizismus und die Kirchen, die aus der Reformation hervorgegangen sind, benennen. Kommen wir zunächst zur Orthodoxie.

Die orthodoxe Kirche versteht sich selbst als die eine, heilige, katholische und apostolische Kirche. Allerdings ist sie inzwischen selbst getrennt in viele nationale orthodoxe Kirchen, die durchaus untereinander deutliche Unterschiede kennen. Dies gilt vor allem mit Blick auf die beiden großen Blöcke: die östlich orthodoxen Kirchen und die orientalisch orthodoxen Kirchen. Seit Jahrzehnten wird versucht, ein heiliges großes Konzil der orthodoxen Kirchen zusammenzurufen, bei dem die Gemeinschaft bestärkt und die Einheit der orthodoxen Kirche in der Welt demonstriert wird. Die Koinonia beziehungsweise Gemeinschaft der Kirchen bedeutet „im Kontext der orthodoxen Ekklesiologie weder Union durch Verschmelzung noch Zusammenführung divergierender Teile, noch eine demokratisch, das heißt durch Mehrheitsbeschlüsse zu Stande gekommene Einheit, sondern ein Zusammenfallen pluriformer beziehungsweise unterschiedlicher, gleichberechtigter, selbstständiger Gemeinschaften in Christus durch seine Vergegenwärtigung in der gemeinsamen Eucharistie". Dies ist allerdings ein Idealbild. In der Realität ist gerade die orthodoxe Kirche weit entfernt von einer Gemeinschaft mit den reformatorischen Kirchen. Eine größere Nähe besteht zur römisch-katholischen Kirche. Allerdings erkennt die Orthodoxie das Papstamt nicht an. Eucharistische Gemeinschaft zwischen orthodoxen und römischen Katholiken ist allerdings möglich.

Setzt auf ökumenischen Dialog: Landesbischöfin Dr. Margot Käßmann

Der römische Katholizismus sieht sich ebenfalls selbst als die eine, heilige, christliche und apostolische Kirche. Er sieht im Prinzip eine Identifikation der Kirche Christi mit der römisch-katholischen Kirche, wenn dies auch im Zweiten Vatikanischen Konzil vorsichtig weiterentwickelt wurde. In *Lumen Gentium* heißt es: Diese Kirche, „die in der Welt als Gesellschaft verfasst und geordnet ist, ist verwirklicht in der katholischen Kirche". Die Selbstbezeichnung als katholisch ist in der Auseinandersetzung mit der Reformation entstanden. Im Trienter Konzil heißt es im Glaubensbekenntnis vom 13. November 1564: „Ich anerkenne die heilige, katholische und apostolische römische Kirche als Mutter und Lehrerin aller Kirchen. Ich verspreche und schwöre Gehorsam dem Papst, dem Nachfolger des heiligen Petrus, des Apostelfürsten, und dem Stellvertreter Jesu Christi."

In der Definition der Kirche heißt es: Die Kirche ist die Vereinigung der Menschen, die durch das Band des Bekenntnisses desselben Glaubens die Teilnahme an denselben Sakramenten unter der Leitung des rechtmäßigen Hirten und besonders des einen Statthalters Christi auf Erden, des römischen Papstes, verbunden sind. Glieder der Kirche im eigentlichen Sinne sind nach dieser Definition nur die Katholiken. Andere können höchstens kirchliche Gemeinschaften sein oder, wie es später heißt, Kirchen beziehungsweise kirchliche Gemeinschaften ohne weitere Definition.

Luthers Kirchenverständnis ist durchaus in der Auseinandersetzung mit der so genannten Papstkirche entstanden. Er sieht in der Kirche das Volk Gottes, das sich im Heiligen Geist versammelt. Die Heiligkeit, das Sein gewinnt dieses Volk aus dem Wort Gottes. (...)

Was sind also die ökumenischen Probleme? Gibt es eine Hierarchie der vorfindlichen Kirchen? Deutlich ist: In der Lehre von der Kirche, der Ekklesiologie, sind alle theologischen Themen präsent. Die Frage nach Wesen und Auftrag, nach Struktur und Ordnung der Kirche können unterscheidend und trennend wirken. Wenn es um die Lehre der Kirche geht, kann es weder einen Minimalkonsens geben, weil dieser alle entscheidenden Inhalte ausblenden würde. Außerdem können die Kirchenverständnisse nicht einfach nebeneinander gestellt werden, weil dann jede dogmatische Überlegung ausgeblendet wäre. Wir brauchen also eine Erörterung der Lehre von der Kirche, die sich ihrer konfessionellen Herkunft bewusst ist und von ihr aus die Fragen und Gegenpositionen anderer Ekklesiologien zu Gehör bringt. Es gibt keine konfessionsneutrale Lehre von der Kirche. Die Frage ist, ob wir einander als Kirchen wahrnehmen und anerkennen können.

Katholizität

„Was", fragte mich eine Frau, „Sie sprechen über die katholische Kirche? Kennen Sie sich bei der Konkurrenz denn aus?" Katholische Kirche ist für uns heute römisch-katholische Kirche. Und darin besteht schon das Problem. Katholisch, das bedeutet im Griechischen „das Ganze, alle betreffend, allgemein". Es heißt also, die allgemeine, die ganze Kirche Jesu Christi betreffend. So nennen wir beispielsweise die neutestamentlichen Briefe, die nicht an bestimmte Empfänger gerichtet sind – etwa die Briefe von Jakobus, Petrus und Johannes, katholisch. Das Oberhaupt der armenisch-orthodoxen Kirche ist der Katholikos, der für die ganze Kirche zuständig ist. (...)

Die ökumenische Bewegung

In der ökumenischen Bewegung wurden von Anfang an zwei Wege zur Einheit der Kirche verfolgt. Der eine Weg ist der Weg von „Glauben und Kirchenverfassung". Auf dem Weg der Lehre sollte die Einheit der Kirche entstehen. Gäbe es denn Übereinstimmung in Fragen von Abendmahl, Taufe und Amt, dann wäre auch die Einheit der Kirche erreicht. Diese Position erkennen wir wieder im Bereich der Eucharistiegemeinschaft. Erst die Einheit der Kirche ermöglicht die gemeinsame Eucharistie. Das Lima-Dokument von 1982 ist hierfür vielleicht der beste Ausdruck. Dort wurde versucht, eine Konvergenz zu erreichen, das heißt, nicht von den Differenzen auszugehen, sondern von dem, was wir gemeinsam sagen können. Hier schien die Einheit der Kirche fast zum Greifen nahe, bis jede Kirche wieder sagen musste: Aber hier haben wir etwas Eigenes, was in der Konvergenz nicht aufgehoben ist. Lassen Sie mich einige Beispiele geben:

So heißt es beispielsweise bei der Taufe: „Die Taufe ist eine unwiederholbare Handlung. Jegliche Praxis, die als ‚Wiedertaufe' ausgelegt werden könnte, muss vermieden werden." Dieses ist von großer Bedeutung einmal im Streit zwischen Kindertaufe und Erwachsenentaufe. Zum anderen könnte die gegenseitige Anerkennung der Taufe ein zentraler Schritt zum ökumenischen Verständnis der Kirche sein. Wenn wir in die eine heilige Kirche taufen, verstehen sich die Getauften als Teile der einen Kirche Jesu Christi in der ganzen Weit.

Die Diskussion um das Abendmahl beziehungsweise Eucharistie führt die unterschiedlichen Verständnisse aufeinander zu. Sie bemüht sich um Formulierungen, die die unterschiedlichen Erklärungsversuche der Konfessionen für das Geheimnis der Gegenwart Christi in der Eucharistie verstehen. Formuliert werden kann: „Das Teilhaben am einen Brot und gemeinsamen Kelch an einem bestimmten Ort macht deutlich und bewirkt das Einssein der hier Teilhabenden mit Christus und mit den anderen mit ihnen Teilhabenden zu allen Zeiten und zu allen Orten."

Schließlich zum Amt. Auch hier kann gemeinsam formuliert werden: „Um ihre Sendung zu erfüllen, braucht die Kirche Personen, die öffentlich und ständig dafür verantwortlich sind, auf ihre fundamentale Abhängigkeit von Jesus Christus hinzuweisen, und die dadurch innerhalb der vielfältigen Gaben einen Bezugspunkt ihrer Einheit darstellen."

Die Lima-Dokumente galten als großer Durchbruch. Es war möglich, bei der Vollversammlung des Ökumenischen Rates 1983 in Anwesenheit aller Konfessionen eine Lima-Liturgie zu feiern. Große Hoffnungen entstanden, hier wäre nun die gegenseitige Anerkennung von Taufe und Amt und damit die gegenseitige Einladung zum Abendmahl greifbar.

Aber schon die Diskussion, die in den Kirchen, die viele Bände der Rezeption füllt, zeigte, wie labil die gewonnene Konvergenz war. Für die Evangelisierung beispielsweise war die völlige Konzentration auf das dreigliedrige ordinierte Amt problematisch. Wie steht es da mit dem Priestertum aller Gläubigen? Die römisch-katholische Seite sah ihr Verständnis des Papstes nicht eingebunden. Orthodoxe kritisierten, dass die Bedeutung des Amtes für die Existenz der Kirche nicht deutlich herausgestellt war. Von Frauen wurde kritisiert, dass bei der Frage nach der Zulassung von Frauen zum ordinierten Amt der Text nicht auf die anstehenden exegetischen und pastoralen Fragen eingeht, sondern lediglich erklärt, diese Frage werfe Hindernisse auf. Leider ist die Diskussion über die Lima-Dokumente nicht hinausgegangen, ja, die Lima-Dokumente scheinen vielerorts eher in den Hintergrund gedrängt zu werden.

Dennoch stellen sie einen Fortschritt dar. Wie William Lazareth schreibt: „Diejenigen, die wissen, wie weit die Kirchen sich in Lehre und Praxis der Taufe, der Eucharistie und des Amtes voneinander unterschieden haben, werden die Bedeutung der hier festgehaltenen weitgehenden Übereinstimmung zu schätzen wissen. Fast alle konfessionellen Traditionen sind in der Kommission vertreten. Dass Theologen aus so unterschiedlichen Traditionen in der Lage sind, so einmütig über Taufe, Eucharistie und Amt zu sprechen, ist in der modernen ökumenischen Bewegung ohne Beispiel."

Auch im sozialethischen Bereich wurde gegen Ende unseres Jahrhunderts versucht, den erreichten Stand gemeinsam zu formulieren. Mit der Vollversammlung ÖRK in Vancouver entstand der konziliare Prozess für Gerechtigkeit, Frieden und die Bewahrung der Schöpfung, der auch bei uns viele Initiativen in Gang gesetzt hat. Auf der Weltkonferenz für Gerechtigkeit, Frieden und Bewahrung der Schöpfung in Seoul 1990 konnten zehn Grundüberzeugungen formuliert werden, die Kirchen in aller Welt teilen. Diese Grundüberzeugungen lauten wie folgt:

Wir bekräftigen, dass alle Ausübung von Macht vor Gott verantwortet werden muss.

Wir bekräftigen, dass Gott auf der Seite der Armen steht.

Wir bekräftigen, dass alle Rassen und Völker gleichwertig sind.

Wir bekräftigen, dass Mann und Frau nach dem Bilde Gottes geschaffen sind.

Wir bekräftigen, dass Wahrheit zur Grundlage einer Gemeinschaft freier Menschen gehört.

Wir bekräftigen den Frieden Jesu Christi.

Wir bekräftigen, dass Gott die Schöpfung liebt.

Wir bekräftigen, dass die Erde Gott gehört.

Wir bekräftigen die Würde und das Engagement der jüngeren Generation.

Wir bekräftigen, dass die Menschenrechte von Gott gegeben sind.

Diese Grundüberzeugungen wurden jeweils erläutert und auf eine verpflichtende Konsequenz hin ausgelegt. So heißt es beispielsweise zur Grundüberzeugung „Wir bekräftigen den Frieden Jesu Christi." „Wir werden alle Möglichkeiten ausschöpfen, um Gerechtigkeit und Frieden zu schaffen und Konflikte durch aktive Gewaltfreiheit zu lösen. … Wir verpflichten uns, unsere persönlichen Beziehungen gewaltfrei zu gestalten. Wir werden darauf hinarbeiten, auf den Krieg als legales Mittel zur Lösung von Konflikten zu verzichten.

Seoul hatte vieles erreicht. Aber auch hier konnte der erreichte Stand nicht fortgeführt werden. Schon der Golfkrieg 1991 brachte die Aufforderung zu aktiver Gewaltfreiheit ins Wanken. Der Krieg in Bosnien 1992 und erst recht der Krieg im Kosovo stellten die Frage, ob die Lehre vom gerechten Krieg nicht doch Anwendung finden müsste. Die Frage tauchte auf, ob Krieg für die Durchsetzung von Menschenrechten nicht doch theologisch zu legitimieren sei.

Die Erkenntnis, dass über den Stand von Lima und Seoul keine Weiterentwicklung, sondern eher eine Rückentwicklung stattgefunden hat, hat unter anderem zu einer Krise der ökumenischen Bewegung geführt. Viele haben den Eindruck, es lohne den Einsatz nicht, wir werden doch nicht weiterkommen. Meines Erachtens muss aber der erreichte Stand im Blick auf das Ganze der Kirchengeschichte gesehen werden.

Da ändert sich das Bild, und wir können einen enormen Fortschritt feststellen. Wir befinden uns auf einem ökumenischen Weg und sollten alle Kraft daransetzen, diesen Weg konsequent fortzuführen. Rückschläge gibt es, gewiss, aber keinen Grund zu Resignation. Dabei sollten wir nicht vergessen, was schon einmal erreicht war, die ökumenische Bewegung befindet sich nicht in der Stunde null.

Perspektiven

Persönlich setze ich darauf, dass es einen Wandel durch Annäherung geben wird. Im Bereich der Bundesrepublik Deutschland ist dies schon deutlich zu spüren. Der lutherische Theologieprofessor Härle hat vorgeschlagen, Ursprung und Wesen der Kirche in knappster Form zu definieren: „Kirche ist die durch das Wort Gottes begründete Gemeinschaft der Gläubigen." Vielleicht ist das eine Möglichkeit, dies zu definieren.

HINTERGRUND

Wer ist Bischöfin Dr. Margot Käßmann?

Sie ist Bischöfin der mit 3,2 Millionen Mitgliedern größten deutschen Landeskirche in Hannover.

Bischöfin Margot Käßmann gilt für viele Kirchenoberen als unbequemer Geist mit dem Ruf, ihre Position richte sich gegen die Kirche. Die 1958 in Marburg an der Lahn geborene Theologin sagt selbst darüber, dass dieses ein Missverständnis ist, sie begleite die Kirche lediglich kritisch.

Seit 1981 ist sie mit dem Pfarrer Eckhard Käßmann verheiratet, das Paar hat vier Töchter. Nach ihrem Studium (1977 bis 1983) in Tübingen, Edinburgh, Göttingen und Marburg wird sie Mitglied im Zentralausschuss des Ökumenischen Rates der Kirchen und arbeitet zwischen 1983 und 1985 als Vikarin in Wolfhagen. Vier Jahre später promoviert sie an der Ruhr-Universität in Bochum zum Thema: „Armut und Reichtum als Anfrage an die Einheit der Kirche."

Seit dem 4. September 1999 ist sie Landesbischöfin der Evangelisch-lutherischen Landeskirche Hannovers. Über den Ökumenischen Kirchentag 2003 in Berlin sagt die ehemalige Generalsekretärin des Deutschen Evangelischen Kirchentages (1994–99): „Er ist eine Tankstelle für die Seele und eine große Ermutigung für die tägliche Gemeindearbeit."

DIE VATIKANISCHEN SAMMLUNGEN

Kommen, lernen, staunen: Täglich besuchen Tausende Touristen die Vatikanischen Museen und pilgern durch die mit Fresken verzierten Räume.

Gemälde, Fresken und Skulpturen – die Galerie Gottes

Der Vatikan hat eine der größten Kunstsammlungen der Welt, von unschätzbarem Wert. Täglich kommen bis zu 20000 Menschen und bestaunen all die Exponate. Einer der vielen Künstler, die für die Päpste arbeiten durften, war der große Michelangelo.

Sie strömen herein in Scharen, den Kopf in den Nacken gelegt, staunend, murmelnd, schwatzend. Touristenführer rufen im Gedrängel ihre Gruppen in mehreren Sprachen zusammen, immer wieder von Aufsehern und Schildern ermahnt, doch bitte leise zu sein. Doch ein Ort der Stille ist die Sixtinische Kapelle selten. Seit dem Tag, als Michelangelo im Jahr 1512 seine Deckengemälde zum ersten Mal zeigte und „ganz Rom hereindrängte, um sie zu sehen", wie ein Zeitgenosse berichtet, haben Heerscharen lärmender Besucher die Kapelle überflutet. Hier haben sich in der Renaissance Künstler gestritten, hier lagerten Truppen, hier

Mit großer Sorgfalt behandeln die Mitarbeiter des Vatikanarchivs die Bücher.

feierte die „capella papalis" (Päpstliche Kapelle), eine Körperschaft, die aus dem Papst und rund 200 hochrangigen Klerikern besteht, ihre Messen, hier wählen im Konklave die Kardinäle den Papst. Die Sixtinische Kapelle, die Palastkapelle des Papstes, gehört zu den meistbesuchten Sehenswürdigkeiten Roms. An einem einzigen Tag strömen bis zu 20000 Menschen durch diesen hohen Raum, der das Herz der Vatikanischen Sammlungen ist.

Der Vatikan beherbergt eine der weltweit größten Sammlungen von Kunstschätzen, sieben Kilometer ist der Weg an den Exponaten entlang. Ein Museum war nicht geplant. Die Bestände sind gewachsen aus den Ambitionen und Vorlieben der Päpste, die als Auftraggeber, Förderer und Sammler auftraten und die besten Künstler aus ganz Italien anlockten. Und sie ist gewachsen aus dem Bedürfnis, die Inhalte des Glaubens darzustellen. Im ganzen Vatikan sind die Gemälde,

Fresken, Skulpturen, Bücher, kunstgewerblichen Gegenstände und Dokumente, aus denen die Sammlungen bestehen, untergebracht: in Kapellen, Galerien, Korridoren, in 14 Museen, Geheimarchiven und der Bibliothek.

Papst Nikolaus V., ein Humanist des 15. Jahrhunderts, gilt als eigentlicher Gründer der Vatikanischen Bibliothek. Er liebte Handschriften und sammelte sie zu Hunderten. Als Nikolaus 1455 stirbt, werden in einer Inventur rund 1200 Exemplare gezählt – 800 in lateinischer und 400 in griechischer Sprache. Sixtus IV. gründet 1475 offiziell eine Bibliothek, stellt Räume für Handschriften und Rollen bereit und ernennt einen Bibliothekar. Zu dieser Zeit ist der Vatikan das geistige Zentrum der Welt. Und auch heute noch besitzt die Vatikanische Bibliothek eine der größten Sammlungen an Handschriften aus dem Mittelalter und der Renaissance sowie an Inkunabeln, vor 1501 gedruckten Büchern. Sie beherbergt Bibel-Codices, illustrierte Evangeliare, kostbare Pergamente und uralte Papyri und Schriftrollen, Ansichten aus dem 15. Jahrhundert von inzwischen verschwundenen römischen Ruinen, frühe Landkarten und handschriftliche Notenblätter. Im Salone Sistino sind in Vitrinen und Wandschränken besonders kostbare und eindrucksvolle Zeugnisse aus dem Schrifttum der Menschheit ausgestellt.

Was befindet sich hinter den Türen des Geheimarchivs des Vatikans?

Papst Paul V. gründet 1612 das Geheimarchiv des Vatikans. Hier werden vor allem päpstliche Dokumente und Akten aufbewahrt. Hier ist aber auch der Brief zu finden, den Königin Maria von Schottland 1587 schrieb: „Heute habe ich Nachricht bekommen …, dass ich mich auf den Tod vorbereiten muss." Und in einem Liebesbrief von 1527 an Anne Boleyn verkündet Heinrich VIII.: „Von nun an soll mein Herz Dir allein geweiht sein." Das Wort Geheimarchiv bedeutet eher Privatarchiv, da es auch die persönlichen Akten der Päpste enthält.

Und auch der Name des Gregorianischen Museums für Profane Kunst, das von Gregor XVI. 1844 begründet wurde, weist schlicht darauf hin, dass es hier nicht um geistliche, sondern um nicht-religiöse Kunst aus der Antike geht, die meist auf dem Gebiet des Kirchenstaats gefunden wurde: Grabmäler, Sarkophage, Reliefs und Statuen, römische Kopien klassischer griechi-

Das 1994 fertig restaurierte Altargemälde in der Sixtinischen Kapelle: „Das Jüngste Gericht" von Michelangelo

scher Werke und römische Skulpturen aus der Kaiserzeit. Die Vatikanischen Museen beherbergen die größte Antiken-Sammlung der Welt. Andere Kunstsammlungen im Vatikan reichen von der ägyptischen und der etruskischen über die missionarisch-völkerkundliche Sammlung bis zu moderner religiöser Kunst mit Werken von Chagall, Matisse, Nolde, Picasso, Dalí, Rouault, Kandinsky, Barlach, Manzù und Rodin.

Das Wachsen der Bestände klassischer Kunst beginnt 1503 mit Papst Julius II., der, getreu den Idealen der Renaissance von der Wiedergeburt der Antike, alte Kunstwerke zusammenträgt. Er bringt eine marmorne Apollo-Statue aus seinem eigenen Palast mit und stellt sie im Belvedere-Hof auf. Julius, der ein raues Soldatenleben geführt hat, gefällt dieser rächende Gott, „der von ferne schlägt". Und die Jahrhunderte haben den Geschmack des kunstsinnigen Papstes bestätigt. Johann Joachim Winckelmann, Kunsthistoriker und Archäologe des 18. Jahrhunderts, schreibt kanonisch: „Die Statue des Apollo ist das höchste Ideal der Kunst unter allen Werken der Antike, welche der Zerstörung entgangen sind."

Eine Statue für den Mann, der vor dem Trojanischen Pferd warnte

Drei Jahre nachdem Julius den Apollo von Belvedere in den Vatikan gebracht hat, wird eine weitere bemerkenswerte Statue auf dem römischen Hügel Esquilin gefunden: Sie zeigt Laokoon, den Apollo-Priester, der die Trojaner vor dem hölzernen Pferd gewarnt hatte. Er und seine beiden Söhne werden von der Göttin Athene bestraft, die im Trojanischen Krieg auf Seiten der Griechen stand; ohne Hoffnung, ohne Aussicht auf Rettung kämpfen sie gegen zwei monströse Schlangen. Papst Julius kann diesem Werk nicht widerstehen, er kauft die Laokoon-Gruppe, wahrscheinlich eine Originalschöpfung der Zeit um 30 vor Christus, für den Vatikan. Noch einmal der schwärmerische Winckelmann: „Der Schmerz des Körpers und die Größe der Seele sind durch den ganzen Bau der Figur mit gleicher Stärke ausgeteilet, und gleichsam abgewogen. Laokoon leidet, sein Elend geht uns bis an die Seele; aber wir wünschten, wie dieser große Mann, das Elend ertragen zu können."

Julius II. kann seine Künstler ebenso auswählen wie Statuen. Er sieht eine Skulptur des jungen Florentiners

Das Fresko „Die Berufung der ersten Apostel" von Domenico Ghirlandaio zeigt Jesus mit Petrus und Andreas.

Michelangelo, die Pietà, in der das Leid und die Trauer Marias um ihren toten Sohn zur harmonischen Stille erhoben sind. Und gibt dem genialen und gottesfürchtigen Künstler Arbeit. Er beschäftigt ihn noch, als ihm das Geld ausgeht. „Ich habe seit 13 Monaten kein Geld vom Papst erhalten. Ich bin völlig mittellos", schreibt Michelangelo an seinen Vater.

Vier Jahre lang malte Michelangelo an seinem Werk für den Papst

Auch einen anderen genialen Künstler holt Julius in seine Dienste, der bald zum erbitterten Konkurrenten von Michelangelo werden soll: Raffael Sanzio, gerade 25 Jahre alt. Bramante, der Baumeister Sankt Peters, hat Julius empfohlen, die päpstlichen Privatgemächer von diesem jungen Künstler aus Urbino ausmalen zu lassen. Und nach einer kurzen Probe erhält Raffael den Auftrag und schafft in den „Stanzen" sein Meisterwerk: licht, heiter, anmutig, elegant und voll tiefer Menschlichkeit. Er übersetzt darin das gesamte Welt-, Menschen- und Gottesbild der Hochrenaissance in Malerei. Die Fresken der Stanza della Segnatura, des Päpstlichen Gerichtshofs, gelten als bedeutendstes Werk Raffaels. Hier erscheint die Renaissance als Mikrokosmos in den vier Bereichen von Glauben und Theologie, Wissenschaft und Philosophie, den verschie-

Florentinischer Edelmann im Gefolge von Christus (Detail aus dem Bild oben)

Auch diese Marmorskulptur des Laokoon mit seinen Söhnen und den Schlangen der Athene steht in den Vatikan-Museen.

denen Künsten sowie dem weltlichen und kirchlichen Recht. 1514, nach Bramantes Tod, wird Raffael zum päpstlichen Architekten ernannt. Doch seine Zeit ist kurz: 1520 erkrankt Raffael an einem Fieber und stirbt an seinem 37. Geburtstag. Michelangelo wird den Rivalen um 44 Jahre überleben.

Als der Papst Michelangelo beauftragt, die Decke der Sixtinischen Kapelle auszumalen, lebt Raffael noch, steht am Anfang seiner Laufbahn im Dienste des Vatikans. Michelangelo ist zunächst empört über das Anliegen des Papstes. „Das ist nicht mein Handwerk." Er ist stolz, Bildhauer zu sein. Doch der Papst bleibt unbeugsam. Es wird eine mühselige Arbeit werden, vier Jahre eingeschlossen in dem hohen, langen Raum, einsam auf dem selbst konstruierten Gerüst stehend, hockend, liegend, mit erhobenem Arm die 800 Quadratmeter Fläche über seinem Kopf bemalend – während der Rivale nicht weit entfernt an den Stanzen arbeitet. „Mein Bart zeigt zum Himmel … und mein Pinsel tropft ständig auf mein Gesicht und macht es zu einem bunten Mosaik. Meine Lenden sind durch den Bauch gedrungen, mein Rumpf ist ein Gegengewicht", schreibt Michelangelo. Er muss einen erschreckenden Anblick bieten. Michelangelo ist kein schöner Mann, und obendrein ungepflegt. Er schläft in den verschmierten Arbeitskleidern und zieht so selten seine Stiefel aus, dass, so berichtet ein Freund, „die Haut wie Schlangenhaut abging" – wenn er es einmal tat.

Michelangelo leistet Übermenschliches, gelockt, bedroht, angetrieben von Julius II. Umfangreiche Restaurierungsarbeiten, die an den Seitenwänden in den 1960er Jahren begannen, mit der Decke fortgesetzt und mit der Altarwand 1994 abgeschlossen wurden, haben die Sixtinische Kapelle vom Kerzenruß von fast fünf Jahrhunderten befreit und einen revolutionär anderen Michelangelo freigelegt. Die Kraft seiner Farben kommt nun wieder zur vollen Geltung. Das Hauptthema des riesigen Deckengemäldes ist der Schöpfungsbericht der Bibel im ersten Buch Moses, der Genesis: Gott scheidet Licht und Finsternis; er erschafft Sonne, Mond und Erde; er teilt die Wasser und erschafft die Vögel; die Erschaffung Adams; die Erschaffung der Eva aus der Rippe Adams; Sündenfall und Vertreibung aus dem Paradies; Opfer des Noah; Sintflut und schließlich Trunkenheit des Noah. Alle Personen sind von bewegter, die Decke fast sprengender Körperlichkeit. Das Göttliche scheint mit seiner Kraft auf den Menschen überzugehen. So ist dieses Werk auch eine Verherrlichung des Menschen.

Entsetzen im Vatikan: Michelangelo malt Nackte auf die Altarwand

Was hätte Michelangelo der Erschaffung der Welt und des Menschen Passenderes spannungsvoll gegenüberstellen können als ihr Ende! Im Jahr 1534, mehr als 20 Jahre nachdem er mit der Arbeit am Deckenfresko begonnen hat, wird er von Klemens VII. kurz vor dessen Tod beauftragt, die Altarwand der Sixtinischen Kapelle auszumalen. Der neue Papst, Paul III., macht daraus einen Befehl, gewährt Michelangelo aber enorme künstlerische Freiheit. Und ein beachtliches Jahresgehalt auf Lebenszeit. 1541 wird die mächtige Altarwand nach siebenjähriger Arbeit enthüllt. Und sofort zum Skandal. Denn Michelangelos gewaltige Komposition ist ein Tabubruch. Giorgio Vasari, ein Zeitgenosse Michelangelos, selbst Künstler und Kunstbeschreiber, berichtet: „Messer Biagio von Cesena, Zeremoniemeister und ein sehr kleinlicher Mann, war mit Seiner Heiligkeit in der Kapelle, und auf die Frage, was er von dem Werk halte, entgegnete er, es sei wieder alle Schicklichkeit, an einem heiligen Ort so viele nackte Gestalten zu malen, die aufs Unanständigste ihre Blößen zeigten; es sei kein Werk für die Kapelle des Papstes, sondern für eine Bade- oder Wirtshausstube."

Gleicht der richtende Christus mit seinem bartlosen Gesicht, seiner Jugendlichkeit und seiner übermenschlichen Kraft nicht eher einem antiken Helden, dem „Apoll von Belvedere" im Skulpturenhof des Vatikans? Und auch die Engel! Ohne Flügel, muskelbepackt und die Scham nicht verhüllend, ziehen sie die Geretteten, die sich aus ihren Gräbern erhoben haben, scheinbar schwerelos hinauf zu den Scharen der Heiligen.

Sie stoßen die Verdammten in die Finsternis der Hölle, wo sie von gehörnten Folterknechten erwartet werden, die ihnen den Weg ins ewige Feuer weisen. Und von den Figuren aus Dantes „Inferno", dem Fährmann Charon und Minos, den eine Schlange ins Geschlecht beißt – fast auf Augenhöhe des Betrachters. Sein eigenes Antlitz zeigt Michelangelo auf der Haut des geschundenen Bartholomäus. Zu einem Geschundenen habe ihn die Last des Schöpfungszwangs gemacht.

Unter der Decke sehen die Besucher ein Drama auf Leben und Tod

Michelangelos Fresko ist eine gewaltige Vision voll düsterer Wucht, ein Drama auf Leben und Tod. „Man erkennt in dem Gemälde den Jammer der Verdammten und die Freude der Seligen", schreibt Vasari. Vor allem ist das Werk ein pessimistisches Abbild dieser Zeit, die mit dem Weltuntergang rechnet, einer Epoche, in der die Menschen glauben, am Rande von Raum und Zeit zu leben, dass Verdammnis oder Erlösung unmittelbar bevorstehen. Es ist eine Anklage gegen die verderbte Menschheit, ihre Sündhaftigkeit. Und eine Demonstration der überwältigenden Macht Christi am Ende der Zeiten.

Nach Michelangelos Tod wird das Fresko entschärft, ohne dass diese Eingriffe dem Werk allerdings die gewaltige Dramatik, den heiligen Schauder nehmen könnten. Die Nacktheit der Figuren wird übermalt, Tücher und Kleider verhüllen die Geschlechtsteile und Hinterteile von 41 Figuren. „Höschenmaler" nennt man die Künstler, denen diese Aufgabe zufällt. Als das Gemälde von 1990 bis 1994 restauriert wird, bleibt die Zensur unangetastet – sie sei Teil der Geschichte, heißt es.

Fantastisches Gesamtkunstwerk: ein Blick auf den Altarraum des Petersdoms in Rom

DER PETERSDOM

Carlo Marattas „Die Taufe Jesu" in der Taufkapelle

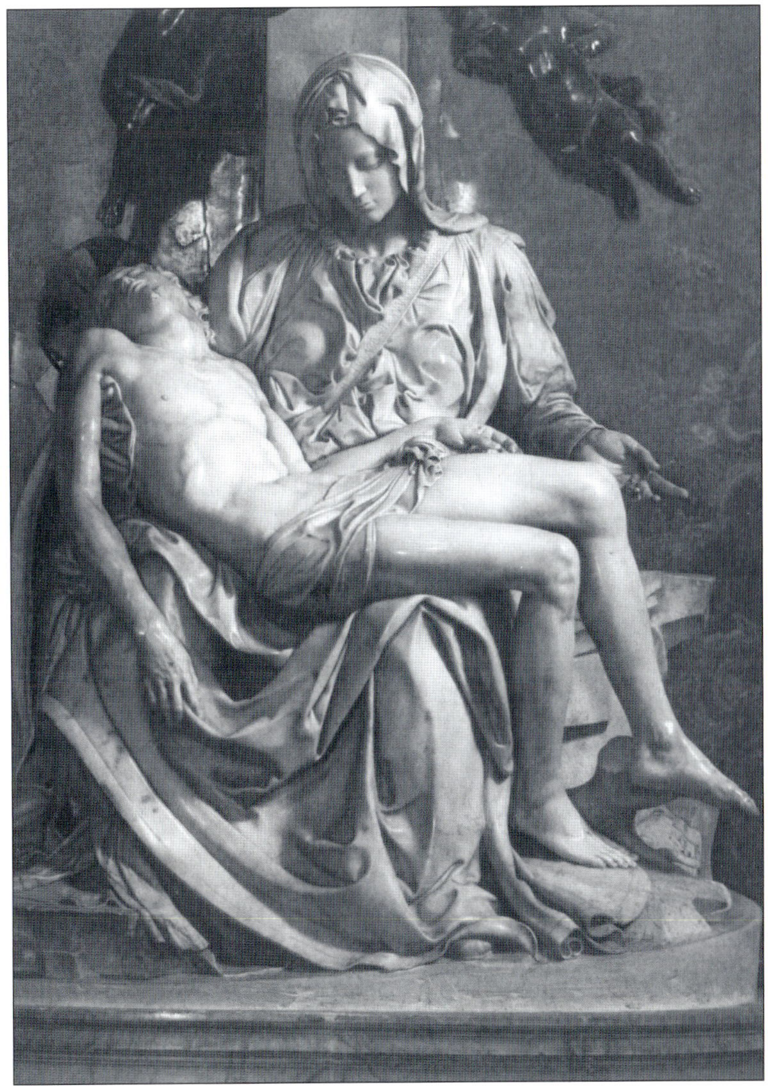

Fast zwei Meter hoch ist die „Pietà" von Michelangelo.

Das Zentrum der katholischen Kirche ist ein überragendes Kunstwerk

Für viele ist es das schönste Gotteshaus auf Erden, für die anderen eines der größten Gesamtkunstwerke der Welt und Zeichen kirchlicher Macht. Der Bau des Petersdoms in Rom wurde mit Ablass-Spenden finanziert und zog sich über drei Jahrhunderte hin.

Sie ist die größte Kirche der Christenheit, die gewaltigste sichtbare Kristallisation des christlichen Glaubens, Zentrum der katholischen Kirche, ein übermächtiges Kunstwerk von Menschenhand, ein Stein gewordenes Monument kirchlicher Macht. So gut wie alle großen Künstler der Zeit waren beteiligt am Neubau von Sankt Peter: Bramante, Raffael, Michelangelo, Maderna, Bernini. Und jeder von ihnen hat versucht, die gewaltige Kirche nach eigenen Vorstellungen zu gestalten.

Immer waren die Päpste mit diesem Gotteshaus, das so weit außerhalb der eigentlichen Stadt errichtet wurde, verbunden, auch wenn sie als Bischöfe von Rom Jahrhunderte lang im Lateran residierten und erst im 15. Jahrhundert neben der Kirche den heutigen Vatikanischen Palast erbauen ließen. Der Überlieferung nach erlitt der Apostel Petrus im Jahr 64 oder 67 in den kaiserlichen Gärten beim Vatikanischen Hügel das Martyrium als Opfer der grausamen Christenverfolgung Neros. Ihm zum Gedenken sollte zu Beginn des vierten Jahrhunderts eine stattliche Kirche über der Grabstätte des Apostels errichtet werden. Alt-Sankt-Peter wurde als fünfschiffige Basilika mit Querhaus und Apsis gestaltet. Die Kirche wurde oft umgebaut und hatte im 15. Jahrhundert Ihre einstige Größe und Pracht verloren. Papst Nikolaus V. rief im Jahr 1452 die Christenheit zum Bau eines neuen Gotteshauses auf. Doch erst Julius II. (Papst 1503–1513) und sein Architekt Bramante, beide im vorgerückten Alter, trieben die Arbeiten ab 1506 mit fieberhafter Hast voran. Die erdrückenden Kosten wurden mit Ablassbullen finanziert. Sie gewährten jenen vollständigen Sündenerlass, die für den Neubau spendeten.

In die drei Jahrhunderte dauernde Baugeschichte griffen bis zu Pius VI. (Papst 1775–1799) fast alle Päpste ein. Und jeder schien eine andere Kirche im Sinn gehabt zu haben. Stets wurden die bedeutendsten Architekten und Künstler berufen. Michelangelo ist die unvergleichliche Kuppel zu verdanken, mit gut 42 Metern Durchmesser die gewaltigste ihrer Zeit, der krönende Abschluss des Apostelgrabs über dem Zentrum des Kirchenraums. Carlo Maderna, der wichtigste Architekt des Frühbarock, verlängerte schließlich den Zentralbau zur Stadt hin und schloss die Fassade 1614 ab. Gianlorenzo Bernini fiel die Gestaltung des Petersplatzes zu, die er von 1656 bis 1667 meisterhaft ausführte. Er bildet die feierlichste Bühne der katholischen Kirche. Seine Kolonnaden umspannen das Oval des Platzes wie steinerne Arme der Mutter Kirche. Aus einer Kirche der Märtyrer ist eine Kirche des Triumphes geworden.

CHRONOLOGIE

Von Petrus bis Johannes Paul II.

Die Päpste sind von Jesus Christus als seine apostolischen Nachfolger auserwählt worden. Als „ersten Papst" in der Geschichte des 2000-jährigen Papsttums hat er Petrus zu seinem Nachfolger ernannt.

„Du bist Petrus, und auf diesen Felsen will ich meine Kirche bauen, und die Pforten der Hölle sollen sie nicht überwältigen", sagt Jesus zu seinem Erzapostel Petrus. Diese Prophezeiung, die im Neuen Testament im Matthäus-Evangelium steht, wird von der katholischen Kirche als Gründungsurkunde des päpstlichen Amtes verstanden. Papst Johannes Paul II. ist inzwischen der 266. Bischof von Rom, er ist der geistliche Führer einer Weltreligion mit einer Milliarde Gläubigen. Aber der Papst ist nicht nur der Stellvertreter Jesu Christi auf Erden, er ist auch Oberhaupt des Staates der Vatikanstadt. Das Papsttum hat es wie keine andere Institution der Weltgeschichte geschafft, Kaiser und Könige, Imperien und Dynastien zu überleben. Das Christentum ist im spätantiken Imperium Romanum blutig verfolgt worden, aber ihm ist schließlich doch der Sieg über die heidnischen Kaiser und Statthalter Roms gelungen.

Bischöfe sind an Stelle der Apostel die neuen Hirten der Kirche

In seiner 2000-jährigen Geschichte hat es das Papsttum auch immer wieder geschafft, dass Kirchenkritiker und Kritik verstummten. Man ist ihnen entgegengekommen und hat versucht, sie im katholischen Kosmos zu integrieren. Selbst Papst Innozenz III. (Pontifikat von 1198 bis 1216), der den päpstlichen Weltherrschaftsanspruch in den Mittelpunkt seiner Amtszeit stellte, schaffte es, den Orden des heiligen Franziskus und seiner Bettelmönche in die katholische Kirche einzugliedern. Die Bischöfe werden als vom Heiligen Geist eingesetzt verstanden und treten an die Stelle der Apostel als Hirten ihrer Kirchen. Gemeinsam mit dem Papst und unter seiner Autorität sind die Bischöfe gesandt, das Werk Christi, des ewigen Hirten, auf dem Weg durch die Zeit fortzusetzen. Christus hat seine apostolischen Nachfolger mit der Vollmacht ausgestattet, alle Völker zu lehren, die Menschen in der Wahrheit zu heiligen und sie geistlich zu leiten.

Dieses Renaissance-Bild zeigt den „segnenden Petrus", den ersten Papst der Geschichte.

Nicht immer war Rom der Sitz des Papstes. 70 Jahre lang residierten die Päpste im französischen Avignon. Oft wurden auch so genannte Gegenpäpste eingesetzt. (Diese Gegenpäpste sind mit u gekennzeichnet und kursiv gesetzt.)

1	**Petrus**	33–67
2	**Linus**	67–76
3	**Anaclet I.**	76–88
4	**Klemens I.**	88–97
5	**Evaristus**	97–105
6	**Alexander I.**	106–116
7	**Sixtus I.**	116–125
8	**Telesphorus**	125–136
9	**Hyginus**	136–140
10	**Pius I.**	140–155
11	**Anicet**	155–166
12	**Soter**	166–175
13	**Eleutherus**	175–189
14	**Viktor I.**	189–199
15	**Zephyrin**	199–217
16	**Calixtus I.**	217–222
	u *Hippolyt*	217–233
17	**Urban I.**	222–230
18	**Pontian**	230–235
19	**Anterus**	235–236
20	**Fabian**	236–250
21	**Kornelius**	251–253
	u *Novatian*	251–258
22	**Lucius I.**	253–254
23	**Stephan I.**	254–257
24	**Sixtus II.**	257–258
25	**Dionysius**	259–268
26	**Felix I.**	269–274
27	**Eutychianus**	275–283
28	**Gaius**	283–296
29	**Marcellinus**	296–304
30	**Marcellus I.**	308–309
31	**Eusebius**	309
32	**Miltiades**	311–314
33	**Silvester I.**	314–335
34	**Markus**	336
35	**Julius I.**	337–352
36	**Liberius**	352–366
	u *Felix II.*	355–365
37	**Damasus I.**	366–384
	u *Ursinus*	366–367
38	**Siricius**	384–399
39	**Anastasius I.**	399–401
40	**Innozenz I.**	401–417
41	**Zosimus**	417–418
42	**Bonifatius I.**	418–422
	u *Eulalius*	418–419
43	**Coelestin I.**	422–432
44	**Sixtus III.**	432–440
45	**Leo I.**	440–461
46	**Hilarius**	461–468
47	**Simplicius**	468–483

Gregor I., der Große, wurde 590 gegen seinen Willen zum Papst ernannt. Er reformierte die Verwaltung.

Sechs Jahre dauerte das Pontifikat von Papst Stephan V. Er wollte 887 Italien von den Heiden befreien.

Der erste deutsche Papst war Gregor V. Er krönt König Otto III. im Jahr 996 zum Kaiser.

Papst Gregor VII. zerstritt sich mit dem deutschen König Heinrich IV. und exkommunizierte ihn 1076.

48	**Felix III.**	483–492
49	**Gelasius I.**	492–496
50	**Anastasius II.**	496–498
51	**Symmachus**	498–514
	u *Laurentius*	498–506
52	**Hormisdas**	514–523
53	**Johannes I.**	523–526
54	**Felix IV.**	526–530
55	**Bonifatius II.**	530–532
	u *Dioskur*	530
56	**Johannes II.**	533–535
57	**Agapet I.**	535–536
58	**Silverius**	536–537
59	**Vigilius**	537–555
60	**Pelagius I.**	556–561
61	**Johannes III.**	561–574
62	**Benedikt I.**	575–579
63	**Pelagius II.**	579–590
64	**Gregor I.**	590–604
65	**Sabinian**	604–606

66	**Bonifatius III.**	607
67	**Bonifatius IV.**	608–615
68	**Adeodatus I.**	615–618
69	**Bonifatius V.**	619–625
70	**Honorius I.**	625–638
71	**Severin**	640
72	**Johannes IV.**	640–642
73	**Theodor I.**	642–649
74	**Martin I.**	649–653
75	**Eugen I.**	654–657
76	**Vitalian**	657–672
77	**Adeodatus II.**	672–676
78	**Donus**	676–678
79	**Agatho**	678–681
80	**Leo II.**	682–683
81	**Benedikt II.**	684–685
82	**Johannes V.**	685–686
83	**Konon**	686–687
84	**Sergius I.**	687–701
	u *Theodor*	687
	u *Paschalis*	687
85	**Johannes VI.**	701–705
86	**Johannes VII.**	705–707
87	**Sisinnius**	708
88	**Konstantin I.**	708–715
89	**Gregor II.**	715–731
90	**Gregor III.**	731–741
91	**Zacharias**	741–752
92	**Stephan II.**	752–757
93	**Paul I.**	757–767
	u *Konstantin II.*	767–768
94	**Stephan III.**	768–772
	u *Philipp*	768
95	**Hadrian I.**	772–795
96	**Leo III.**	795–816
97	**Stephan IV.**	816–817
98	**Paschalis I.**	817–824
99	**Eugen II.**	824–827
100	**Valentin**	827
101	**Gregor IV.**	827–844
102	**Sergius II.**	844–847
	u *Johannes*	844
103	**Leo IV.**	847–855
104	**Benedikt III.**	855–858
	u *Anastasius*	855
105	**Nikolaus I.**	858–867
106	**Hadrian II.**	867–872
107	**Johannes VIII.**	872–882
108	**Marinus I.**	882–884
109	**Hadrian III.**	884–885
110	**Stephan V.**	885–891
111	**Formosus**	891–896
112	**Bonifatius VI.**	896
113	**Stephan VI.**	896–897
114	**Romanus**	897
115	**Theodor II.**	897
116	**Johannes IX.**	898–900
117	**Benedikt IV.**	900–903
118	**Leo V.**	903
	u *Christophorus*	903–904
119	**Sergius III.**	904–911
120	**Anastasius III.**	911–913
121	**Lando**	913–914
122	**Johannes X.**	914–928
123	**Leo VI.**	928
124	**Stephan VII.**	928–931
125	**Johannes XI.**	931–935
126	**Leo VII.**	936–939
127	**Stephan VIII.**	939–942
128	**Marinus II.**	942–946
129	**Agapet II.**	946–955
130	**Johannes XII.**	955–963
131	**Leo VIII.**	963–965
132	**Benedikt V.**	964
133	**Johannes XIII.**	965–972
134	**Benedikt VI.**	973–974
	u *Bonifatius VII.*	974
135	**Benedikt VII.**	974–983
136	**Johannes XIV.**	983–984
137	**Johannes XV.**	985–996

138	**Gregor V.**	996–999
	▸ *Johannes XVI.*	997–998
139	**Silvester II.**	999–1003
140	**Johannes XVII.**	1003
141	**Johannes XVIII.**	1003–1009
142	**Sergius IV.**	1009–1012
143	**Benedikt VIII.**	1012–1024
	▸ *Gregor VI.*	1012
144	**Johannes XIX.**	1024–1032
145	**Benedikt IX.**	1032–1044
146	**Silvester III.**	1045
147	**Benedikt IX.**	1045
148	**Gregor VI.**	1045–1046
149	**Klemens II.**	1046–1047
150	**Benedikt IX.**	1047–1048
151	**Damasus II.**	1048
152	**Leo IX.**	1049–1054
153	**Viktor II.**	1055–1057
154	**Stephan IX.**	1057–1058
155	▸ *Benedikt X.*	1058–1059
156	**Nikolaus II.**	1058–1061
157	**Alexander II.**	1061–1073
	▸ *Honorius II.*	1061–1064
158	**Gregor VII.**	1073–1085
	▸ *Klemens III.*	1080–1100
159	**Viktor III.**	1086–1087
160	**Urban II.**	1088–1099
161	**Paschalis II.**	1099–1118
	▸ *Theoderich*	1100–1101
	▸ *Albert*	1101
	▸ *Silvester IV.*	1105–1111
162	**Gelasius II.**	1118–1119
	▸ *Gregor VIII.*	1118–1121
163	**Calixtus II.**	1119–1124
164	**Honorius II.**	1124–1130
	▸ *Coelestin II.*	1124
165	**Innozenz II.**	1130–1143
	▸ *Anaclet II.*	1130–1138
	▸ *Viktor IV.*	1138
166	**Coelestin II.**	1143–1144
167	**Lucius II.**	1144–1145
168	**Eugen III.**	1145–1153
169	**Anastasius IV.**	1153–1154
170	**Hadrian IV.**	1154–1159
171	**Alexander III.**	1159–1181
	▸ *Viktor IV.*	1159–1164
	▸ *Paschalis III.*	1164–1168
	▸ *Calixtus III.*	1168–1178
	▸ *Innozenz III.*	1179–1180
172	**Lucius III.**	1181–1185
173	**Urban III.**	1185–1187
174	**Gregor VIII.**	1187
175	**Klemens III.**	1187–1191
176	**Coelestin III.**	1191–1198
177	**Innozenz III.**	1198–1216
178	**Honorius III.**	1216–1227
179	**Gregor IX.**	1227–1241
180	**Coelestin IV.**	1241
181	**Innozenz IV.**	1243–1254
182	**Alexander IV.**	1254–1261
183	**Urban IV.**	1261–1264

Innozenz III. wollte 1202 Unabhängigkeit für Rom.

Leo X. finanzierte 1517 durch Ablass den Bau St. Peters.

Papst Alexander VI. wurde 1492 Förderer von Kunst und Wissenschaft.

Papst Paul III. hat bereits 1540 den Jesuiten-Orden anerkannt.

Innozenz X. verlor 1648 durch den Westfälischen Frieden seine Macht.

184	**Klemens IV.**	1265–1268
185	**Gregor X.**	1271–1276
186	**Innozenz V.**	1276
187	**Hadrian V.**	1276
188	**Johannes XXI.**	1276–1277
189	**Nikolaus III.**	1277–1280
190	**Martin IV.**	1281–1285
191	**Honorius IV.**	1285–1287
192	**Nikolaus IV.**	1288–1292
193	**Coelestin V.**	1294
194	**Bonifatius VIII.**	1294–1303
195	**Benedikt XI.**	1303–1304
196	**Klemens V.**	1305–1314
197	**Johannes XXII.**	1316–1334
	▸ *Nikolaus V.*	1328–1330
198	**Benedikt XII.**	1334–1342
199	**Klemens VI.**	1342–1352
200	**Innozenz VI.**	1352–1362

201	**Urban V.**	1362–1370
202	**Gregor XI.**	1370–1378
203	**Urban VI.**	1378–1389
	▸ *Klemens VII.*	1378–1394
204	**Bonifatius IX.**	1389–1404
	▸ *Benedikt XIII.*	1394–1417
205	**Innozenz VII.**	1404–1406
206	**Gregor XII.**	1406–1415
	▸ *Alexander V.*	1409–1410
	▸ *Johannes XXIII.*	1410–1415
207	**Martin V.**	1417–1431
	▸ *Klemens VIII.*	1423–1429
	▸ *Benedikt XIV.*	1425
208	**Eugen IV.**	1431–1447
209	▸ *Felix V.*	1439–1449
210	**Nikolaus V.**	1447–1455
211	**Calixtus III.**	1455–1458
212	**Pius II.**	1458–1464

213	**Paul II.**	1464–1471
214	**Sixtus IV.**	1471–1484
215	**Innozenz VIII.**	1484–1492
216	**Alexander VI.**	1492–1503
217	**Pius III.**	1503
218	**Julius II.**	1503–1513
219	**Leo X.**	1513–1521
220	**Hadrian VI.**	1522–1523
221	**Klemens VII.**	1523–1534
222	**Paul III.**	1534–1549
223	**Julius III.**	1550–1555
224	**Marcellus II.**	1555
225	**Paul IV.**	1555–1559
226	**Pius IV.**	1559–1565
227	**Pius V.**	1566–1572
228	**Gregor XIII.**	1572–1585
229	**Sixtus V.**	1585–1590
230	**Urban VII.**	1590

Innozenz XI. vermittelte 1683 zwischen Polen und Österreich.

Der Benediktiner Pius VII. schloss 1801 ein Konkordat mit Frankreich.

Pius IX. verkündete 1870 in Rom die Unfehlbarkeit des Papstes.

Pius XII. schwieg während der NS-Zeit zum Massenmord an Juden.

Angelo Giuseppe Roncalli ging als Papst Johannes XXIII. als „Erneuerer" in die Geschichte der Kirche ein.

Paul VI. besuchte 1964 als erster Papst nach Petrus das Heilige Land.

Papst Johannes Paul I. starb 1978 nur 33 Tage nach Amtsantritt.

231	**Gregor XIV.**	1590–1591	249	**Benedikt XIV.**	1740–1758
232	**Innozenz IX.**	1591	250	**Klemens XIII.**	1758–1769
233	**Klemens VIII.**	1592–1605	251	**Klemens XIV.**	1769–1774
234	**Leo XI.**	1605	252	**Pius VI.**	1775–1799
235	**Paul V.**	1605–1621	253	**Pius VII.**	1800–1823
236	**Gregor XV.**	1621–1623	254	**Leo XII.**	1823–1829
237	**Urban VIII.**	1623–1644	255	**Pius VIII.**	1829–1830
238	**Innozenz X.**	1644–1655	256	**Gregor XVI.**	1831–1846
239	**Alexander VII.**	1655–1667	257	**Pius IX.**	1846–1878
240	**Klemens IX.**	1667–1669	258	**Leo XIII.**	1878–1903
241	**Klemens X.**	1670–1676	259	**Pius X.**	1903–1914
242	**Innozenz XI.**	1676–1689	260	**Benedikt XV.**	1914–1922
243	**Alexander VIII.**	1689–1691	261	**Pius XI.**	1922–1939
244	**Innozenz XII.**	1691–1700	262	**Pius XII.**	1939–1958
245	**Klemens XI.**	1700–1721	263	**Johannes XXIII.**	1958–1963
246	**Innozenz XIII.**	1721–1724	264	**Paul VI.**	1963–1978
247	**Benedikt XIII.**	1724–1730	265	**Johannes Paul I.**	1978
248	**Klemens XII.**	1730–1740	266	**Johannes Paul II.**	1978–

HINTERGRUND

Das Konstanzer Konzil im Jahre 1414

Chaos statt Frieden. Die Kirche ist gespalten. Drei Päpste konkurrieren um den Heiligen Stuhl. Erst das Konzil stellt die Einheit her.

Zu Beginn des 15. Jahrhunderts haben die Oberhäupter die Kirche gespalten. Sie führen Kriege und töten Menschen. Die Päpste leben in Luxus und Laster, während das Chaos regiert. Frieden ist nicht in Sicht. Für die Menschen im Mittelalter gibt es gleich drei Päpste als Statthalter Gottes. Einer sitzt in Rom, einer in Avignon, und einer irrt durch Italien. Bis zum Herbst im Jahre 1414 scheitern alle Versuche, dieses Chaos zu ordnen. Unter dem Schutz des deutschen Königs Sigismund wird in Konstanz am Bodensee ein Konzil einberufen, um auf der größten Konferenz des Mittelalters die Einheit der Kirche wiederherzustellen. Dreieinhalb Jahre dauert die Versammlung. Am Ende entledigt man sich der drei Päpste und wählt im November 1417 einen neuen Pontifex. Martin V., ein Kardinal aus einer römischen Adelsfamilie, wird der Heilige Vater in Rom.

GESELLSCHAFT & POLITIK

1978

Der baden-württembergische **Ministerpräsident Hans Filbinger** (CDU) erklärt am 7. August seinen Rücktritt. Er zieht die Konsequenz aus den Vorwürfen wegen seiner Tätigkeit als Marinerichter während der nationalsozialistischen Herrschaft.

In Rom wird der am 16. März von den terroristischen „Roten Brigaden" entführte Vorsitzende der Democrazia Cristiana, **Aldo Moro**, ermordet aufgefunden.

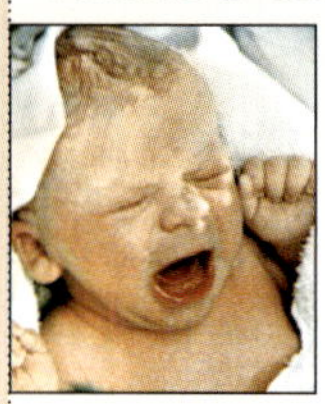

In einem Krankenhaus in Oldham nahe London wird Luisa Brown, das erste außerhalb des Mutterleibes gezeugte Kind, geboren. Die Geburt des ersten **„Retortenbabys"** löst weltweit eine Debatte über künstliche Befruchtung aus.

1979

Der Schiitenführer **Ajatollah Ruhollah Khomeini** kehrt nach 15 Jahren Exil in den Iran zurück.

Erstmals finden in der Europäischen Gemeinschaft Direktwahlen zum **Europäischen Parlament** statt.

Im Kraftwerk **Three Mile Island** bei Harrisburg/USA ereignet sich der bisher schwerste Störfall in der Geschichte der Kernenergie.

Das Deutsche Fernsehen strahlt die US-Fernsehserie **„Holocaust"** über die Verfolgung und den Mord an den Juden in der NS-Zeit aus. Sie löst bundesweit Betroffenheit und eine neue Debatte über den Umgang mit der NS-Vergangenheit aus.

1980

Der Versuch der Vereinigten Staaten, die in **Teheran als Geiseln festgehaltenen US-Bürger** zu befreien, schlägt fehl. Dies fügt dem Ansehen der USA und ihres Präsidenten Jimmy Carter schweren Schaden zu.

In **Polen** unterzeichnen Vertreter der Regierung und der Streikkomitees eine Vereinbarung, die die Bildung **unabhängiger Gewerkschaften** ermöglicht.

In den USA bricht der **Vulkan Mount St. Helens** aus. Es ist die bisher verheerendste natürliche Explosion im Land.

Die beiden Töchter und ein Neffe des TV-Redakteurs **Dieter Kronzucker** werden in Italien entführt und nach einer Lösegeldzahlung von über vier Millionen Mark anschließend freigelassen.

1981

In Bonn findet mit etwa 300 000 Teilnehmern die bislang größte **Demonstration für Frieden und Abrüstung** in der Geschichte der Bundesrepublik Deutschland statt.

Der US-amerikanische Präsident **Ronald Reagan** wird in Washington bei einem Attentat durch einen Schuss in den linken Lungenflügel schwer verletzt.

Der britische Thronfolger **Prinz Charles** und die 20-jährige Lady Diana Spencer heiraten in der Londoner St.-Pauls-Kathedrale.

Die amerikanische **Raumfähre „Columbia"** startet als erster wiederverwendbarer Space-Shuttle zu ihrem Jungfernflug.

1978

Wahl des polnischen Kardinals Prof. Dr. theol. Karol Wojtyla zum ersten nicht-italienischen Papst seit 1523

1979

Erste von neun Reisen des Papstes in das damals noch kommunistische Polen

1980

Erster Deutschland-Besuch des Papstes – Würdigung des Reformators Martin Luther

1981

Der Papst wird in Rom von dem türkischen Extremisten Mehmet Ali Agca durch mehrere Schüsse schwer verletzt.

KULTUR

Der amerikanische Schriftsteller **Bashevis Singer** erhält den Literaturnobelpreis.

Das beliebte Musical **Grease** wird in Hollywood mit John Travolta und Olivia Newton-John verfilmt. Die Love-Story mit wippenden Petticoats und turbulenten Tanzszenen wird die erfolgreichste Musicalverfilmung.

In der Bundesrepublik läuft der Film **„Die Blechtrommel"** von Volker Schlöndorff nach dem Roman von Günter Grass an und wird 1980 mit einem Oscar für den „besten ausländischen Film" ausgezeichnet.

John Lennon wird in New York auf offener Straße erschossen. Mit Lennon stirbt der führende Kopf der Beatles. Die Nachricht löst weltweit Trauer aus.

Picassos Antikriegsbild **Guernica** wird zum ersten Mal seit seiner Entstehung auf spanischem Boden ausgestellt.

Die **Tutanchamun-Ausstellung** wird in der Bundesrepublik von 3,6 Millionen Menschen besucht, in den USA und Kanada waren es zuvor zehn Millionen Besucher gewesen.

SPORT

Die Bergsteiger Messner und Habeler bezwingen als erste Menschen den **Mount Everest** ohne Sauerstoffmaske.

Martina Navratilova feiert ihren ersten Einzeltitel im Tennisturnier von Wimbledon.

Der Südafrikaner **Jody Scheckter** siegt in einem Ferrari 312 T4 beim Grand Prix von Monaco und gewinnt die Formel-Eins-Weltmeisterschaft.

Der sowjetische Staats- und Parteichef Leonid Breschnew eröffnet in Moskau die **Olympischen Spiele**. Nur 81 Länder nehmen teil, da zahlreiche Staaten die Spiele aus Protest gegen den sowjetischen Einmarsch in Afghanistan boykottieren.

Der US-Amerikaner **John McEnroe** gewinnt das Tennisturnier in Wimbledon und beendet damit die fünfjährige Siegesserie des Schweden **Björn Borg**.

1982

In einem konstruktiven Misstrauensvotum gegen Bundeskanzler **Helmut Schmidt** (SPD) wählt der Bundestag den CDU-Vorsitzenden **Helmut Kohl** zum neuen Regierungschef.

Argentinien besetzt die zu Großbritannien gehörenden **Falkland-Inseln.**

Der Hessische Staatsgerichtshof lehnt ein Volksbegehren gegen den Bau der **Startbahn-West** des Frankfurter Flughafens ab. Daraufhin kommt es am 30./31. Januar in Frankfurt zu weiteren Demonstrationen mit Ausschreitungen zwischen der Polizei und den Startbahn-Gegnern.

1984

Die indische Ministerpräsidentin **Indira Gandhi** wird in Delhi von Soldaten ihrer Leibwache erschossen.

Weltweites Aufsehen erregt ein von **US-Präsident Ronald Reagan** gemachter Scherz während einer Mikrofonprobe: „Die Bombardierung Russlands beginnt in fünf Minuten."

Zum ersten Mal in der Geschichte schwebt ein Mensch **frei im Weltraum.** 270 Kilometer über Amerika unternimmt Astronaut Bruce McCandless den „Weltraumspaziergang".

1986

In der Westberliner **Diskothek „La Belle"** sterben nach einem terroristischen Bombenanschlag zwei Menschen, über 230 werden verletzt.

Der schwedische Ministerpräsident **Olof Palme** wird in der Stockholmer Innenstadt auf dem Rückweg von einem Kinobesuch erschossen.

In dem ukrainischen Atomkraftwerk **Tschernobyl** kommt es zum größten Unfall in der Geschichte der Nutzung von Kernenergie.

Die amerikanische **Raumfähre „Challenger"** explodiert 73 Sekunden nach dem Start in Cape Canaveral (Florida). Alle sieben Astronauten kommen ums Leben.

1988

Nach neun Jahren kommt ein Vertrag zu Stande, der den Abzug der sowjetischen Truppen aus **Afghanistan** regelt. Ein Ende des blutigen Bürgerkriegs ist damit aber 1988 noch nicht in Sicht.

Mit **Benazir Bhutto** wird erstmals eine Frau an die Spitze der Regierung eines islamischen Staates gewählt.

In den USA wird erstmals ein **gentechnisch manipuliertes Lebewesen**, eine Maus, patentiert.

Nach einer Bombenexplosion an Bord stürzt eine Boeing 747 der US-Gesellschaft Pan Am auf die schottische Ortschaft **Lockerbie.** Bei dem Unglück kommen 270 Menschen ums Leben.

1982

PLO-Führer Jassir Arafat wird vom Papst im Vatikan empfangen.

1984

Der Vatikan und die USA nehmen nach 117 Jahren wieder diplomatische Beziehungen auf.

1986

Als erstes katholisches Kirchenoberhaupt besucht Papst Johannes Paul II. ein jüdisches Gotteshaus – die Große Synagoge in Rom.

1988

Der Vatikan stellt die Exkommunikation von Erzbischof Marcel Lefebvre nach verbotener Bischofsweihe „ipso facto" fest.

1982

Mit dem Titel **„Ein bisschen Frieden"** gewinnt die Sängerin **Nicole** den „Grand Prix Eurovision de la Chanson".

Der Schauspieler **Curd Jürgens** stirbt im Alter von 67 Jahren in Wien.

In Madrid wird die **italienische Fussball-Nationalmannschaft** durch einen 3:1-Sieg über die Elf der Bundesrepublik Deutschland Weltmeister.

1984

Die von dem schottischen Architekten James Stirling konzipierte **Neue Staatsgalerie Stuttgart** wird eröffnet.

Die **Olympischen Sommerspiele** 1984 in Los Angeles sind die ersten rein privat finanzierten olympischen Wettkämpfe.

Niki Lauda wird zum dritten Mal Formel-Eins-Weltmeister.

1986

Doris Dörries Film **„Männer"** wird zum größten deutschen Kinoerfolg seit Jahren.

Zum zweiten Mal gewinnt **Argentinien** die Fußball-Weltmeisterschaft. Die Argentinier gewannen das Finale in Mexiko-Stadt mit 3:2 gegen die Elf aus der Bundesrepublik Deutschland.

1988

Am 9. November, dem 50. Jahrestag des Pogroms, wird in Frankfurt das **Jüdische Museum** eröffnet.

Dublin feiert sein 1000-jähriges Bestehen. Beim **„Grand Prix Eurovision de la Chanson"**, der ebenfalls in der irischen Hauptstadt stattfindet, siegt die Kanadierin Céline Dion für die Schweiz mit dem Titel „Ne partez pas sans moi".

Zum ersten Mal in der 88-jährigen Geschichte des Davis-Cups gewinnt **Deutschland** die höchste Team-Trophäe im Tennis.

Der Deutsche Fußball-Bund entscheidet sich trotz heftiger Proteste, die **TV-Rechte** zur Übertragung von Bundesligaspielen für die nächsten drei Jahre erstmals an einen privaten Anbieter zu verkaufen. Nach Verhandlungen mit dem DFB und Ufa/Bertelsmann können sich ARD und ZDF Teilübertragungsrechte sichern.

ADVENT BIS FASTENZEIT

Heiligabend in Rom: Zahlreiche Gläubige bewundern am 24. Dezember die hell erleuchtete Krippe auf dem Petersplatz vor dem Petersdom.

Was bedeutet was – von Advent bis Allerheiligen?

Das Kirchenjahr beginnt schon vier Wochen vor dem Kalenderjahr und hat einen ebenfalls festen Rhythmus für alle Gläubigen. Das wichtigste Hochfest ist Ostern, die Auferstehung von Jesus Christus.

Im Kalender beginnt das Jahr am 1. Januar und endet mit Silvester am 31. Dezember. Im Gegensatz zu dem so genannten bürgerlichen Jahr beginnt das Kirchenjahr, das „Liturgische Jahr", schon früher – am ersten Adventssonntag – und endet mit dem „Christkönigsfest" am letzten Sonntag vor Advent. Die großen Feste des Kirchenjahres sind Weihnachten, Ostern und Pfingsten. Am Anfang dieser Feste steht eine längere oder kürzere Vorbereitungszeit. Diese soll von den Gläubigen vor allem zur geistigen Erneuerung genutzt werden. Vor dem Weihnachtsfest kommt der Advent, der die Ankunft von Jesus ankündigt. Vor Ostern, seiner Auferstehung, liegt die Fastenzeit und vor Pfingsten, das als Geburtsfest der Kirche gilt, die Zeit von Christi Himmelfahrt. Aber auch Menschen, die der Kirche fern stehen, leben von diesen christlichen Feiertagen, da fast die meisten in Deutschland zugleich gesetzliche Feiertage sind.

ADVENT

Der Name kommt aus dem Lateinischen, das Wort „Adventus" bedeutet „Ankunft". Mit dem Advent beginnt ein neues Kirchenjahr mit der Erwartung auf die Ankunft von Jesus. Früher war die Adventszeit für die Katholiken Fastenzeit. Fleisch und Wurst waren ebenso wenig erlaubt wie Lebkuchen und Weihnachtsgebäck. Erst mit der Christmette am Heiligen Abend war für die Gläubigen diese Fastenzeit beendet. Dann durfte man auch wieder Wurst essen. Aus dieser Zeit stammt der Begriff „Mettenwürste".

Noch einen Tag vor dem ersten Adventssonntag wurde in den katholischen Regionen bei den „Kathreinstänzen" ausgelassen gefeiert und große Feste organisiert. Übrigens: Die vier Kerzen auf dem Adventskranz, die nacheinander jeden Adventssonntag entzündet werden, weisen auf das Licht hin, das mit Jesus Christus auf die Welt gekommen ist. Auch der Brauch, am 4. Dezember Barbara-Zweige kahl in eine Vase zu stellen, die dann zum Weihnachtsfest blühen, kündigt das neue Leben an, das Gott den Menschen durch die Geburt seines Sohnes schenkt.

DAS WEIHNACHTSFEST

Wann Jesus Christus tatsächlich auf die Welt gekommen ist, bleibt bis heute noch ungeklärt. Aber das Fest seiner Geburt wird seit dem 4. Jahrhundert am 25. Dezember gefeiert. Die-

Kinder, als „Heilige Drei Könige" verkleidet, ziehen als Sternensänger von Haus zu Haus, um Geld für wohltätige Zwecke am „Dreikönigsfest" zu sammeln.

ses Datum steht in Zusammenhang mit dem alten römischen Fest „Natalis solis invicti", der Geburt der unbesiegbaren Sonne. Das römische Fest wurde dann auf Christus als die „Sonne der Gerechtigkeit" umgedeutet. „Christus ist Fleisch geworden", heißt es im Glaubensbekenntnis, deshalb knien die Menschen auch nieder, wenn im Weihnachtsgottesdienst dieser Text gebetet wird.

DAS DREIKÖNIGSFEST

Am 6. Januar feiert die Kirche das Fest der Erscheinung des Herren. Im Matthäus-Evangelium heißt es dazu, dass wahrscheinlich weise Männer, die mit der Astronomie besonders vertraut waren, die Geburt eines Königs erwarteten. Seit 1958 sammeln Kinder, die sich als Könige verkleiden, am Dreikönigstag Spenden für Not leidende Kinder in aller Welt. Dabei ziehen sie als Sternensänger von Haus zu Haus und schreiben mit Kreide eine Formel an die Haustür. Es ist eine Abkürzung, die für „Christus segne dieses Haus" steht.

MARIÄ LICHTMESS

In der Bibel steht, dass Jesus von seinen Eltern 40 Tage nach seiner Geburt im Tempel Gott dargebracht wurde. Dieses Fest, das am 2. Februar begangen wird und in Jerusalem seit dem 5. Jahrhundert gefeiert wird, nennt man auch das „Fest der Darstellung des Herrn" oder Mariä Lichtmess.

Seit dem 10. Jahrhundert feiert die römische Kirche zu diesem Anlass Lichterprozessionen. Diese Prozessionen gibt es noch heute in vielen katholischen Gebieten. Die Gläubigen bringen Kerzen zur Kirche und lassen sie segnen. An manchen Orten wird zu diesem Anlass auch der so genannte Blasiussegen ausgeteilt. Er wird mit zwei zu einem Andreaskreuz zusammengefügten Kerzen gespendet. Dieser Brauch geht auf den Nothelfer Blasius zurück, der ein Kind vor dem Erstickungstod rettete.

DIE FASTENZEIT

Sie ist für die Christen die Vorbereitung auf das Osterfest und beginnt mit dem Aschermittwoch. Beim Fasten verzichtet man auf Speisen und Getränke und drückt damit Trauer und Sühne aus, um sich auf die Begegnung mit Gott vorzubereiten. Für alle Christen ist Jesus das Vorbild beim Fasten, der vor seinem öffentlichen Auftritt 40 Tage lang fastete.

Zum Fasten verpflichtet sind die Katholiken heute nur noch am Aschermittwoch und am Karfreitag. Dazu gehören nicht nur der völlige Verzicht auf Nahrung, sondern auch das Insichgehen, eine aufrichtige Bußhaltung, die Erneuerung der Taufentscheidung und die allgemeine Bereitschaft, Not leidenden Menschen zu helfen.

Aber nicht nur in der Fastenzeit, sondern an allen Freitagen des Jahres schreiben die Kirchengebote vor, sich an den Kreuztod von Jesus zu erinnern und dafür ein Opfer zu erbringen.

KARWOCHE BIS ALLERHEILIGEN

Johannes Paul II. bei der Karfreitagsprozession in Rom. Aus Rücksicht auf seinen Gesundheitszustand trägt der Papst das Kreuz nur an der letzten Station.

Am Ostersonntag feiern Gläubige die Auferstehungsmesse in der Grabeskirche in Jerusalem mit dem lateinischen Patriarchen von Jerusalem, Michel Sabbah.

DIE KARWOCHE

„Kara" bedeutet im Althochdeutschen „Sorge, Kummer". In der Karwoche gedenken die Menschen des Leidens und Sterbens von Jesus Christus. Die Karwoche, die auch „Heilige Woche" genannt wird, beginnt mit dem Palmsonntag vor Ostern. Er erinnert an den triumphalen Einzug von Jesus in Jerusalem. Im Matthäus-Evangelium ist überliefert, dass die Menschen auf den Straßen von Jerusalem Palmzweige zur Begrüßung schwenkten.

Der Gründonnerstag hat mit der Farbe Grün nichts zu tun. Das Wort stammt von „Greinen", was im Mittelhochdeutschen so viel wie „Weinen" bedeutet. Es steht für den Schmerz, den Jesus am Vorabend seiner Kreuzigung ertragen musste. In vielen Gemeinden wird an diesem Abend im Andenken an das letzte Abendmahl eine Messe gefeiert.

Der Karfreitag erinnert an das Leiden und den Tod von Jesus am Kreuz. Es ist der einzige Tag im Jahr, an dem es keine Heilige Messe gibt. Die Gläubigen versammeln sich um 15 Uhr, der Todesstunde Jesu, zu einer Feier. Über die Kartage schweigen die Glocken, in der Überlieferung sind sie nach Rom geflogen, um die Osterbotschaft zu holen.

DAS OSTERFEST

Das höchste Fest der Christen in aller Welt. Die Auferstehung von Jesus wird gefeiert. Er hat damit nicht nur seinen eigenen Tod überwunden, sondern verspricht allen Menschen die Errettung von Tod und Leid und ewiges Leben. Abgeleitet wird Ostern aus dem Althochdeutschen. Da bedeutet „Eostaria" Morgenröte und steht für das Wiedererwachen der Natur.

CHRISTI HIMMELFAHRT

Die Auferstehung von Jesus wird im Markus- und Lukas-Evangelium beschrieben. Dort ist nachzulesen, dass der Heiland 40 Tage nach Ostern mit seinen Jüngern beisammen war. Da Ostern immer am ersten Sonntag nach dem Frühlingsvollmond begangen wird, gibt es auch für Christi Himmelfahrt kein festes Datum. Himmelfahrt wird aber immer an einem Donnerstag gefeiert. Die theologische Bedeutung besagt, dass der auferstandene Jesus als ganze Person, mit Körper und Geist, in den Himmel aufgenommen wurde. Von hier aus kann er zurückkehren, um alle Menschen zu erlösen. In der katholischen Kirche ist es Brauch, an diesem Tag die Osterkerze zu löschen, die in der Osternacht entzündet und geweiht wurde.

An Himmelfahrt gibt es in Deutschland noch einen anderen Brauch: Am Vatertag geht es dabei aber weniger um Kirchliches, als darum, ins Blaue zu fahren und viel Alkohol zu trinken.

PFINGSTEN

In der Apostelgeschichte treffen sich die Apostel am 50. Tag nach Ostern. Ihnen erscheinen „Zungen wie von Feuer, und alle wurden mit dem Hei-

Tausende Gläubige in Thüringen feiern gemeinsam Christi Himmelfahrt.

Fronleichnam: Geistliche mit dem Allerheiligsten (Hostie) und Ministranten auf einem „Sakramentsschiff", welches zur Prozession selbst gerudert wird.

Mädchen auf der Insel Reichenau tragen auf der Prozession zu Mariä Himmelfahrt eine Marienfigur und gedenken der Mariä Aufnahme in den Himmel.

ligen Geist erfüllt und begannen, in fremden Sprachen zu reden, wie es der Geist ihnen eingab."

Das Pfingstfest, das auch als Fest des Heiligen Geistes gilt, gilt als Geburtsstunde der Kirche. Die Apostel beginnen in allen möglichen Sprachen von den Werken und guten Taten von Jesus Christus zu erzählen. Sie richten ihre frohe Botschaft an alle Menschen. Diese Botschaft weiterzugeben ist der Auftrag der Kirche.

FRONLEICHNAM

In der Überlieferung geht das Fronleichnamsfest auf die Vision einer Augustinernonne im Jahre 1209 zurück. Die Nonne aus Lüttich sah die hell leuchtende Scheibe des Mondes und darauf einen dunklen Fleck. Sie deutete den Mond als Kirche und den Fleck als einen Feiertag, der in der kirchlichen Festordnung fehlte.

Verehrt wird an diesem Tag die Gegenwart des Herren in der am Altar geweihten Hostie. In vielen katholischen Gemeinden wird dieser Festtag mit einer großen Prozession in Kirchen und Straßen der Städte gefeiert.

MARIÄ HIMMELFAHRT

Erst im Jahr 1950 wurde die Aufnahme von Maria, der Mutter Gottes, in den Himmel mit Körper und Seele als unumstößlicher Glaubenssatz verkündet. Die Tradition, dieses Fest zu feiern, ist schon wesentlich älter. Es bedeutet die Zusage an alle Menschen: So wie die Mutter des Herren mit Leib und Seele in den Himmel aufgenommen wurde, so werden alle Verstorbenen ganz und gar, also auch mit ihrem Körper, in den Himmel kommen.

Das Fest ist ein besonderer Feiertag, und in Bayern und im Saarland ein gesetzlicher Feiertag. An diesem Tag werden traditionell die „Kräuterbuschen" gesegnet. Das ist ein Strauß von verschiedenen genau festgelegten Kräuterblumen, denen eine heilende Wirkung zugeordnet wird.

ALLERHEILIGEN

An diesem Tag wird allen Heiligen gedacht, die noch keinen eigenen Namenstag haben. Eigentlich ist es ein Fest- und kein Trauertag. Aber Allerheiligen steht auch immer in Zusammenhang mit Allerseelen, einen Tag später, an dem man für die Toten betet, die im Gegensatz zu den Heiligen noch nicht in der ewigen Herrlichkeit Gottes sind.

Aus diesen beiden Tagen hat sich im Volksglauben am 1. November der Tag des Totengedenkens entwickelt. Fast überall werden Gräber gesegnet, die Angehörigen der Verstorbenen gehen auf den Friedhof und legen Blumen oder Gestecke nieder oder entzünden am Grab eine Kerze.

Für die Christen bedeutet dieser Tag auch, dass die Verstorbenen durch den Erlösungstod Jesu Christi den eigenen Tod überwunden haben und in die Herrlichkeit Gottes eingehen werden. Die Freude darüber und auf ein Wiedersehen mit den lieben Verstorbenen wird an Allerheiligen gefeiert.

REDEMPTOR HOMINIS

„Die Kirche darf an den Menschen nicht vorbeigehen!“

Lehramtliche Schreiben des Papstes sind zahlreich, aber von unterschiedlichem Gewicht. An oberster Stelle steht eine Enzyklika (von griech. egkyklios, „bei allen umlaufend“). 14 Enzykliken hat Johannes Paul II. bisher veröffentlicht, wir haben Auszüge aus den Dokumenten zusammengestellt. Seine erste Enzyklika *Redemptor Hominis*, ein Rundschreiben zum Beginn seines päpstlichen Amtes, datiert vom 4. März 1979.

Der Mensch kann nicht ohne Liebe leben – der Papst setzt sich für Kinder ein.

DER ERLÖSER DES MENSCHEN, Jesus Christus, ist die Mitte des Kosmos und der Geschichte. Zu ihm wenden sich mein Denken und Fühlen in dieser feierlichen geschichtlichen Stunde, die die Kirche und die ganze Menschheitsfamilie heute durchleben. (…)

Die ersten Worte des Pontifikates

Am 16. Oktober des vergangenen Jahres habe ich mich mit ganzer Seele Christus, dem Erlöser, zugewandt, als mir nach der rechtmäßig erfolgten Wahl die Frage gestellt wurde: „Nimmst du an?“ Damals antwortete ich: „Im Glaubensgehorsam gegenüber Christus, meinem Herrn, und im Vertrauen auf die Mutter Christi und seine Kirche nehme ich ungeachtet der großen Schwierigkeiten an.“ Diese meine Antwort möchte ich heute allen ohne Ausnahme öffentlich bekannt geben und so bezeugen, dass mit dieser ersten und grundlegenden Wahrheit der Menschwerdung, die dort erwähnt wird, gerade jener Dienst verbunden ist, der nach der Annahme der Wahl zum Bischof von Rom und zum Nachfolger des Apostels Petrus meine besondere Aufgabe auf diesem Bischofssitz geworden ist.

Ich habe dieselben Namen gewählt wie mein hochverehrter Vorgänger Johannes Paul I. Als er am 26. August 1978 dem Kardinalskollegium erklärte, sich Johannes Paul nennen zu wollen – ein Doppelname, wie er in der Papstgeschichte noch nicht vorgekommen war –, habe ich darin schon ein deutliches Vorzeichen des Segens Gottes für das neue Pontifikat gesehen. Weil dieses aber nur 33 Tage gedauert hat, kommt es mir jetzt zu, es nicht nur fortzusetzen, sondern in gewisser Weise an seinem Beginn wieder aufzugreifen. Dies findet seine Bestätigung darin, dass ich dieselben zwei Namen gewählt habe. Durch diese Wahl nach dem Beispiel meines verehrten Vorgängers möchte ich wie er meine Liebe zu dem einzigartigen Erbe bekunden, das die beiden Päpste Johannes XXIII. und Paul VI. der Kirche hinterlassen haben, und mich zugleich persönlich bereit erklären, es mit der Hilfe Gottes weiterzuentwickeln. (…)

Kollegialität und Apostolat

Das Prinzip der Kollegialität hat sich in der schwierigen nachkonziliaren Periode als besonders aktuell erwiesen, da die gemeinsame und einmütige Haltung des Bischofskollegiums – das vor allem durch die Synode seine Einheit mit dem Nachfolger Petri bezeugt hat – dazu beigetragen hat, die Zweifel zu beseitigen, und ebenso die richtigen Wege für die Erneuerung der Kirche in ihrer weltweiten Dimension aufgezeigt hat. Von der Synode ist unter anderem jener wesentliche Impuls zur Evangelisierung ausgegangen, der im Apostolischen Schreiben *Evangelii Nuntiandi* seinen Niederschlag gefunden hat, welches mit so großer Freude als Programm der Erneuerung im Bereich des Apostolates und zugleich der Pastoral aufgenommen worden ist. Dieselbe Linie ist auch bei den Arbeiten der letzten ordentlichen Sitzung der Bischofssynode befolgt worden, die ungefähr ein Jahr vor dem Tode Papst Pauls VI. stattgefunden hat und bekanntlich der Katechese gewidmet war. Die Ergebnisse dieser Beratungen erfordern noch von Seiten des Heiligen Stuhles eine systematische Aufarbeitung und Veröffentlichung (…)

Der Weg zur Einheit der Christen

Und was ist zu all den Initiativen zu sagen, die durch die neue ökumenische Ausrichtung entstanden sind? Der unvergessliche Papst Johannes XXIII. hat mit biblischer Klarheit das Problem der Einheit der Christen als eine einfache Folgerung aus dem Willen Jesu Christi, unseres Meisters, betrachtet, der sie selbst mehrmals betont und zum Ausdruck gebracht hat, vor allem im Gebet im Abendmahlssaal kurz vor seinem Tode: „Ich bitte… Vater…, dass sie alle eins seien.“ Das Zweite Vatikanische Konzil hat dieses wichtige Anliegen in gedrängter Form im Dekret über den Ökumenismus behandelt. Papst Paul VI. hat unter der Mitarbeit des Sekretariates für die Einheit der Christen die ersten schwierigen Schritte auf dem Weg der Wiederherstellung der Einheit unternommen. Sind wir auf diesem Wege weit vorangeschritten? Ohne darauf eine ins Einzelne gehende Antwort geben zu wollen, können wir feststellen, dass echte und wichtige Fortschritte gemacht worden sind. Eines ist sicher: Wir haben mit Ausdauer und Konsequenz gearbeitet, und zusammen mit uns haben sich auch die Vertreter der anderen Kirchen und christlichen Gemeinschaften eingesetzt; dafür sind wir ihnen aufrichtig dankbar. Ferner steht fest, dass sich in der gegenwärtigen geschichtlichen Lage der Christenheit und der Welt keine andere Möglichkeit zeigt, die universale Mission der Kirche im Bereich der ökumenischen Fragen zu erfüllen, als mit lauterer Absicht, mit Ausdauer, Demut und auch Mut die Wege der Annäherung und der Einheit zu suchen, so wie es uns das persönliche Beispiel Papst Pauls VI. gezeigt hat. Wir müssen uns um die Einheit bemühen, ohne uns durch die Schwierigkeiten entmutigen zu lassen, die uns begegnen oder sich längs des Weges anhäufen können; anderenfalls bleiben wir dem Worte Christi nicht treu, verwirklichen wir nicht sein Testament. Ist es erlaubt, sich dieser Gefahr auszusetzen?

Es gibt Personen, die sich gern wieder zurückziehen würden, weil sie sich mit Schwierigkeiten konfrontiert sehen oder die Ergebnisse der ersten ökumenischen Arbeiten als negativ beurteilen. Einige äußern sogar die Meinung, dass diese Bemühungen der Sache des Evangeliums schaden, zu einem weiteren Bruch in der Kirche führen, geistige Verwirrung in den Fragen des Glaubens und der Moral hervorrufen und in einem entsprechenden Indifferentismus enden werden. Es ist vielleicht gut, dass die Menschen, die diese Meinung vertreten, ihrer Besorgnis Ausdruck geben; dennoch muss man auch in dieser Hinsicht die richtigen Grenzen wahren. Selbstverständlich verlangt diese neue Etappe im Leben der Kirche von uns einen sehr überzeugten, tiefen und verantwortungsbewussten Glauben. Die echte ökumenische Arbeit besagt Öffnung, Annäherung, Bereitschaft zum Dialog, gemeinsame Suche nach der Wahrheit im vollen biblischen und christlichen Sinn. Keinesfalls bedeutet sie oder kann sie bedeuten, auf die Schätze der göttlichen Wahrheit, die von der Kirche beständig bekannt und gelehrt worden ist, zu verzichten oder ihnen in irgendeiner Weise Abbruch zu tun. Allen denen, die aus irgendeinem Grund die Kirche von der Suche nach der universalen Einheit der Christen abbringen möchten, muss ich noch einmal wiederholen: Ist es erlaubt, untätig zu bleiben? Dürfen wir – trotz aller menschlichen Schwachheit, trotz der Unzulänglichkeiten der vergangenen Jahrhunderte – der Gnade unseres Herrn misstrauen, die sich in der letzten Zeit geoffenbart hat durch das Wort des Heiligen Geistes, das wir während des Konzils vernommen haben? Würden wir so handeln, leugneten wir die Wahrheit über uns selbst, die der Apostel auf so beredte Weise ausgedrückt hat: „Durch Gottes Gnade bin ich, was ich bin, und sein gnädiges Handeln an mir blieb nicht ohne Wirkung." (…)

Die menschliche Dimension im Geheimnis der Erlösung

Der Mensch kann nicht ohne Liebe leben. Er bleibt für sich selbst ein unbegreifliches Wesen; sein Leben ist ohne Sinn, wenn ihm nicht die Liebe geoffenbart wird, wenn er nicht der Liebe begegnet, wenn er sie nicht erfährt und sich zu Eigen macht, wenn er nicht lebendigen Anteil an ihr erhält. Und eben darum macht Christus, der Erlöser, wie schon gesagt, dem Menschen den Menschen selbst voll kund. Dieses ist – wenn man sich so ausdrücken darf – die menschliche Dimension im Geheimnis der Erlösung. In dieser Dimension findet der Mensch die Größe, die Würde und den Wert, die mit seinem Menschsein gegeben sind. Im Geheimnis der Erlösung wird der Mensch „neu bestätigt" und in gewisser Weise neu geschaffen. Er ist neu erschaffen! „Es gibt nicht mehr Juden und Griechen, nicht Sklaven und Freie, nicht Mann und Frau; denn ihr alle seid ‚einer' in Christus Jesus." Der Mensch, der sich selbst bis in die Tiefe verstehen will – nicht nur nach unmittelbar zugänglichen, partiellen, oft oberflächlichen und sogar nur scheinbaren Kriterien und Maßstäben des eigenen Seins –, muss sich mit seiner Unruhe, Unsicherheit und auch mit seiner Schwäche und Sündigkeit, mit seinem Leben und Tode Christus nahen. Er muss sozusagen mit seinem ganzen Selbst in ihn eintreten, muss sich die ganze Wirklichkeit der Menschwerdung und der Erlösung „aneignen" und assimilieren, um sich selbst zu finden. Wenn sich in ihm dieser tief greifende Prozess vollzieht, wird er nicht nur zur Anbetung Gottes veranlasst, sondern gerät auch in tiefes Staunen über sich selbst. Welchen Wert muss der Mensch in den Augen des Schöpfers haben, wenn „er verdient hat, einen solchen und so großen Erlöser zu haben", wenn „Gott seinen Sohn hingegeben hat", damit er, der Mensch, „nicht verloren geht, sondern das ewige Leben hat". Dieses tiefe Staunen über den Wert und die Würde des Menschen nennt sich Evangelium, Frohe Botschaft. Dieses Staunen rechtfertigt die Sendung der Kirche in der Welt, auch und vielleicht vor allem „in der Welt von heute". Dieses Staunen und zugleich die Überzeugung und Gewissheit, die in ihrer tiefsten Wurzel Glaubensgewissheit ist, die aber auf verborgene und geheimnisvolle Weise auch jeden Aspekt des wahren Humanismus beseelt, ist eng mit Christus verbunden. Dies bestimmt auch seinen Platz, sein – wenn man so sagen darf – besonderes Bürgerrecht in der Geschichte des Menschen und der Menschheit. Die Kirche, die nicht aufhört, das Geheimnis Christi in seiner Gesamtheit zu betrachten, weiß mit voller Glaubensgewissheit, dass die Erlösung, die durch das Kreuz erfolgt ist, dem Menschen endgültig seine Würde und den Sinn seiner Existenz in der Welt zurückgegeben hat, den Sinn, den er in beachtlichem Maße durch die Sünde verloren hatte. Deshalb hat die Erlösung sich im Ostergeheimnis vollendet, das durch das Kreuz und den Tod zur Auferstehung führt.

> *„Das tiefe Staunen über den Wert und die Würde des Menschen nennt sich Evangelium"*

Die grundlegende Aufgabe der Kirche in allen Epochen und besonders in der unsrigen ist es, den Blick des Menschen, das Bewusstsein und die Erfahrung der ganzen Menschheit auf das Geheimnis Christi zu lenken und auszurichten, allen Menschen zu helfen, mit dem tiefen Geheimnis der Erlösung, die sich in Jesus Christus ereignet, vertraut zu werden. Gleichzeitig berührt man damit auch die tiefste Schicht im Menschen, die Sphäre des menschlichen Herzens, des Bewusstseins und des Lebensgeschickes der Menschen. (…)

Der Auftrag der Kirche und die Freiheit des Menschen

In dieser Verbundenheit im Auftrag, über den vor allem Christus selbst entscheidet, müssen alle Christen entdecken, was sie bereits vereint, noch bevor sich ihre volle Gemeinschaft verwirklicht. Das ist die apostolische und missionarische, die missionarische und apostolische Einheit. Dank dieser Einheit können wir uns zusammen dem großartigen Erbe des menschlichen Geistes nähern, das sich in allen Religionen kundgetan hat, wie die Erklärung *Nostra Aetate* des Zweiten Vatikanischen Konzils sagt. Dank dieser Einheit nähern wir uns gleichzeitig allen Kulturen, allen Weltanschauungen und allen Menschen guten Willens. Wir nähern uns ihnen mit jener Wertschätzung, mit jenem Respekt und jenem Geist der Unterscheidung, der seit den Zeiten der Apostel die missionarische Tätigkeit und die Haltung des Missionars ausgezeichnet haben. Es genügt, an den heiligen Paulus zu erinnern, zum Beispiel an seine Rede vor dem Areopag in Athen. Die missionarische Verhaltensweise beginnt immer mit einem Gefühl der Hochachtung vor dem, was „in jedem Menschen ist", vor dem, was er selbst im Innersten seines Wesens schon erarbeitet hat bezüglich der tiefsten und bedeutendsten Probleme; es handelt sich um die Achtung vor allem, was der Geist in ihm gewirkt hat, der „weht, wo er will". Die Mission ist niemals Zerstörung, sondern Aufnahme vorhandener Werte und Neuaufbau, wenn auch in der Praxis diesem hohen Ideal nicht immer voll entsprochen worden ist. Dabei wissen wir sehr gut, dass die Bekehrung, die von der Mission ihren Anfang nehmen muss, Werk der Gnade ist. In ihr muss der Mensch vollständig zu sich selbst zurückfinden.

Deswegen legt die Kirche in unserer Zeit einen großen Wert auf alles, was das Zweite Vatikanische Konzil in der Erklärung über die Religionsfreiheit dargelegt hat, sei es im ersten, sei es im zweiten Teil des Dokumentes. Wir spüren zutiefst den verpflichtenden Charakter der Wahrheit, die Gott uns geoffenbart hat. Wir empfinden insbesondere die große Verantwortung für diese Wahrheit. Die Kirche ist kraft der Einsetzung durch Christus Wächterin und Lehrerin der Wahrheit, dadurch dass sie ja ausgestattet ist mit einem besonderen Beistand des Heiligen Geistes, damit sie über die Wahrheit treu wachen und sie in ihrer ganzen Fülle unverfälscht lehren kann. Indem wir diesen Auftrag erfüllen, schauen wir auf Christus selbst, der der erste Verkünder der Frohen Botschaft ist; ebenso schauen wir auch auf seine Apostel, Märtyrer und Bekenner. Die Erklärung über die Religionsfreiheit macht uns in überzeugender Weise deutlich, wie Christus und folglich seine Apostel in der Verkündigung der Wahrheit, die nicht von den Menschen, sondern von Gott kommt („Meine Lehre stammt nicht von mir, sondern von dem, der mich gesandt hat."), das heißt vom Vater, obgleich sie alle Überzeugungskünste des Geistes einsetzen, eine tiefe Wertschätzung für den Menschen, für seinen Verstand, seinen Willen, sein Gewissen und seine Freiheit bewahren. Auf diese Weise wird die Würde der menschlichen Person Bestandteil jener Botschaft, wenn auch nicht in Worten, so doch durch das Verhalten ihr gegenüber. Diese Verhaltensweise scheint übereinzustimmen mit den besonderen Bedürfnissen unserer Zeit. Da sich nicht in allem, was die verschiedenen Systeme und auch einzelne Menschen als Freiheit ansehen und propagieren, die wahre Freiheit des Menschen findet, wird die Kirche umso mehr kraft ihrer göttlichen Sendung zur Wächterin dieser Freiheit, die Bedingung und Grundlage für die wahre Würde der menschlichen Person ist. (…)

Alle Wege der Kirche führen zum Menschen

Die Kirche darf am Menschen nicht vorbeigehen; denn sein „Geschick", das heißt seine Erwählung, seine Berufung, seine Geburt und sein Tod, sein ewiges Heil oder Unheil sind auf so enge und unaufhebbare Weise mit Christus verbunden. Dabei geht es wirklich um jeden Menschen auf diesem Planeten, unserer Erde, die der Schöpfer dem ersten Menschen anvertraut hat, als er zum Mann und zu der Frau sprach: „Unterwerft sie Euch, und herrscht über sie". Es geht um jeden Menschen in all seiner unwiederholbaren Wirklichkeit im Sein und im Handeln, im Bewusstsein und im Herzen. Der

REDEMPTOR HOMINIS

Mensch in seiner Einmaligkeit – weil er „Person“ ist – hat seine eigene Lebensgeschichte und vor allem eine eigene Geschichte seiner Seele. Von der intentionalen Öffnung seines Geistes und zugleich von den zahlreichen und so verschiedenen Bedürfnissen seines Leibes und seiner irdischen Existenz bestimmt, schreibt der Mensch diese seine persönliche Geschichte durch zahllose Bindungen, Kontakte, Situationen und soziale Strukturen, die ihn mit anderen Menschen verbinden; und dies tut er vom ersten Augenblick seiner irdischen Existenz an, angefangen bei seiner Empfängnis und Geburt. Der Mensch in der vollen Wahrheit seiner Existenz, seines persönlichen und zugleich gemeinschaftsbezogenen und sozialen Seins – im Bereich der eigenen Familie, auf der Ebene der Gesellschaft und so vieler verschiedener Umgebungen, auf dem Gebiet der eigenen Nation oder des eigenen Volkes oder vielleicht auch nur des eigenen Klans oder Stammes, schließlich auch im Bereich der gesamten Menschheit –, dieser Mensch ist der erste Weg, den die Kirche bei der Erfüllung ihres Auftrags beschreiten muss: Er ist der erste und grundlegende Weg der Kirche, ein Weg, der von Christus selbst vorgezeichnet ist und unabänderlich durch das Geheimnis der Menschwerdung und der Erlösung führt.

Diesen Menschen in der ganzen Wirklichkeit seines Lebens, mit seinem Bewusstsein, mit seiner fortwährenden Neigung zur Sünde und zugleich mit seinem ständigen Durst nach Wahrheit, nach dem Guten und Schönen, nach Gerechtigkeit und Liebe, gerade diesen Menschen hatte das Zweite Vatikanische Konzil im Auge, als es bei der Beschreibung seiner Lage in der heutigen Welt jeweils von den äußeren Komponenten dieser Lage zur inneren Wahrheit des Menschseins vorstieß: „... im Menschen selbst sind viele widersprüchliche Elemente gegeben. Einerseits erfährt er sich nämlich als Geschöpf vielfältig begrenzt, andererseits empfindet er sich in seinem Verlangen unbegrenzt und berufen zu einem Leben höherer Ordnung. Zwischen vielen Möglichkeiten, die ihn anrufen, muss er dauernd unweigerlich eine Wahl treffen und so auf dieses oder jenes verzichten. Als schwacher Mensch und Sünder tut er oft das, was er nicht will, und was er tun wollte, tut er nicht. So leidet er an einer inneren Zwiespältigkeit, und daraus entstehen viele und schwere Zerwürfnisse auch in der Gesellschaft.“ (...)

Die Ängste des heutigen Menschen

Der Mensch von heute scheint immer wieder von dem bedroht zu sein, was er selbst produziert, das heißt vom Ergebnis der Arbeit seiner Hände und noch mehr vom Ergebnis der Arbeit seines Verstandes und seiner Willensentscheidung. Die Früchte dieser vielgestaltigen Aktivität des Menschen sind nicht nur Gegenstand von „Entfremdung“, weil sie demjenigen, der sie hervorgebracht hat, einfachhin genommen werden; allzu oft und nicht selten unvorhersehbar wenden sich diese Früchte, wenigstens teilweise, in einer konsequenten Folge von Wirkungen indirekt gegen den Menschen selbst. So sind sie tatsächlich gegen ihn gerichtet oder können es jederzeit sein. Hieraus scheint das wichtigste Kapitel des Dramas der heutigen menschlichen Existenz in seiner breitesten und universellen Dimension zu bestehen. Der Mensch lebt darum immer mehr in Angst. Er befürchtet, dass seine Produkte, natürlich nicht alle und auch nicht die Mehrzahl, aber doch einige und gerade jene, die ein beträchtliches Maß an Genialität und schöpferischer Kraft enthalten, sich in radikaler Weise gegen ihn selbst kehren könnten; er fürchtet, sie könnten Mittel und Instrumente einer unvorstellbaren Selbstzerstörung werden, vor der alle Katastrophen der Geschichte, die wir kennen, zu verblassen scheinen. Hieraus muss sich also die Frage ergeben: Wieso wendet sich diese Macht, die von Anfang an dem Menschen gegeben war, um damit die Erde zu beherrschen, gegen ihn selbst und ruft diesen verständlichen Zustand der Unruhe, der bewussten und unbewussten Angst und der Bedrohung hervor, der sich in verschiedener Weise der gesamten Menschheitsfamilie mitteilt und vielfältige Erscheinungsformen kennt?

„Der Mensch scheint bedroht vom Ergebnis der Arbeit seines Verstandes und seiner Willensentscheidung“

Dieser Zustand der Bedrohung, die die eigenen Produkte dem Menschen erzeugen, wirkt sich in verschiedenen Richtungen aus und zeigt unterschiedliche Intensitäten. Wir scheinen uns heute wohl der Tatsache mehr bewusst zu sein, dass die Nutzung der Erde, jenes Planeten, auf dem wir leben, eine vernünftige und gerechte Planung erfordert. Gleichzeitig aber bewirken diese Nutzung zu wirtschaftlichen und sogar militärischen Zwecken, diese unkontrollierte Entwicklung der Technik, die nicht eingeordnet ist in einen Gesamtplan eines wirklich menschenwürdigen Fortschrittes, oft eine Bedrohung der natürlichen Umgebung des Menschen, sie entfremden ihn in seiner Beziehung zur Natur, sie trennen ihn von ihr ab. Der Mensch scheint oft keine andere Bedeutung seiner natürlichen Umwelt wahrzunehmen als allein jene, die den Zwecken eines unmittelbaren Gebrauchs und Verbrauchs dient. Dagegen war es der Wille des Schöpfers, dass der Mensch der Natur als „Herr“ und besonnener und weiser „Hüter“ und nicht als „Ausbeuter“ und skrupelloser „Zerstörer“ gegenübertritt.

Der Fortschritt der Technik und die Entwicklung der heutigen Zivilisation, die von der Vorherrschaft der Technik geprägt ist, erfordern eine entsprechende Entwicklung im sittlichen Leben und in der Ethik. Diese scheint jedoch leider immer zurückzubleiben. Der Fortschritt, der ja andererseits so staunenswert ist, weil wir in ihm auch echte Zeichen der Größe des Menschen mühelos entdecken können, wie sie uns in ihren schöpferischen Anfängen schon im Buch der Genesis bei der Darstellung der Schöpfung offenbart worden sind, muss darum doch auch vielfältige Sorgen wecken. Die erste Sorge betrifft die wesentliche und grundlegende Frage: Macht dieser Fortschritt, dessen Urheber und Förderer der Mensch ist, das menschliche Leben auf dieser Erde wirklich in jeder Hinsicht „menschlicher“? Macht er das Leben „menschenwürdiger“? Zweifellos ist dies in mancher Hinsicht der Fall. Die Frage meldet sich jedoch hartnäckig wieder, wenn es um das Wesentliche geht: Wird der Mensch als Mensch im Zusammenhang mit diesem Fortschritt wirklich besser, das heißt geistig reifer, bewusster in seiner Menschenwürde, verantwortungsvoller, offener für den Mitmenschen, vor allem für die Hilfsbedürftigen und Schwachen, und hilfsbereiter zu allen?

Diese Frage müssen sich die Christen stellen, eben weil Jesus Christus sie so umfassend für das Problem des Menschen empfänglich gemacht hat. Die gleiche Frage aber stellt sich allen Menschen, besonders denjenigen, die in solchen sozialen Bereichen leben, die sich aktiv für die Entwicklung und den Fortschritt in unserer Zeit einsetzen. Wenn wir diese Entwicklungen beobachten und sogar an ihnen teilnehmen, darf uns nicht Euphorie überkommen noch dürfen wir uns von einseitigem Enthusiasmus fortreißen lassen, sondern wir alle müssen uns mit äußerster Ehrlichkeit, Objektivität und moralischem Verantwortungsbewusstsein den wesentlichen Fragen stellen, die die Situation des Menschen heute und in Zukunft betreffen.

Stimmen alle diese Errungenschaften, die bisher erreicht wurden oder von der Technik für die Zukunft geplant werden, mit dem moralischen und geistigen Fortschritt des Menschen überein? Entwickelt sich der Mensch als solcher in diesem Zusammenhang, macht er wirklich Fortschritte, oder fällt er zurück und sinkt in seiner Menschlichkeit nach unten? Überwiegt unter den Menschen, „in der Welt des Menschen“, die von sich aus das Gute und das Böse enthält, das Gute vor dem Bösen? Wachsen tatsächlich in den Menschen und untereinander die Nächstenliebe, die Achtung vor den Rechten des anderen – sei es der Einzelne, eine Nation oder ein Volk – oder nehmen vielmehr die Egoismen verschiedener Art und die übertriebenen Nationalismen an Stelle einer echten Vaterlandsliebe zu sowie das Streben, andere über die eigenen legitimen Rechte und Verdienste hinaus zu beherrschen, wie auch die Tendenz, allen materiellen und wirtschaftlichen Fortschritt allein zu dem Zweck auszunützen, um die Vorherrschaft über andere zu besitzen oder diesen oder jenen Imperialismus zu fördern?

Dies sind die wesentlichen Fragen, die die Kirche sich stellen muss, weil Milliarden von Menschen, die heute auf der Welt leben, mehr oder weniger ausdrücklich solche Fragen stellen. Das Thema „Entwicklung und Fortschritt“ taucht in allen Gesprächen auf und erscheint in den Spalten aller Zeitungen und Publikationen in fast allen Sprachen der heutigen Welt. Dabei dürfen wir jedoch nicht vergessen, dass dieses Thema nicht nur Feststellungen und gesicherte Aussagen enthält, sondern auch Fragen und bedrückende Sorgen. Und dies letztere ist genau so wichtig wie das erste. Sie entsprechen der dialektischen Natur menschlicher Erkenntnis und vor allem dem Grundbedürfnis der Sorge des Menschen für den Menschen, für seine eige-

Dialog: Der Papst besucht 1986 die Große Synagoge in Rom.

ne Menschlichkeit, für die Zukunft der Menschen auf dieser Erde. Die Kirche, die aus einem eschatologischen Glauben lebt, betrachtet diese Besorgnis des Menschen um seine Menschlichkeit, um die Zukunft der Menschen auf Erden und damit auch um die Richtung von Entwicklung und Fortschritt als ein wesentliches Element ihrer Sendung, das hiervon nicht getrennt werden darf. Den Kern dieser Sorge findet die Kirche in Jesus Christus selbst, wie die Evangelien bezeugen. Gerade darum möchte sie dieses Engagement aus der Einheit mit ihm verstärken, indem sie die Situation des Menschen in der heutigen Welt nach den wichtigsten Zeichen unserer Zeit interpretiert. (…)

Die Verantwortung der Kirche für die Wahrheit

Im Licht der feierlich verkündeten Lehre des Zweiten Vatikanischen Konzils steht uns die Kirche als die Gemeinschaft vor Augen, die für die göttliche Wahrheit verantwortlich ist. In tiefer Ergriffenheit hören wir Christus selbst sprechen: „Das Wort, das ihr hört, ist nicht mein Wort, sondern das des Vaters, der mich gesandt hat." Wird uns nicht in dieser Aussage unseres Herrn die Verantwortung für die geoffenbarte Wahrheit deutlich, die ja Gottes persönliches „Eigentum" ist, wenn selbst er, „der eingeborene Sohn", der „am Herzen des Vaters ruht", es für notwendig hält, zu betonen, dass er in vollkommener Treue zu seinem göttlichen Ursprung handelt, wenn er diese Wahrheit als Prophet und Meister weitergibt? Die gleiche Treue muss ein wesentlicher Bestandteil des Glaubens der Kirche sein, wenn sie ihn lehrt oder verkündet. Der Glaube, der als eine besondere übernatürliche Tugend dem menschlichen Geist eingegossen ist, lässt uns am Erkennen Gottes teilhaben, wenn wir auf sein geoffenbartes Wort antworten. Darum muss die Kirche, wenn sie den Glauben bekennt und lehrt, sich eng an die göttliche Wahrheit anschließen und sie als den ihr angemessenen Gottesdienst in ihrem Leben ausprägen. Um diese Treue zur göttlichen Wahrheit zu gewährleisten, hat Christus der Kirche den besonderen Beistand des Geistes der Wahrheit verheißen. Er hat jenen die Gabe der Unfehlbarkeit verliehen, die den Auftrag haben, diese Wahrheiten zu verbreiten und zu lehren, wie es schon das Erste Vatikanische Konzil klar definiert und dann das Zweite Vatikanische Konzil wiederholt hat. Das ganze Volk Gottes hat er außerdem mit einem besonderen Glaubenssinn ausgestattet.

„Die Kirche, wenn sie den Glauben lehrt, muss sich eng an die göttliche Wahrheit anschließen"

So sind wir also Teilhaber an dieser prophetischen Sendung Christi geworden, und aus der Kraft der gleichen Sendung dienen wir zusammen mit ihm der göttlichen Wahrheit in der Kirche. Die Verantwortung für eine solche Wahrheit bedeutet auch, sie zu lieben und möglichst genau zu verstehen zu suchen, damit sie uns selbst und den anderen in all ihrer erlösenden Kraft, in ihrem hellen Glanz, in ihrer Tiefe und zugleich Einfachheit immer vertrauter wird. Diese Liebe und das Verlangen, die Wahrheit besser zu verstehen, müssen zusammengehen, wie die Lebensgeschichten der Heiligen in der Kirche bestätigen. Das wahre Licht, das die göttliche Wahrheit erhellt und uns so die Wirklichkeit Gottes selbst näher bringt, hat immer diejenigen am meisten erleuchtet, die in Ehrfurcht und Liebe dieser Wahrheit begegnet sind: Liebe vor allem zu Christus, dem lebendigen Wort der göttlichen Wahrheit, und dann Liebe zu dessen menschlichem Ausdruck im Evangelium, in der Tradition und in der Theologie. Auch heute brauchen wir vor allem anderen ein solches Verständnis und eine solche Auslegung des Wortes Gottes sowie eine solche Theologie. Die Theologie ist heute, genau so wie früher, sehr wichtig dafür, dass die Kirche, das Volk Gottes, in kreativer und fruchtbarer Weise an der prophetischen Sendung Christi teilnehmen kann. Darum dürfen die Theologen, wenn sie als Diener an der göttlichen Wahrheit sich in ihren Studien und Arbeiten einem immer tiefer eindringenden Verständnis widmen, niemals die Bedeutung ihres Dienstes in der Kirche aus den Augen verlieren, wie sie in dem Begriff „intellectus fidei" (= „verstehender Glaube") enthalten ist. Dieser Doppelbegriff gilt in zweifacher Richtung nach der Formel „intellege, ut credas – crede, ut intellegas" (= „verstehe, um zu glauben – glaube, um zu verstehen.") und kommt dort voll zum Tragen, wo man dem Lehramt, das in der Kirche den Bischöfen anvertraut ist, die ihrerseits mit dem Nachfolger des Petrus in hierarchischer Einheit verbunden sind, zu dienen sucht und sich ihrer Sorge für die Verkündigung und Pastoral sowie den apostolischen Initiativen des ganzen Gottesvolkes zur Verfügung stellt.

Wie in früheren Epochen so sind auch heute – und heute vielleicht noch dringender – die Theologen und alle Wissenschaftler in der Kirche aufgerufen, den Glauben mit ihrem Wissen und ihrer Weisheit zu verbinden, damit diese sich gegenseitig durchdringen können, wie wir es in der Oration zum Fest des heiligen Kirchenlehrers Albert lesen. Diese Aufgabe hat sich heute durch den Fortschritt der Wissenschaft, ihrer Methoden und Resultate in der Kenntnis der Welt und des Menschen enorm erweitert. Das betrifft die Naturwissenschaften ebenso wie die Geisteswissenschaften und auch die Philosophie, deren enge Verbindung mit der Theologie das Zweite Vatikanische Konzil in Erinnerung gerufen hat.

In diesem Bereich menschlichen Wissens, der sich fortwährend ausweitet und auffächert, muss sich auch der Glaube beständig vertiefen, indem er auf die Dimension des geoffenbarten Geheimnisses hinweist und sich um das Verständnis der Wahrheit bemüht, die in Gott ihre einzige und höchste Quelle hat. Wenn es auch erlaubt ist – und man sollte es sogar wünschen –, dass bei der Durchführung dieses weiten Arbeitsauftrages eine gewisse Vielfalt an Methoden in Betracht kommt, so darf sich doch diese Tätigkeit nicht von der fundamentalen Einheit in der Verkündigung des Glaubens und der Moral als einem Ziel, das ihr wesentlich ist, entfernen. Darum ist eine enge Zusammenarbeit der Theologie mit dem Lehramt unentbehrlich.

Jeder Theologe muss sich in besonderer Weise dessen bewusst sein, was Christus selbst gemeint hat, wenn er sagte: „Das Wort, das ihr hört, ist nicht mein Wort, sondern das des Vaters, der mich gesandt hat." Niemand darf deshalb aus der Theologie so etwas machen wie eine einfache Sammlung von eigenen persönlichen Auffassungen; sondern jeder muss darauf bedacht sein, in enger Verbindung zu bleiben mit dem Sendungsauftrag, die Wahrheit zu lehren, für die die Kirche verantwortlich ist. (…)

LABOREM EXERCENS

„Im Schweiße Deines Angesichts sollst Du Dein Brot essen“

Die Arbeit ist ein wichtiger Bestandteil der menschlichen Würde, schreibt Papst Johannes Paul II. in seiner dritten Enzyklika. Diese wurde unter dem Titel *Laborem Exercens* (Rundschreiben über die menschliche Arbeit) am 14. September 1981 veröffentlicht.

DURCH ARBEIT muss sich der Mensch sein tägliches Brot besorgen, und nur so kann er beständig zum Fortschritt von Wissenschaft und Technik sowie zur kulturellen und moralischen Hebung der Gesellschaft beitragen, in Lebensgemeinschaft mit seinen Brüdern und Schwestern. Hier geht es um jede Arbeit, die der Mensch verrichtet, unabhängig von ihrer Art und den Umständen; gemeint ist jedes menschliche Tun, das man unter der reichen Vielfalt der Tätigkeiten, deren der Mensch fähig ist und zu denen ihn seine Natur, sein Menschsein, disponiert, als Arbeit anerkennen kann und muss. Nach Gottes Bild und Gleichnis inmitten des sichtbaren Universums geschaffen und dorthin gestellt, damit er die Erde sich untertan mache, ist der Mensch daher seit dem Anfang zur Arbeit berufen. Die Arbeit ist eines der Kennzeichen, die den Menschen von den anderen Geschöpfen unterscheiden, deren mit der Erhaltung des Lebens verbundene Tätigkeit man nicht als Arbeit bezeichnen kann; nur der Mensch ist zur Arbeit befähigt, nur er verrichtet sie, wobei er gleichzeitig seine irdische Existenz mit ihr ausfüllt. Die Arbeit trägt somit ein besonderes Merkmal des Menschen und der Menschheit, das Merkmal der Person, die in einer Gemeinschaft von Personen wirkt; dieses Merkmal bestimmt ihre innere Qualität und macht in gewisser Hinsicht ihr Wesen aus. (…)

Das Problem der Arbeit – Schlüssel der sozialen Frage

Inmitten all dieser Prozesse – sowohl der Diagnose der objektiven sozialen Wirklichkeit als auch der Lehre der Kirche im Bereich der vielschichtigen und vielfältigen sozialen Frage – kommt das Problem der menschlichen Arbeit natürlich oft vor. Es ist gewissermaßen ein durchgehendes Element des sozialen Lebens wie auch der kirchlichen Lehre. Deren Interesse für dieses Problem reicht übrigens weit über die letzten 90 Jahre zurück. Die Soziallehre der Kirche sieht ja ihre Quelle schon in der Heiligen Schrift selbst, angefangen vom Buch Genesis und dann besonders in den Evangelien und den Apostelschriften. Diese Lehre gehört von Anfang an zur Unterweisung der Kirche, zu ihrer Auffassung vom Menschen und vom sozialen Zusammenleben, und ist im Einzelnen ein Teil der Morallehre vom Menschen als Gemeinschaftswesen, wie sie nach den Erfordernissen der verschiedenen Epochen erarbeitet worden ist. Dieser Schatz der Tradition wurde dann von der Unterweisung der Päpste zur „sozialen Frage“ übernommen und weiterentwickelt, beginnend mit der Enzyklika *Rerum Novarum*. Im Zusammenhang dieser Frage ist auch das Problem der Arbeit immer wieder neu und tiefer gesehen worden, wobei es jedoch stets jene grundlegenden christlichen Wahrheiten beibehalten hat, die wir zeitlos nennen können.

Der Papst als symbolischer Helfer für streikende Arbeiter der Leninwerft in Danzig.

Wenn wir im vorliegenden Dokument wiederum auf dieses Problem zurückkommen – ohne allerdings vorzuhaben, alle diesbezüglichen Gesichtspunkte zu berühren –, dann nicht so sehr in der Absicht, die bisherigen Aussagen des kirchlichen Lehramtes aufzugreifen und zu wiederholen. Vielmehr geht es darum, vielleicht mehr als bisher herauszustellen, dass die menschliche Arbeit ein Schlüssel und wohl der wesentliche Schlüssel in der gesamten sozialen Frage ist, wenn wir sie wirklich vom Standpunkt des Wohls für den Menschen betrachten wollen. Wenn die Lösung oder vielmehr die allmähliche Lösung der sozialen Frage, die sich immer neu stellt und immer komplizierter wird, darauf abzielen soll, das menschliche Leben menschlicher zu machen, dann bekommt gerade dieser Schlüssel, die menschliche Arbeit, eine grundlegende und entscheidende Bedeutung. (…)

Die Arbeit im objektiven Sinn: die Technik

Diese Universalität und zugleich diese Vielfalt im Prozess des „Untertanmachens der Erde“ werfen Licht auf die menschliche Arbeit; denn die Herrschaft des Menschen über die Erde vollzieht sich durch die Arbeit und in der Arbeit. So wird der Sinn der objektiv verstandenen Arbeit deutlich, wie er in den verschiedenen Epochen der Kultur und Zivilisation zum Ausdruck kommt. Der Mensch beherrscht die Erde schon dadurch, dass er Tiere zähmt und züchtet und aus ihnen die nötige Nahrung und Kleidung für sich gewinnt, und dadurch, dass er aus Erde und Meer verschiedene Naturschätze entnehmen kann. Viel weitgehender jedoch macht sich der Mensch die Erde „untertan“, wenn er sie zu bebauen beginnt und dann ihre Produkte seinen Bedürfnissen entsprechend verarbeitet. Die Landwirtschaft stellt somit einen vorrangigen Zweig der wirtschaftlichen Tätigkeit und – durch die menschliche Arbeit – einen unentbehrlichen Produktionsfaktor dar. Die Industrie wiederum wird immer in der Verbindung der Schätze der Erde – sowohl der vorgegebenen lebenden Naturprodukte als auch der Produkte der Landwirtschaft sowie der mineralischen und chemischen Bodenschätze – mit der Arbeit des Menschen, der körperlichen wie der geistigen, bestehen. Das gilt in gewissem Sinn auch für den Bereich der so genannten Dienstleistungsindustrie sowie der reinen und angewandten Forschung.

In Industrie und Landwirtschaft ist die Arbeit des Menschen heute in vielen Fällen keine überwiegend körperliche mehr, da die Mühe der Hände und Muskeln von Maschinen und Mechanismen unterstützt wird, deren Vervollkommnung unaufhörlich fortschreitet. Nicht nur in der Industrie, sondern auch in der Landwirtschaft sind wir Zeugen von Umwandlungen, die durch die stufenweise und ununterbrochene Entwicklung von Wissenschaft und Technik ermöglicht wurden. Dies alles ist, historisch gesehen, eine Ursache großer Umwälzungen der Zivilisation geworden, vom Beginn des „Industriezeitalters“ zu den jeweils folgenden, durch neue Techniken bedingten Entwicklungsphasen, wie der Phase der Elektronik oder der Mikroprozessoren in den letzten Jahren.

Wenn auch der Eindruck entstehen könnte, dass im industriellen Prozess die Maschine „arbeitet", während der Mensch sie nur bedient, indem er auf verschiedene Weise ihr Funktionieren ermöglicht und unterstützt, so trifft doch zu, dass die industrielle Entwicklung gerade dadurch Anlass gibt, das Problem der menschlichen Arbeit in neuer Weise wieder zu stellen. Sowohl die erste Industrialisierung, welche die so genannte Arbeiterfrage geschaffen hat, als auch die darauf folgenden industriellen und nachindustriellen Umwandlungen zeigen deutlich, dass auch im Zeitalter der immer stärker mechanisierten „Arbeit" der Mensch das eigentliche Subjekt der Arbeit bleibt. (...)

Wenn die Bibelworte „macht Euch die Erde untertan", die seit dem Anfang an die Menschen gerichtet sind, von der gesamten modernen industriellen und nachindustriellen Zeit her verstanden werden, schließen sie zweifellos auch eine Beziehung zur Technik ein, zu jener Welt der Mechanismen und Maschinen, die eine Frucht der Verstandesarbeit des Menschen und eine geschichtliche Bestätigung seiner Herrschaft über die Natur sind.

Die jüngste Epoche der Menschheitsgeschichte zeigt vor allem bei einigen Völkern einen berechtigten Triumph der Technik als eines Grundfaktors für wirtschaftlichen Fortschritt; gleichzeitig jedoch hat dieser Triumph zentrale Fragen aufgeworfen und wirft sie immer noch auf: Fragen über die menschliche Arbeit im Verhältnis zu ihrem Subjekt, das eben der Mensch ist. Diese Fragen sind mit schwerwiegenden Inhalten und Spannungen von ethischem und ethisch-sozialem Charakter beladen. Sie stellen daher eine ständige Herausforderung für vielerlei Institutionen dar, für Staaten und Regierungen, für internationale Systeme und Organisationen; sie sind eine Herausforderung auch für die Kirche.

Die Solidarität der arbeitenden Menschen

Wenn man von der menschlichen Arbeit in der fundamentalen Dimension ihres Subjekts spricht, also vom personalen Menschen, der diese Arbeit ausführt, so muss man unter diesem Gesichtspunkt auch eine wenigstens summarische Wertung der Entwicklungen vornehmen, die sich in den 90 Jahren seit der Enzyklika *Rerum Novarum* in Bezug auf den subjektiven Aspekt der Arbeit vollzogen haben. Denn obwohl das Subjekt der Arbeit immer das gleiche ist, nämlich der Mensch, so kann man doch im objektiven Bereich eine beachtliche Vielfalt sehen. Wenn man auch sagen kann, dass die Arbeit auf Grund ihres Subjektes nur eine (einzig und jeweils unwiederholbar) ist, muss man im Hinblick auf ihre objektive Ausrichtung doch feststellen, dass es viele Arbeiten gibt: lauter verschiedene Arbeiten. Die Entwicklung der menschlichen Zivilisation führt auf diesem Gebiet zu ständiger Bereicherung. Gleichzeitig jedoch kann man nicht übersehen, dass im Verlauf dieser Entwicklung nicht nur neue Formen von Arbeit auftauchen, sondern andere auch verschwinden. Mag man darin auch im Großen und Ganzen eine normale Erscheinung sehen, so muss man dennoch darauf achten, ob und in welchem Maß sich dabei nicht auch gewisse Auswüchse einschleichen, die in ethisch-sozialer Hinsicht gefährlich sein können.

Gerade infolge eines solchen Auswuchses von großer Tragweite entstand im vergangenen Jahrhundert die so genannte Arbeiterfrage, manchmal auch als Problem des Proletariats bezeichnet. Diese Frage und die mit ihr verbundenen Probleme haben eine berechtigte soziale Reaktion hervorgerufen und unter den arbeitenden Menschen, in erster Linie unter den Industriearbeitern, geradezu einen Sturm der Solidarität ausgelöst. Der Aufruf zu Solidarität und gemeinsamem Handeln, der an die Arbeiter – vor allem an jene in eintöniger, nur in Teilvorgängen bestehender, abstumpfender Arbeit industrieller Großbetriebe, wo die Maschine immer mehr den Menschen beherrscht – ergangen ist, war vom Standpunkt der Sozialethik wertvoll und ausdrucksstark. Es war die Reaktion gegen die Erniedrigung des Menschen als des Subjekts der Arbeit und gegen die damit verbundene unerhörte Ausbeutung auf dem Gebiet der Löhne, der Arbeitsbedingungen und der Vorsorge für die Person des Arbeiters. Diese Reaktion hat die Arbeiterwelt zu einer durch große Solidarität gekennzeichneten Gemeinschaft zusammengeschlossen.

„Die Entwicklung der menschlichen Zivilisation führt zu ständiger Bereicherung!"

Im Einklang mit der Enzyklika *Rerum Novarum* und vielen darauf folgenden Dokumenten des kirchlichen Lehramtes muss man offen anerkennen, dass die Reaktion gegen das ungerechte und schädliche System, das auf dem arbeitenden Menschen in jener Zeit rascher Industrialisierung lastete und das um Rache zum Himmel schrie, sozialmoralisch gerechtfertigt war. Diese Zustände waren durch das sozio-politische System des Liberalismus begünstigt, das ja nach seinen ökonomistischen Grundsätzen die wirtschaftliche Initiative ausschließlich der Kapitaleigentümer stärkte und sicherte, sich jedoch nicht genügend um die Rechte des arbeitenden Menschen kümmerte, entsprechend der These, die menschliche Arbeit sei lediglich ein Produktionsmittel, das Kapital hingegen sei die Grundlage, der Maßstab und der Zweck der Produktion.

Seitdem hat die Solidarität unter den arbeitenden Menschen, verbunden mit einem klareren und einsatzbereiteren Bewusstsein der Gegenseite hinsichtlich der Rechte der Arbeiter, in vielen Fällen tief greifende Änderungen bewirkt. Verschiedene neue Systeme sind erdacht worden. Verschiedene Formen von Neo-Kapitalismus und Kollektivismus haben sich entwickelt. Nicht selten können die Arbeiter an der Leitung und an der Produktivitätskontrolle der Unternehmen teilnehmen und machen von dieser Möglichkeit auch Gebrauch. Mit der Hilfe entsprechender Verbände nehmen sie auf die Arbeits- und Lohnbedingungen sowie auf die Sozialgesetzgebung Einfluss. Gleichzeitig jedoch ließen verschiedene ideologische Systeme oder Machtgruppierungen sowie auch neue Beziehungen auf den einzelnen Ebenen menschlichen Zusammenlebens offene Ungerechtigkeiten weiter bestehen oder haben neue geschaffen. Auf Weltebene hat die Entwicklung von Zivilisation und Kommunikation eine vollständigere Beurteilung der Lebens- und Arbeitsbedingungen des Menschen auf der ganzen Erde möglich gemacht, aber auch neue Weisen von Ungerechtigkeit ans Licht gebracht, und zwar weit größeren Ausmaßes als jene, die im vorigen Jahrhundert den Zusammenschluss der arbeitenden Menschen durch eine besondere Solidarität in der Welt der Arbeit angeregt hatten. Das gilt für die Länder, die bereits einen gewissen Prozess industrieller Revolution hinter sich haben, wie auch für jene, wo die vorherrschende Arbeit weiterhin in der Bebauung der Erde oder ähnlichen Tätigkeiten besteht. (...)

Arbeit und personale Würde

Wenn wir bei dieser Sicht des Menschen als Subjekt der Arbeit noch etwas verweilen, ist es angebracht, zumindest in großen Zügen einige Aspekte zu berühren, welche die Würde der menschlichen Arbeit näher erläutern, insofern sie eine vollständigere Kennzeichnung ihres spezifischen moralischen Wertes gestatten. Dabei muss man sich ständig die in der Bibel ausgesprochene Berufung vor Augen halten, die „Erde untertan zu machen", in welcher der Wille des Schöpfers zum Ausdruck kommt, dass die Arbeit es dem Menschen ermögliche, die ihm in der sichtbaren Welt zukommende „Herrschaft" zu verwirklichen.

Diese grundlegende Urabsicht Gottes für den Menschen, den er als sein Abbild schuf, ihm ähnlich, wurde nicht einmal in dem Augenblick abgeändert oder ausgelöscht, da der Mensch nach dem Bruch des ersten Bundes mit Gott die Worte vernahm: „Im Schweiße Deines Angesichts sollst Du Dein Brot essen." Diese Worte beziehen sich auf die manchmal drückende Mühe, welche seither die menschliche Arbeit begleitet, ändern jedoch nichts an der Tatsache, dass die Arbeit der Weg ist, auf dem der Mensch die ihm eigene „Herrschaft" über die sichtbare Welt verwirklicht, indem er sich die Erde „untertan macht". Diese Mühe ist eine allgemein bekannte, weil allgemein erfahrene Realität. Das wissen die Menschen mit körperlicher Arbeit, deren Tätigkeit manchmal unter äußerst schweren Bedingungen zu verrichten ist. Das wissen nicht nur die in der Landwirtschaft Tätigen, deren langes Tagewerk dem Bebauen der Erde gilt, die ihnen manchmal „Dornen und Disteln" trägt, sondern auch die Arbeiter in den Bergwerken und Steinbrüchen, die Arbeiter der Metallindustrie an ihren Hochöfen, die oft an Leben und Gesundheit gefährdeten Bauarbeiter. Das wissen auch die Menschen in der Werkstatt intellektueller Arbeit; das wissen die Wissenschaftler und die Menschen, auf denen die schwere Verantwortung für sozial weit reichende Entscheidungen lastet. Das wissen die Ärzte und die Krankenpfleger, die Tag und Nacht bei ihren Kranken wachen. Das wissen die Frauen, die manchmal ohne gebührende Aner-

LABOREM EXERCENS

kennung seitens der Gesellschaft, ja sogar der Angehörigen, tagtäglich die Mühe und die Verantwortung des Haushalts und der Kindererziehung tragen. Das wissen alle arbeitenden Menschen, und da zu arbeiten die Berufung aller ist, wissen es alle Menschen. (…)

Im großen Zusammenhang der Menschenrechte

Wenn die Arbeit eine Pflicht im mehrfachen Sinne dieses Wortes ist, eine Verpflichtung, dann ist sie zugleich auch eine Quelle von Rechten des Arbeitnehmers. Diese Rechte müssen untersucht werden im großen Zusammenhang der Menschenrechte insgesamt, der Rechte, die sich aus der Natur des Menschen ergeben und von denen viele durch verschiedene internationale Stellen proklamiert sind und von den einzelnen Staaten für ihre Bürger immer mehr garantiert werden. Die Achtung dieses weiten Gefüges der Menschenrechte stellt die Grundbedingung für den Frieden in der Welt von heute dar: für den Frieden sowohl im Inneren der einzelnen Länder und Völker als auch auf internationaler Ebene. Das Lehramt der Kirche hat dies schon oft betont, besonders seit der Enzyklika *Pacem In Terris*. In den weiteren Rahmen dieser fundamentalen Rechte der Person lassen sich die Menschenrechte, die der Arbeit entspringen, ohne Schwierigkeit einfügen.

Dennoch weisen sie innerhalb dieses Rahmens einen spezifischen Charakter auf, welcher der besonderen, oben dargelegten Natur der menschlichen Arbeit entspricht, und gerade diesem Charakter gemäß müssen wir sie nun betrachten. Die Arbeit ist, wie gesagt, eine Pflicht, eine Verpflichtung des Menschen, und das im mehrfachen Sinne dieses Wortes. Der Mensch muss arbeiten, einmal weil es ihm der Schöpfer aufgetragen hat, dann wegen seiner Menschennatur, für deren Erhaltung und Entwicklung die Arbeit erforderlich ist. Der Mensch schuldet die Arbeit auch seinen Mitmenschen, insbesondere seiner Familie, aber auch der Gesellschaft, der er angehört, der Nation, deren Sohn oder Tochter er ist, der ganzen Menschheitsfamilie, deren Glied er ist: Erbe der Arbeit von Generationen und zugleich Mitgestalter der Zukunft derer, die im Ablauf der Geschichte nach ihm kommen werden. All das macht die moralische Verpflichtung zur Arbeit aus, im weiten Sinne jenes Wortes. Wenn es um die moralischen Rechte jedes Menschen hinsichtlich der Arbeit geht, welche dieser Verpflichtung entsprechen, muss man also immer das ganze, weite Bezugssystem vor Augen haben, in dem sich die Tätigkeit jedes arbeitenden Menschen abspielt. (…)

Das Problem des Arbeitsplatzes

Wenn man die Rechte der Arbeitenden gerade im Hinblick auf diesen „indirekten Arbeitgeber" bedenkt, also im Hinblick auf das Gefüge der nationalen und internationalen Stellen, die für die ganze Ausrichtung der Arbeitspolitik verantwortlich sind, muss man seine Aufmerksamkeit zuerst auf ein grundlegendes Problem richten, nämlich auf das Problem des Arbeitsplatzes, mit anderen Worten, auf das Problem einer geeigneten Beschäftigung für alle Arbeitsfähigen. Das Gegenteil einer gerechten und geordneten Situation auf diesem Gebiet ist die Arbeitslosigkeit, der Mangel an Arbeitsplätzen für Arbeitsfähige. Es kann sich dabei um eine allgemeine oder eine auf einzelne Sektoren beschränkte Arbeitslosigkeit handeln. Aufgabe der genannten Institutionen, die hier unter dem Namen des indirekten Arbeitgebers verstanden werden, ist es, die Arbeitslosigkeit zu bekämpfen, die in jedem Fall ein Übel ist und, wenn sie große Ausmaße annimmt, zu einem echten sozialen Notstand werden kann. Ein besonders schmerzliches Problem wird sie, wenn sie vor allem die Jugendlichen trifft, die nach einer entsprechenden allgemein bildenden, technischen und beruflichen Vorbereitung keinen Arbeitsplatz finden können und ihren ehrlichen Arbeitswillen und ihre Bereitschaft, die ihnen zukommende Verantwortung für die wirtschaftliche und soziale Entwicklung der Gesellschaft zu übernehmen, schmerzlich frustriert sehen. Die Pflicht der Hilfeleistung für die Arbeitslosen, das heißt die Verpflichtung, den beschäftigungslosen Arbeitnehmern und ihren Familien durch die dazu nötige entsprechende Unterstützung den Lebensunterhalt zu sichern, entspringt dem Grundprinzip der für diesen Bereich gültigen sittlichen Ordnung, nämlich dem Prinzip der gemeinsamen Nutznießung der Güter oder, anders und einfacher ausgedrückt, dem Recht auf Leben und Unterhalt.

„Es ist unsere Aufgabe, die Arbeitslosigkeit zu bekämpfen, die in jedem Fall ein Übel ist"

Um der Gefahr der Arbeitslosigkeit entgegenzutreten und allen einen Arbeitsplatz zu sichern, müssen die hier als „indirekte Arbeitgeber" bezeichneten Stellen für eine Gesamtplanung zu Gunsten jener differenzierten Werkstatt sorgen, in der sich nicht nur das wirtschaftliche, sondern auch das kulturelle Leben eines Landes formt; darüber hinaus müssen sie auf eine korrekte und rationelle Organisation der Arbeit in dieser Werkstatt achten. Diese Gesamtsorge obliegt letzten Endes dem Staat, darf jedoch nicht einer einseitigen Zentralisierung durch die öffentliche Hand gleichkommen. Es geht vielmehr um eine gerechte und überlegte Koordinierung, in deren Rahmen die freie Initiative der einzelnen Personen, der unabhängigen Gruppen, der örtlichen Betriebe und Unternehmen garantiert sein muss, unter Berücksichtigung dessen, was oben bereits über den subjekthaften Charakter der menschlichen Arbeit gesagt worden ist.

Die Tatsache der gegenseitigen Abhängigkeit der einzelnen Länder und Staaten und die Notwendigkeit der Zusammenarbeit auf verschiedenen Gebieten fordern, dass man – unter Berücksichtigung der souveränen Rechte eines jeden von ihnen auf den Gebieten der Planung und der Organisation der Arbeit im eigenen Bereich – in diesem wichtigen Sektor gleichzeitig auf der Ebene der internationalen Zusammenarbeit durch entsprechende Verträge und Vereinbarungen tätig wird. Auch hier muss das Grundanliegen solcher Verträge und Vereinbarungen immer mehr die menschliche Arbeit werden, als Grundrecht aller Menschen verstanden; die Arbeit, welche allen, die sie verrichten, analoge Rechte verleiht, so dass der Lebensstandard der Arbeitenden in den einzelnen Ländern immer weniger jene Ärgernis erregenden Unterschiede aufweise, die ungerecht sind und sogar gewaltsame Reaktionen hervorrufen können. (…)

Lohn und besondere Sozialleistungen

Nachdem wir die wichtige Rolle beschrieben haben, welche dem Bemühen um eine Beschäftigung für alle Arbeitnehmer zukommt, um so die Achtung der unveräußerlichen Rechte des Menschen hinsichtlich seiner Arbeit zu gewährleisten, ist es angebracht, diese Rechte näher zu betrachten, die letzten Endes im Verhältnis zwischen dem

Am Tag der Arbeit 2000 überreicht ein Arbeiter in Rom dem Papst einen Helm.

Arbeitnehmer und dem direkten Arbeitgeber ins Spiel kommen. Alles, was bisher zum Thema des indirekten Arbeitgebers gesagt worden ist, dient dem Zweck, eben dieses Verhältnis genauer zu bestimmen, und zwar durch das Aufzeigen jener vielfältigen Bedingungen, die es indirekt prägen. Diese Erwägung hat jedoch keinen ausschließlich beschreibenden Sinn; sie ist auch nicht ein kurzer Traktat über Wirtschaft oder Politik. Es geht darum, den deontologischen und moralischen Aspekt eines Problems deutlich zu machen. Das Schlüsselproblem der Sozialethik ist aber die Frage des gerechten Lohnes für die geleistete Arbeit. Es gibt heutzutage keine wichtigere Weise, die Gerechtigkeit im Verhältnis zwischen Arbeitnehmer und Arbeitgeber zu verwirklichen, als eben die Bezahlung der Arbeit. Unabhängig davon, ob diese Arbeit im System des Privateigentums an den Produktionsmitteln geleistet wird oder in einem System, wo dieses Eigentum eine Art „Sozialisierung" erfahren hat, wird das Verhältnis zwischen dem Arbeitgeber (vor allem direkter Art) und dem Arbeitnehmer durch den Lohn geregelt, durch das gerechte Entgelt für die geleistete Arbeit.

Es ist auch hervorzuheben, dass die Gerechtigkeit eines sozio-ökonomischen Systems und auf jeden Fall sein rechtes Funktionieren letzten Endes nach der Art und Weise einzuschätzen sind, wie in jenem System die menschliche Arbeit ihre angemessene Entlohnung findet. Hier sind wir erneut beim Grundprinzip der ganzen sozialethischen Ordnung angelangt, beim Prinzip der gemeinsamen Nutznießung der Güter. In jedem System, unabhängig von dem ihm zu Grunde liegenden konkreten Verhältnis zwischen Kapital und Arbeit, bleibt die Bezahlung, das heißt der Lohn für die geleistete Arbeit, der konkrete Weg, der den meisten Menschen den Zugang zu jenen Gütern eröffnet, die zur gemeinsamen Nutznießung bestimmt sind, seien es die Güter der Natur, seien es die Erzeugnisse der Produktion. Zu beiden Arten hat der Arbeitende durch die Bezahlung Zugang, die er als Entlohnung für seine Arbeit erhält. Somit wird gerade die gerechte Bezahlung jeweils zum Prüfstein für die Gerechtigkeit des gesamten sozio-ökonomischen Systems und für sein rechtes Funktionieren. Es ist dies nicht der einzige Maßstab hierfür, aber ein besonders wichtiger und in gewissem Sinne der entscheidende.

Eine solche Überprüfung betrifft vor allem die Familie. Die gerechte Entlohnung für die Arbeit eines Erwachsenen, der Verantwortung für eine Familie trägt, muss dafür ausreichen, eine Familie zu gründen, angemessen zu unterhalten und für die Zukunft zu sichern. Eine solche Entlohnung kann entweder durch eine so genannte familiengerechte Bezahlung zu Stande kommen – das heißt durch einen dem Familienvorstand für seine Arbeit ausbezahlten Gesamtlohn, der für die Erfordernisse der Familie ausreicht, ohne dass die Gattin einem außerhäuslichen Erwerb nachgehen muss – oder durch besondere Sozialleistungen, wie Familienbeihilfen oder Zulagen für die Mutter, die sich ausschließlich der Familie widmet; diese Beihilfen müssen im Einklang mit den tatsächlichen Notwendigkeiten der Familie stehen, also der Zahl der zu versorgenden Personen entsprechen, solange diese nicht in der Lage sind, die Verantwortung für ihr Leben auf angemessene Weise in eigene Hände zu nehmen.

„Die Arbeiter haben das Recht, sich zusammenzuschließen, also Verbände oder Vereinigungen zu bilden"

Die Erfahrung bestätigt, dass man sich für die soziale Aufwertung der mütterlichen Aufgaben einsetzen muss, für die Aufwertung der Mühen, die mit ihnen verbunden sind, und des Bedürfnisses der Kinder nach Pflege, Zuwendung und Herzlichkeit, damit sie sich zu verantwortungsbewussten, sittlich und religiös reifen und psychisch ausgeglichenen Persönlichkeiten entwickeln können. Es wird einer Gesellschaft zur Ehre gereichen, wenn sie es der Mutter ermöglicht, sich ohne Behinderung ihrer freien Entscheidung, ohne psychologische oder praktische Diskriminierung und ohne Benachteiligung gegenüber ihren Kolleginnen der Pflege und Erziehung ihrer Kinder je nach den verschiedenen Bedürfnissen ihres Alters zu widmen. (...)

In diesem Zusammenhang ist darauf hinzuweisen, dass, allgemeiner gesprochen, der ganze Arbeitsprozess so organisiert und angepasst werden muss, dass die Erfordernisse der Person und ihrer Lebensweise, vor allem ihres häuslichen Lebens, gebührende Beachtung finden, wobei dem Alter und Geschlecht eines jeden Rechnung zu tragen ist. Es ist eine Tatsache, dass in vielen Ländern die Frauen in fast allen Lebensbereichen tätig sind. Sie sollten aber diese Tätigkeiten ihrem eigenen Wesen gemäß verrichten können, ohne Diskriminierungen und ohne Ausschluss von Stellungen, für die sie befähigt sind, aber zugleich auch, ohne wegen ihrer familiären Wünsche oder wegen ihrer spezifischen Rolle bei der Aufgabe, an der Seite der Männer zum Wohl der Gesellschaft beizutragen, weniger geachtet zu werden. Die wahre Aufwertung der Frau erfordert eine Arbeitsordnung, die so strukturiert ist, dass sie diese Aufwertung nicht mit dem Aufgeben ihrer Eigenheit bezahlen muss und zum Schaden der Familie, in der ihr als Mutter eine unersetzliche Rolle zukommt. (...)

Die Bedeutung der Gewerkschaften

Aus all diesen Rechtsansprüchen zusammen mit der Notwendigkeit, dass die Arbeitnehmer selbst sich für deren Gewährleistung einsetzen, ergibt sich noch ein weiteres Recht, nämlich sich zusammenzuschließen, also Verbände oder Vereinigungen zu bilden, deren Zweck es ist, die Lebensinteressen der in den verschiedenen Berufen Tätigen zu vertreten. Solche Vereinigungen werden als Gewerkschaften bezeichnet. Die Lebensinteressen der Arbeitnehmer sind bis zu einem gewissen Punkt allen gemeinsam; gleichzeitig jedoch weist jede Art von Arbeit, jeder Beruf bestimmte Eigenheiten auf, die in diesen Organisationen ihre besondere Berücksichtigung finden sollten.

Die Gewerkschaften gehen in gewissem Sinne schon auf die mittelalterlichen Zünfte zurück, insofern diese Organisationen jeweils Angehörige des gleichen Handwerks umfassten, also Menschen auf Grund der von ihnen verrichteten Arbeit zusammenschlossen. Gleichzeitig besteht jedoch ein wesentlicher Unterschied zwischen solchen Korporationen und den Gewerkschaften: Die modernen Gewerkschaften sind aus dem Kampf der Arbeitnehmer, der Arbeiterschaft und vor allem der Industriearbeiter, für den Schutz ihrer legitimen Rechte gegenüber den Unternehmern und den Besitzern der Produktionsmittel entstanden. Ihre Aufgabe ist die Verteidigung der existenziellen Interessen der Arbeitnehmer in allen Bereichen, in denen ihre Rechte berührt werden. Die historische Erfahrung lehrt, dass Organisationen dieser Art ein unentbehrliches Element des sozialen Lebens darstellen, vor allem in den modernen Industriegesellschaften. Das bedeutet freilich nicht, dass nur Industriearbeiter Vereinigungen dieser Art errichten könnten. Die Angehörigen aller Berufe können sich ihrer zur Sicherung der jeweiligen Rechte bedienen. Es gibt daher auch Gewerkschaften der Landwirte und der Arbeitnehmer in leitender Stellung wie auch Vereinigungen der Arbeitgeber. Alle teilen sich dann, wie gesagt, entsprechend den verschiedenen Berufszweigen noch weiter in Gruppen und Untergruppen auf.

Die katholische Soziallehre vertritt nicht die Meinung, dass die Gewerkschaften nur Ausdruck der „Klassen"-Struktur einer Gesellschaft und Teilnehmer des Klassenkampfes seien, der unvermeidlich das gesellschaftliche Leben beherrsche. Gewiss, sie nehmen teil am Kampf für die soziale Gerechtigkeit, für die berechtigten Ansprüche der Arbeitenden in den verschiedenen Berufen. Dieser „Kampf" muss jedoch als ein normaler Einsatz für ein gerechtes Gut angesehen werden: in diesem Fall für das Wohl, das den Bedürfnissen und Verdiensten der nach Berufen zusammengeschlossenen Arbeitnehmer entspricht. Es ist dies aber kein Kampf gegen andere. Wenn er bei umstrittenen Fragen auch den Charakter einer Opposition gegen andere annimmt, so geschieht das im Hinblick auf das Gut der sozialen Gerechtigkeit und nicht um des „Kampfes" willen oder um den Gegner auszuschalten. Es ist ein Kennzeichen der Arbeit, dass sie die Menschen vor allem eint; darin besteht ihre soziale Kraft: sie bildet Gemeinschaft. In dieser Gemeinschaft müssen sich letzten Endes alle irgendwie zusammenfinden, sowohl jene, die arbeiten, wie auch jene, die über die Produktionsmittel verfügen oder sie besitzen. Im Licht dieser grundlegenden Struktur jeder Arbeit – im Licht der Tatsache, dass schließlich in jedem sozialen System „Arbeit" und „Kapital" die unentbehrlichen Elemente des Produktionsprozesses sind – bleibt der arbeitsbedingte Zusammenschluss von Menschen zur Verteidigung der ihnen zukommenden Rechte ein positiver Faktor der sozialen Ordnung und Solidarität, von dem man nicht absehen kann. (...)

VERITATIS SPLENDOR

„Die Heilige Schrift bleibt die Quelle der Sittenlehre!“

An alle Bischöfe der katholischen Kirche schreibt der Papst seine zehnte Enzyklika, *Veritatis Splendor*, über einige grundlegende Fragen der kirchlichen Morallehre. Dieses Rundschreiben wird am 6. August 1993 veröffentlicht.

Nachdenken: Wenn Johannes Paul II. in seinen Enzykliken zu einem Thema Stellung bezieht, ist das für die Bischöfe verbindlich.

(…) Heute erscheint es notwendig, über die Morallehre der Kirche insgesamt nachzudenken, mit der klaren Zielsetzung, einige fundamentale Wahrheiten der katholischen Lehre in Erinnerung zu rufen, die im heutigen Kontext Gefahr laufen, verfälscht oder verneint zu werden. Es ist nämlich eine neue Situation gerade innerhalb der christlichen Gemeinschaft entstanden, die hinsichtlich der sittlichen Lehren der Kirche die Verbreitung vielfältiger Zweifel und Einwände menschlicher und psychologischer, sozialer und kultureller, religiöser und auch im eigentlichen Sinne theologischer Art erfahren hat. Es handelt sich nicht mehr um begrenzte und gelegentliche Einwände, sondern um eine globale und systematische Infragestellung der sittlichen Lehrüberlieferung auf Grund bestimmter anthropologischer und ethischer Auffassungen. Diese haben ihre Wurzel in dem mehr oder weniger verborgenen Einfluss von Denkströmungen, die schließlich die menschliche Freiheit der Verwurzelung in dem ihr wesentlichen und für sie bestimmenden Bezug zur Wahrheit beraubt. So wird die herkömmliche Lehre über das Naturgesetz, über die Universalität und bleibende Gültigkeit seiner Gebote abgelehnt; Teile der kirchlichen Moralverkündigung werden für schlechthin unannehmbar gehalten; man ist der Meinung, das Lehramt dürfe sich in Moralfragen nur einmischen, um die „Gewissen zu ermahnen“ und „Werte vorzulegen“, nach denen dann ein jeder autonom die Entscheidungen und Entschlüsse seines Lebens inspirieren wird.(…)

Der Mensch von heute muss sich aufs Neue an Christus wenden, um von ihm die Antwort darauf zu erhalten, was gut und was schlecht ist. Er ist der Meister, der Auferstandene, der das Leben in sich hat und der in seiner Kirche und in der Welt immer gegenwärtig ist. Er erschließt den Gläubigen das Buch der Schrift und lehrt durch die volle Offenbarung des Willens des Vaters die Wahrheit über das sittliche Handeln. Am Ursprung und am Höhepunkt des Heilsplanes, des Alphas und Omegas der menschlichen Geschichte (vgl. *Offb* 1, 8; 21, 6; 22, 13), enthüllt Christus die Lage des Menschen und seine volle Berufung. Darum muss sich „der Mensch, der sich selbst bis in die Tiefe verstehen will – nicht nur nach unmittelbar zugänglichen, partiellen, oft oberflächlichen und sogar nur scheinbaren Kriterien und Maßstäben des eigenen Seins –, mit seiner Unruhe, Unsicherheit und auch mit seiner Schwäche und Sündigkeit, mit seinem Leben und Tod Christus nahen. Er muss sozusagen mit seinem ganzen Selbst in ihn eintreten, muss sich die ganze Wirklichkeit der Menschwerdung und der Erlösung ‚aneignen‘ und assimilieren, um sich selbst zu finden. Wenn sich in ihm dieser tief greifende Prozess vollzieht, wird er nicht nur zur Anbetung Gottes veranlasst, sondern gerät auch in tiefes Staunen über sich selbst“.

Wenn wir also in das Innerste der Moral des Evangeliums vordringen und ihren tiefen und unwandelbaren Inhalt erfassen wollen, müssen wir sorgfältig den Sinn der von dem reichen Jüngling des Evangeliums gestellten Frage und mehr noch den Sinn der Antwort Jesu erforschen, indem wir uns von ihm leiten lassen. Jesus antwortet nämlich mit pädagogischer Einfühlung und Behutsamkeit, indem er den jungen Mann gleichsam an der Hand nimmt und Schritt für Schritt zur Wahrheit hinführt. (…)

„Wenn Du aber das Leben erlangen willst, halte die Gebote“ (*Mt* 19, 17)

Nur Gott vermag auf die Frage nach dem Guten zu antworten, weil er das Gute ist. Aber Gott hat bereits auf diese Frage geantwortet: Er hat das dadurch getan, dass er den Menschen geschaffen und mit Weisheit und Liebe durch das ihm ins Herz geschriebene Gesetz (vgl. *Röm* 2, 15), das „natürliche Gesetz“, auf sein Ziel hingeordnet hat. Dieses natürliche Gesetz ist „nichts anderes als das von Gott uns eingegebene Licht des Verstandes. Dank seiner wissen wir, was man tun und was man meiden soll. Dieses Licht und dieses Gesetz hat Gott uns bei der Erschaffung geschenkt.“ Er hat es dann in der Geschichte Israels im besonderen mit den „zehn Tafeln“, das heißt mit den Geboten vom Sinai, getan, durch die Gott die Existenz des Bundesvolkes begründet (vgl. *Ex* 24) und es dazu berufen hat, „unter allen Völkern sein besonderes Eigentum“, „ein heiliges Volk“ zu sein (vgl. Ex 19, 5–6), das seine Heiligkeit unter allen Völkern erstrahlen lassen möge (vgl. *Weish* 18, 4; *Ez* 20, 41). Das Geschenk der Zehn Gebote ist Verheißung und Zeichen des Neuen Bundes, wenn das Gesetz wiederum und endgültig in das Herz des Menschen hineingeschrieben werden wird (vgl. *Jer* 31, 31–34) und an die Stelle des Gesetzes der Sünde tritt, die dieses Herz entstellt hatte (vgl. *Jer* 17, 1). Dann wird ihm „ein neues Herz“ geschenkt, denn in ihm wird „ein neuer Geist“, der Geist Gottes, wohnen (vgl. *Ez* 36, 24–28). (...)

Aus dem Mund Jesu, des neuen Mose, werden den Menschen die Gebote des Dekalogs wiedergeschenkt; er selbst bestätigt sie endgültig und stellt sie uns als Weg und Bedingung des Heils vor. Das Gebot verbindet sich mit einer Verheißung: im Alten Bund war Gegenstand der Verheißung der Besitz eines Landes, in dem das Volk ein Dasein in Freiheit und Gerechtigkeit führen können sollte (vgl. *Dtn* 6, 20–25); im Neuen Bund ist Gegenstand der Verheißung das „Himmelreich“, wie Jesus zu Beginn der Bergpredigt – der Rede, die die umfassendste und vollständigste Darlegung des Neuen Gesetzes enthält (vgl. *Mt* 5–7) in offenkundiger Bezugnahme auf die Mose von Gott am Berg Sinai übergebenen Zehn Gebote sagt. Auf dieselbe Wirklichkeit des Himmelreiches bezieht sich der Ausdruck „ewiges Leben“, das Teilnahme am Leben Gottes selbst ist: es findet seine vollkommene Verwirklichung erst nach dem Tod, ist aber im Glauben schon jetzt Licht der Wahrheit, Sinnquelle für das Leben, beginnende Teilhabe an einer Fülle in der Nachfolge Christi. Jesus sagt nämlich nach der Begegnung mit dem reichen Jüngling zu den Jüngern: „Und jeder, der um meines Namens willen Häuser oder Brüder, Schwestern, Vater, Mutter, Kinder oder Äcker verlassen hat, wird dafür das Hundertfache erhalten und das ewige Leben gewinnen“ (*Mt* 19, 29). (...)

> *„Die Gebote stellen die Grundvoraussetzung für die Nächstenliebe dar und dienen zugleich ihrer Überprüfung“*

Die Gebote stellen also die Grundvoraussetzung für die Nächstenliebe dar; zugleich dienen sie ihrer Überprüfung. Sie sind die erste notwendige Etappe auf dem Weg zur Freiheit, ihr Anfang: „Die erste Freiheit – schreibt der heilige Augustinus – besteht im Freisein von schuldhaftem Versagen: das wären zum Beispiel Mord, Ehebruch, Unzucht, Diebstahl, Betrug, Gotteslästerung und so weiter. Wenn einer beginnt, nichts mit diesen Untaten zu tun zu haben (und kein Christ darf etwas mit ihnen zu tun haben), beginnt er, das Haupt zur Freiheit hin zu erheben, doch das ist erst der Anfang der Freiheit, nicht die vollkommene Freiheit ...“.

Das heißt selbstverständlich nicht, dass Jesus der Nächstenliebe Vorrang einräumen oder sie gar von der Gottesliebe trennen möchte. Das Gegenteil ist der Fall, wie sein Gespräch mit dem Gesetzeslehrer beweist: Als dieser ihm eine ganz ähnliche Frage wie der reiche Jüngling stellt, sieht er sich von Jesus auf die beiden Gebote der Gottesliebe und der Nächstenliebe verwiesen (vgl. *Lk* 10, 25–27) und dazu aufgefordert, sich zu erinnern, dass nur ihre Befolgung zum ewigen Leben führen kann: „Handle danach, und Du wirst leben“ (*Lk* 10, 28). Bezeichnend ist allerdings, dass gerade das zweite dieser Gebote die Neugier und die Frage des Gesetzeslehrers auslöst: „Und wer ist mein Nächster?“(*Lk* 10, 29). Der Meister antwortet mit dem Gleichnis vom barmherzigen Samariter, dem Schlüsselgleichnis für das volle Verständnis des Gebotes der Nächstenliebe (vgl. *Lk* 10, 30–37).

Die beiden Gebote, an denen „das ganze Gesetz hängt samt den Propheten“ (*Mt* 22, 40), sind zutiefst miteinander verbunden und durchdringen sich gegenseitig. Ihre unauflösliche Einheit wird von Christus mit den Worten und mit dem Leben bezeugt: Seine Sendung erreicht ihren Höhepunkt in dem Kreuz, das die Erlösung bringt (vgl. *Joh* 3, 14–15), Zeichen seiner unteilbaren Liebe zum Vater und zur Menschheit (vgl. *Joh* 13, 1).

Sowohl das Alte wie das Neue Testament bringen sehr klar zum Ausdruck, dass ohne die Nächstenliebe, die sich in der Einhaltung der Gebote konkretisiert, die echte Gottesliebe nicht möglich ist. Mit außerordentlicher Wortgewalt schreibt der heilige Johannes: „Wenn jemand sagt: ‚Ich liebe Gott!‘, aber seinen Bruder hasst, ist er ein Lügner. Denn wer seinen Bruder nicht liebt, den er sieht, kann Gott nicht lieben, den er nicht sieht“ (1 *Joh* 4, 20). Der Evangelist pflichtet der moralischen Verkündigung Christi bei, die in dem Gleichnis vom barmherzigen Samariter (vgl. *Lk* 10, 30–37) und in der „Rede“ vom Weltgericht auf bewundernswerte und unmissverständliche Weise Ausdruck findet (vgl. *Mt* 25, 31–46). (...)

Jesus führt die Gebote Gottes, insbesondere das Gebot der Nächstenliebe, dadurch ihrer Erfüllung zu, dass er ihre Forderungen verinnerlicht und ihren Anforderungen größere Radikalität verleiht: Die Liebe zum Nächsten entspringt einem Herzen, das liebt und das eben deshalb, weil es liebt, bereit ist, die höchsten Forderungen zu leben. Jesus zeigt, dass die Gebote nicht als eine nicht zu überschreitende Minimalgrenze verstanden werden dürfen, sondern vielmehr als eine Straße, die offen ist für einen sittlichen und geistlichen Weg der Vollkommenheit, deren Seele die Liebe ist (vgl. *Kol* 3, 14). So wird das Gebot „Du sollst nicht töten“ zum Aufruf zu einer fürsorglichen Liebe, die das Leben des Nächsten schützt und fördert; das Gebot, das den Ehebruch verbietet, wird zur Aufforderung zu einem reinen Blick, der im Stande ist, die bräutliche Bedeutung des Leibes zu achten: „Ihr habt gehört, dass zu den Alten gesagt worden ist: ‚Du sollst nicht töten‘; wer aber jemand tötet, soll dem Gericht verfallen sein. Ich aber sage Euch: Jeder, der seinem Bruder auch nur zürnt, soll dem Gericht verfallen sein ... Ihr habt gehört, dass gesagt worden ist: Du sollst nicht die Ehe brechen. Ich aber sage euch: Wer eine Frau auch nur lüstern ansieht, hat in seinem Herzen schon Ehebruch mit ihr begangen“ (*Mt* 5, 21–22. 27–28). Jesus selbst ist die lebendige „Erfüllung“ des Gesetzes, da er die Bedeutung des Gesetzes mit der totalen Selbsthingabe lebt: Er selbst wird in seinem Geist zum lebendigen und persönlichen Gesetz, das zu seiner Nachfolge einlädt, das die Gnade gewährt, sein Leben und seine Liebe zu teilen, und die Kraft bietet, in Entscheidungen und Taten von ihm Zeugnis zu geben (vgl. *Joh* 13, 34–35). (...)

> *„Du sollst nicht töten‘ ist ein Aufruf zu einer fürsorglichen Liebe, die das Leben des Nächsten schützt“*

„Seid gewiss: Ich bin bei Euch alle Tage bis zum Ende der Welt“ (*Mt* 28, 20)

Die Frage: „Meister, was muss ich Gutes tun, um das ewige Leben zu gewinnen?“ bricht im Herzen jedes Menschen auf, und es ist immer und allein Christus, der die volle und entscheidende Antwort anbietet. Der Meister, der die Gebote Gottes lehrt, der zur Nachfolge einlädt und die Gnade für ein neues Leben schenkt, ist immer unter uns gegenwärtig und tätig, gemäß der Verheißung: „Seid gewiss: Ich bin bei Euch alle Tage bis zum Ende der Welt“ (*Mt* 28, 20). Das gleichzeitige Gegenwärtigsein Christi mit dem Menschen jeder Zeit verwirklicht sich im lebendigen Leib der Kirche. Darum hat der Herr seinen Jüngern den Heiligen Geist verheißen: Er würde sie an seine Gebote „erinnern“ und sie ihnen verständlich machen (vgl. *Joh* 14, 26) und würde der Anfang und Quell eines neuen Lebens in der Welt sein (vgl. *Joh* 3, 5–8; *Röm* 8, 1–13).

Die von Gott im Alten Bund auferlegten und im Neuen und Ewigen Bund in der Person des Mensch gewordenen Gottessohnes erfüllten sittlichen Gebote müssen treu bewahrt und in den verschiedenen Kulturen im Laufe der Geschichte immer wieder aktualisiert werden. Die Aufgabe ihrer Interpretation war von Jesus den Aposteln und ihren Nachfolgern mit dem besonderen Beistand des Geistes der Wahrheit übertragen worden: „Wer Euch hört, der hört mich“ (*Lk* 10, 16). Mit dem Licht und der Kraft dieses Geistes haben die Apostel den Auftrag erfüllt, das Evangelium zu verkünden und „im Weg“ des Herrn zu unterweisen (vgl. *Apg* 18, 25), indem sie vor allem die Nachfolge und Nachahmung Christi lehren: „Für mich ist Christus das Leben“ (*Phil* 1, 21). (...)

Die Kirche und die Beurteilung einiger Tendenzen heutiger Moraltheologie

Die Kirche hat bei ihrer moralischen Reflexion stets die Worte bedacht, die Jesus an den reichen Jüngling gerichtet hat. Die Heilige Schrift bleibt in der Tat die lebendige und fruchtbare Quelle der Sittenlehre der Kirche, woran das Zweite Vatikanische Konzil erinnert hat: „das Evangelium ist ... die Quelle jeglicher Heilswahrheit und Sittenlehre.“ Getreu bewahrte sie, was das Wort Gottes nicht nur im Blick auf die Glaubenswahrheiten, sondern auch was es hinsichtlich des sittlichen Handelns lehrt, das heißt des Handelns, das Gott gefällt (vgl. 1 *Thess* 4, 1); dadurch erzielt sie eine Weiterentwicklung in der Lehre, analog zu jener im Bereich der Glaubenswahrheiten. Unter dem Beistand des Heiligen Geistes, der sie in die ganze Wahrheit führt (vgl. *Joh* 16, 13), hat die Kirche nicht aufgehört – und kann sie niemals aufhören –, das „Geheimnis des Fleisch gewordenen Wortes“ zu erforschen, in

VERITATIS SPLENDOR

dem sich ihr „das Geheimnis des Menschen wahrhaft aufklärt".

Das kirchliche Nachdenken über Moral, das sich immer im Lichte Christi, des „guten Meisters", vollzog, hat sich auch in der besonderen Form der theologischen Wissenschaft, der so genannten „Moraltheologie", entfaltet, einer Wissenschaft, die die göttliche Offenbarung aufgreift und befragt und zugleich den Anforderungen menschlicher Vernunft entspricht. Die Moraltheologie ist eine Reflexion, die die „Moralität", das heißt das Gute und das Schlechte der menschlichen Handlungen und der Person, die sie vollzieht, zum Inhalt hat, und in diesem Sinne steht sie allen Menschen offen; aber sie ist auch „Theologie", weil sie Anfang und Endziel des sittlichen Handelns in dem erkennt, der „allein gut ist" und der dem Menschen dadurch, dass er sich ihm in Christus hingibt, die Glückseligkeit des göttlichen Lebens anbietet.

Das Zweite Vatikanische Konzil hat die Wissenschaftler aufgefordert, „besondere Sorge auf die Vervollkommnung der Moraltheologie (zu verwenden), die, reicher genährt aus der Lehre der Schrift, in wissenschaftlicher Darlegung die Erhabenheit der Berufung der Gläubigen in Christus und ihre Verpflichtung, in der Liebe Frucht zu tragen für das Leben der Welt, erhellen soll". Ebenso hat das Konzil die Theologen eingeladen, „unter Wahrung der der Theologie eigenen Methoden und Erfordernisse nach immer geeigneteren Weisen zu suchen, die Lehre des Glaubens den Menschen ihrer Zeit zu vermitteln. Denn die Glaubenshinterlage selbst, das heißt die Glaubenswahrheiten, darf nicht verwechselt werden mit ihrer Aussageweise, auch wenn diese immer denselben Sinn und Inhalt meint." Von daher die weitere, sich auf alle Gläubigen erstreckende, besonders an die Theologen gerichtete Aufforderung: „Die Gläubigen sollen also in engster Verbindung mit den anderen Menschen ihrer Zeit leben und sich bemühen, ihre Denk- und Urteilsweisen, die in der Geisteskultur zur Erscheinung kommen, vollkommen zu verstehen."

Das Bemühen vieler Theologen, die sich von der Ermutigung des Konzils gestärkt fühlten, hat bereits seine Früchte getragen in bemerkenswerten und nützlichen Reflexionen über Glaubenswahrheiten, die es zu glauben und im Leben anzuwenden gilt und die von ihnen in einer dem Empfinden und den Fragen der Menschen unserer Zeit angemesseneren Form dargeboten werden. Die Kirche und insbesondere die Bischöfe, die Jesus Christus vor allem mit dem Dienst der Lehre betraut hat, nehmen dieses Bemühen mit Dankbarkeit an und ermutigen die Theologen zum Weiterarbeiten, das beseelt wird von einer tiefen, echten „Gottesfurcht, die der Anfang der Erkenntnis ist" (vgl. *Spr* 1, 7). (…)

Deutschlandbesuch 1996: Begeisterte Zuschauer bekennen sich mit einem Transparent zur katholischen Kirche.

„Dann werdet Ihr die Wahrheit erkennen, und die Wahrheit wird Euch befreien" (*Joh* 8, 32).

Die umstrittensten und unterschiedlich gelösten menschlichen Probleme in der gegenwärtigen Reflexion über die Moral sind, wenn auch in je verschiedener Weise, mit einem Grundproblem verknüpft: der Freiheit des Menschen.

Ohne Zweifel ist unsere Zeit zu einem besonders lebhaften Gespür für die Freiheit gelangt. „Die Würde der menschlichen Person kommt den Menschen unserer Zeit immer mehr zum Bewusstsein", stellte schon die Konzilserklärung über die Religionsfreiheit *Dignitatis Humanae* fest. Daher der Anspruch der Menschen, „dass sie bei ihrem Tun ihr eigenes Urteil und eine verantwortliche Freiheit besitzen und davon Gebrauch machen sollen, nicht unter Zwang, sondern vom Bewusstsein der Pflicht geleitet". Insbesondere das Recht auf Religions- und Gewissensfreiheit auf dem Weg zur Wahrheit wird zunehmend als Fundament der Rechte der menschlichen Person, in ihrer Gesamtheit betrachtet, empfunden.

„Moderne Denkströme verherrlichen die Freiheit zu einem Absolutum, das die Quelle aller Werte ist"

Der geschärfte Sinn für die Würde und Einmaligkeit der menschlichen Person wie auch für die dem Weg des Gewissens gebührende Achtung stellt also sicher eine positive Errungenschaft der modernen Kultur dar. Diese an sich authentische Wahrnehmung hat vielfältige, mehr oder weniger angemessene Ausdrucksformen gefunden, von denen jedoch einige von der Wahrheit über den Menschen als Geschöpf und Ebenbild Gottes abweichen und deshalb korrigiert beziehungsweise im Lichte des Glaubens geläutert werden müssen.

So ist man in manchen modernen Denkströmungen so weit gegangen, die Freiheit derart zu verherrlichen, dass man sie zu einem Absolutum machte, das die Quelle aller Werte wäre. In diese Richtung bewegen sich Lehren, die jeden Sinn für die Transzendenz verloren haben oder aber ausdrücklich atheistisch sind. Dem Gewissen des Einzelnen werden die Vorrechte einer obersten Instanz des sittlichen Urteils zugeschrieben, die kategorisch und unfehlbar über Gut und Böse entscheidet. Zu der Aussage von der Verpflichtung, dem eigenen Gewissen zu folgen, tritt unberechtigterweise jene andere, das moralische Urteil sei allein deshalb wahr, weil es dem Gewissen entspringt. Auf diese Weise ist aber der unabdingbare Wahrheitsanspruch zu Gunsten von Kriterien wie Aufrichtigkeit, Authentizität, „Übereinstimmung mit sich selbst" abhanden gekommen, so dass man zu einer radikal subjektivistischen Konzeption des sittlichen Urteils gelangt. (…)

Gewissen und Wahrheit – Das Heiligtum des Menschen

Die Beziehung zwischen der Freiheit des Menschen und dem Gesetz Gottes hat ihren lebendigen Sitz im „Herzen" der menschlichen Person, das heißt, in ihrem sittlichen Gewissen: „Im Innern seines Gewissens" – schreibt das Zweite Vatikanische Konzil – „entdeckt der Mensch ein Gesetz, das er sich nicht selbst gibt, sondern dem er gehorchen muss und dessen Stimme ihn immer zur Liebe und zum Tun des Guten und zur Unterlassung des Bösen anruft und, wo nötig, in den Ohren des Herzens tönt: ‚Tu dies, meide jenes.' Denn der Mensch hat ein Gesetz, das von Gott seinem Herzen eingeschrieben ist, dem zu gehorchen eben seine Würde ist und gemäß dem er gerichtet werden wird" (vgl. *Röm* 2, 14–16).

Darum steht die Art und Weise, wie man die Beziehung zwischen Freiheit und Gesetz versteht, schließlich in engem Zusammenhang mit der Auffassung, die man über das sittliche Gewissen hat. In diesem Sinne führen die oben erwähnten kulturellen Strömungen, die Freiheit und Gesetz einander entgegensetzen und voneinander trennen und die Freiheit in götzendienerischer Weise verherrlichen, zu einer Auffassung vom sittlichen Gewissen als „schöpferische" Instanz, eine Auffassung, die sich von der überlieferten Position der Kirche und ihres Lehramtes entfernt.

Nach der Meinung verschiedener Theologen habe man, zumindest in bestimmten Perioden der Vergangenheit, die Funktion des Gewissens lediglich auf die Anwendung allgemeiner sittlicher Normen auf Einzelfälle des persönlichen Lebens beschränkt gesehen. Solche Normen – heißt es – sind aber nicht in der Lage, die unwiederholbare Besonderheit aller einzelnen konkreten Akte der Personen in ihrer Gesamtheit zu umfassen und zu berücksichtigen; sie können in gewisser Weise bei einer richtigen Bewertung der Situation behilflich sein, sie können aber nicht an die Stelle der Personen treten und ihre Aufgabe übernehmen, eine persönliche Entscheidung über ihr Verhalten in bestimmten Einzelfällen zu treffen. Ja, die vorgenannte Kritik an der traditionellen Interpretation der menschlichen Natur und ihrer Bedeutung für das sittliche Leben verleitet einige Autoren zu der Behauptung, diese Normen seien nicht so sehr ein bindendes objektives Kriterium für die Urteile des Gewissens als vielmehr eine allgemeine Orientierung, die in erster Linie dem Menschen hilft, seinem persönlichen und sozialen Leben eine geregelte Ordnung zu geben. Darüber hinaus enthüllen sie die dem Phänomen des Gewissens eigene Komplexität: Diese steht in tiefem Zusammenhang mit dem gesamten psychologischen und affektiven Bereich und mit den vielfältigen Einflüssen der gesellschaftlichen und kulturellen Umgebung des Menschen. Andererseits wird der Wert des Gewissens hochgepriesen, das vom Konzil als „Heiligtum im Menschen, wo er allein ist mit Gott, dessen Stimme in diesem seinem Innersten zu hören ist", definiert wurde. Diese Stimme – so wird gesagt – veranlasse den Menschen nicht so sehr zu einer peinlich genauen Beachtung der universalen Normen als zu einer kreativen und verantwortlichen Übernahme der persönlichen Aufgaben, die Gott ihm anvertraut.

In dem Wunsch, den „kreativen" Charakter des Gewissens hervorzuheben, bezeichnen manche Autoren die Akte des Gewissens nicht mehr als „Urteile", sondern als „Entscheidungen": Nur dadurch, dass der Mensch „autonom" diese Entscheidungen trifft, könne er zu seiner sittlichen Reife gelangen. (...)

Nach dem Wahren und Guten suchen

Das Gewissen als Urteil über eine Handlung ist nicht frei von der Möglichkeit zu irren. „Nicht selten geschieht es" – schreibt das Konzil – „dass das Gewissen aus unüberwindlicher Unkenntnis irrt, ohne dass es dadurch seine Würde verliert. Das kann man aber nicht sagen, wenn der Mensch sich zu wenig darum müht, nach dem Wahren und Guten zu suchen, und das Gewissen durch Gewöhnung an die Sünde allmählich fast blind wird." Mit diesen knappen Worten bietet das Konzil eine Zusammenfassung der Lehre, welche die Kirche im Laufe von Jahrhunderten über das irrende Gewissen erarbeitet hat.

„Das Gewissen als Urteil über eine Handlung ist nicht frei von der Möglichkeit zu irren"

Gewiss, der Mensch muss, um ein „gutes Gewissen" (1 *Tim* 1, 5) zu haben, nach der Wahrheit suchen und gemäß dieser Wahrheit urteilen. Das Gewissen muss, wie der Apostel Paulus sagt, „vom Heiligen Geist erleuchtet" sein (*Röm* 9,1), es muss „rein" sein (2 *Tim* 1, 3), es darf „das Wort Gottes nicht verfälschen", sondern muss „offen die Wahrheit lehren" (2 *Kor* 4, 2). Andererseits ermahnt derselbe Apostel die Christen mit den Worten: „Gleicht Euch nicht dieser Welt an, sondern wandelt Euch und erneuert Euer Denken, damit Ihr prüfen und erkennen könnt, was der Wille Gottes ist: was ihm gefällt, was gut und vollkommen ist" (*Röm* 12, 2).

Die Mahnung des Paulus hält uns zur Wachsamkeit an mit dem warnenden Hinweis, dass sich in den Urteilen unseres Gewissens immer auch die Möglichkeit des Irrtums einnistet. Das Gewissensurteil ist kein unfehlbares Urteil: Es kann irren. Nichtsdestoweniger kann der Irrtum des Gewissens das Ergebnis einer unüberwindbaren Unwissenheit sein, das heißt einer Unkenntnis, derer sich der Mensch nicht bewusst ist und aus der er allein nicht herausgelangen kann.

In dem Fall, wo diese unüberwindliche Unkenntnis nicht schuldhaft ist, verliert das Gewissen – so erinnert uns das Konzil – nicht seine Würde, weil es, auch wenn es uns tatsächlich in einer von der objektiven sittlichen Ordnung abweichenden Weise anleitet, dennoch nicht aufhört, im Namen jener Wahrheit vom Guten zu reden, zu deren aufrichtiger Suche der Mensch aufgerufen ist. (...)

„Zur Freiheit hat uns Christus befreit" (*Gal* 5, 1)

Gemäß christlichem Glauben und der Lehre der Kirche führt „nur die Freiheit, die sich der Wahrheit unterwirft, die menschliche Person zu ihrem wahren Wohl. Das Wohl der Person besteht darin, sich in der Wahrheit zu befinden und die Wahrheit zu tun."

Die Konfrontation zwischen der Position der Kirche und der heutigen gesellschaftlichen und kulturellen Situation deckt unmittelbar die dringende Notwendigkeit auf, dass gerade im Hinblick auf diese grundlegende Frage von Seiten der Kirche selbst eine intensive Pastoralarbeit entwickelt werden muss: „Dieser wesentliche Zusammenhang zwischen der Wahrheit, dem Guten und der Freiheit ist der modernen Kultur größtenteils abhanden gekommen, und darum besteht heute eine der besonderen Forderungen an die Sendung der Kirche zur Rettung der Welt darin, den Menschen zur Wiederentdeckung dieses Zusammenhanges zu führen. Die Frage des Pilatus: ‚Was ist Wahrheit?' wird auch heute an der trostlosen Ratlosigkeit eines Menschen sichtbar, der häufig nicht mehr weiß, wer er ist, woher er kommt und wohin er geht. Und so erleben wir nicht selten das er schreckende Abgleiten der menschlichen Person in Situationen einer fortschreitenden Selbstzerstörung.

Wollte man gewissen Stimmen Gehör schenken, so scheint man nicht mehr die unzerstörbare Absolutheit auch nur eines einzigen sittlichen Wertes anerkennen zu dürfen. Allen Augen offenkundig ist die Verachtung des empfangenen und noch ungeborenen menschlichen Lebens; die ständige Verletzung der Grundrechte der Person; die ungerechte Zerstörung der für ein wirklich menschliches Leben notwendigen Güter. Ja, es ist noch viel Bedenklicheres geschehen: Der Mensch ist nicht mehr davon überzeugt, allein in der Wahrheit das Heil finden zu können. Die rettende, Heil bringende Kraft des Wahren wird angefochten, und allein der – freilich jeder Objektivität beraubten – Freiheit wird die Aufgabe zugedacht, autonom zu entscheiden, was gut und was böse ist. Dieser Relativismus führt auf theologischem Gebiet zum Misstrauen in die Weisheit Gottes, die den Menschen durch das Sittengesetz leitet. Den Geboten des Sittengesetzes stellt man die so genannten konkreten Situationen entgegen, weil man im Grunde nicht mehr daran festhält, dass das Gesetz Gottes immer das einzige wahre Gut des Menschen ist." (...)

Berlin 1992: Frauen demonstrieren gegen den Abtreibungs-Paragrafen.

UT UNUM SINT

Dialog mit den anderen christlichen Bekenntnissen

Papst Johannes Paul II. ruft am 25. Mai 1995 in einem Rundschreiben zum Einsatz für die Ökumene auf: Auszüge aus seiner zwölften Enzyklika *Ut Unum Sint.*

Der Papst und der Ökumenische Patriarch von Konstantinopel, Bartholomaios I., treffen sich im Juni 1995 im Vatikan.

Der Aufruf zur Einheit der Christen, den das Zweite Vatikanische Konzil mit so großer Eindringlichkeit vorgebracht hat, findet im Herzen der Gläubigen immer stärkeren Widerhall, besonders beim Näherrücken des Jahres 2000, das für sie ein heiliges Jubiläumsjahr sein wird zum Gedächtnis der Fleischwerdung des Gottessohnes, der Mensch geworden ist, um den Menschen zu retten. (…)

Christus ruft alle seine Jünger zur Einheit. Mein brennender Wunsch ist es, diese Aufforderung heute zu erneuern, sie mit Entschiedenheit wieder aufzuwerfen, wobei ich an das erinnere, was ich am Karfreitag 1994 zum Abschluss der von den Worten unseres verehrten Bruders, des Ökumenischen Patriarchen Bartholomaios von Konstantinopel, geführten Kreuzweg-Meditation am Kolosseum in Rom unterstrichen habe. Ich habe bei jenem Anlass gesagt, dass diejenigen, die an Christus glauben und durch die lange Reihe der Märtyrer miteinander verbunden sind, nicht gespalten bleiben können. Wenn sie gegen das Bestreben der Welt, das Geheimnis der Erlösung zu entleeren, wahrhaftig und wirksam ankämpfen wollen, müssen sie gemeinsam dieselbe Wahrheit über das Kreuz bekennen. Das Kreuz! Die antichristliche Strömung setzt sich zum Ziel, den Wert des Kreuzes zu zerstören, es seiner Bedeutung zu entleeren, indem sie leugnet, dass der Mensch in ihm die Wurzeln seines neuen Lebens hat; indem sie behauptet, das Kreuz vermöge weder Aussichten noch Hoffnungen zu nähren: Der Mensch, so heißt es, ist nur ein irdisches Wesen, das so leben soll, als ob es Gott nicht gäbe. (…)

Mit dem Zweiten Vatikanischen Konzil hat sich die katholische Kirche unumkehrbar dazu verpflichtet, den Weg der Suche nach der Ökumene einzuschlagen und damit auf den Geist des Herrn zu hören, der uns lehrt, aufmerksam die „Zeichen der Zeit" zu lesen. Die Erfahrungen, die die Suche nach Einheit in diesen Jahren erlebt hat und weiter erlebt, erleuchten sie noch tiefer über ihre Identität und ihre Sendung in der Geschichte. Die katholische Kirche sieht die Schwächen ihrer Söhne und Töchter und bekennt sie im Bewusstsein, dass deren Sünden ebenfalls Treuebrüche und Hindernisse für die Verwirklichung des Planes des Erlösers darstellen. Da sie sich unablässig zur Erneuerung nach dem Evangelium aufgerufen fühlt, hört sie nicht auf, Buße zu tun. Gleichzeitig erkennt und preist sie jedoch noch mehr die Macht des Herrn, der sie mit dem Geschenk der Heiligkeit überhäuft hat, sie an sich zieht und sie seinem Leiden und seiner Auferstehung angleicht.

> *„Christus ruft alle seine Jünger zur Einheit. Mein Wunsch ist es, diese Aufforderung zu erneuern"*

Im Wissen um die vielfältigen Wechselfälle ihrer Geschichte setzt sich die Kirche dafür ein, sich von jedem rein menschlichen Rückhalt zu befreien, um das Gesetz der Seligpreisungen aus dem Evangelium in seiner ganzen Tiefe zu leben. Da sie sich bewusst ist, dass sich die Wahrheit nicht anders durchsetzt „als kraft der Wahrheit selbst, die sanft und zugleich stark den Geist durchdringt", erstrebt sie für sich selber nichts außer die Freiheit, das Evangelium zu verkünden. In der Tat erprobt sich ihre Autorität im Dienst an der Wahrheit und der Liebe.

Ich selbst möchte jeden nützlichen Schritt fördern, damit das Zeugnis der gesamten katholischen Gemeinschaft in seiner vollen Reinheit und Konsequenz verstanden werden kann, vor allem im Hinblick auf jenes Ziel, das die Kirche an der Schwelle des neuen Jahrtausends erwartet, eines außerordentlichen Augenblicks, angesichts dessen sie den Herrn bittet, dass die Einheit zwischen allen Christen bis hin zur Erlangung der vollen Gemeinschaft wachsen möge. Dieses edle Ziel hat auch die vorliegende Enzyklika im Auge, die in ihrem vorwiegend pastoralen Charakter einen Beitrag dazu leisten will, das Bemühen aller zu unterstützen, die für das Anliegen der Einheit tätig sind.

Dies ist eine klare Verpflichtung des Bischofs von Rom als Nachfolger des Apostels Petrus. Ich erfülle sie mit der tiefen Überzeugung, dem Herrn zu gehorchen, und im vollen Bewusstsein meiner menschlichen Schwachheit. Denn auch wenn Christus dem Petrus diese besondere Sendung in der Kirche anvertraut und ihm aufgetragen hat, die Brüder zu stärken, so ließ er ihn gleichzeitig seine menschliche Schwachheit und die besondere Notwendigkeit seiner Bekehrung erkennen: „Und wenn Du Dich wieder bekehrt hast, dann stärke Deine Brüder" (*Lk* 22, 32). Gerade in der menschlichen Schwachheit des Petrus wird vollständig offenkundig, dass der Papst völlig von der Gnade und vom Gebet des Herrn abhängt, um dieses besondere Amt in der Kirche erfüllen zu können: „Ich habe für Dich gebetet, dass Dein Glaube nicht erlischt" (*Lk* 22, 32). Die Bekehrung des Petrus und seiner Nachfolger stützt sich auf das Gebet des Erlösers selber, und die Kirche nimmt ständig an diesem Bittgebet teil. In unserer, vom Zweiten Vatikanischen Konzil geprägten ökumenischen Epoche ist die Sendung des Bischofs von Rom in besonderer Weise darauf ausgerichtet, an das Erfordernis der vollen Gemeinschaft der Jünger Christi zu erinnern. (...)

Die ökumenische Verpflichtung der katholischen Kirche

Im gegenwärtigen Zustand der Spaltung unter den Christen und der zuversichtlichen Suche nach der vollen Gemeinschaft fühlen sich die katholischen Gläubigen zutiefst ermahnt vom Herrn der Kirche. Das Zweite Vatikanische Konzil hat durch ein klares und für alle, auch unter den anderen Christen vorhandene kirchliche Werte offenes Kirchenbild ihren Einsatz gestärkt. Die katholischen Gläubigen stellen sich im Geist des Glaubens der ökumenischen Problematik.

Das Konzil sagt, dass „die Kirche Christi in der katholischen Kirche verwirklicht ist, die vom Nachfolger Petri und von den Bischöfen in Gemeinschaft mit ihm geleitet wird", und anerkennt gleichzeitig, „dass außerhalb ihres Gefüges vielfältige Elemente der Heiligung und der Wahrheit zu finden sind, die als der Kirche Christi eigene Gaben auf die katholische Einheit hindrängen."

„Daher sind die getrennten Kirchen und Gemeinschaften trotz der Mängel, die ihnen nach unserem Glauben anhaften, nicht ohne Bedeutung und Gewicht im Geheimnis des Heiles. Denn der Geist Christi hat sich gewürdigt, sie als Mittel des Heiles zu gebrauchen, deren Wirksamkeit sich von der der katholischen Kirche anvertrauten Fülle der Gnade und Wahrheit herleitet."

Auf diese Weise bestätigt die katholische Kirche, dass sie während ihrer zweitausendjährigen Geschichte in der Einheit mit sämtlichen Gütern, mit denen Gott seine Kirche ausstatten möchte, erhalten geblieben ist, und das trotz der oft schweren Krisen, die sie erschüttert haben, trotz mangelnder Treue einiger ihrer Amtsträger und der Fehler, in die ihre Mitglieder tagtäglich verfallen. Die katholische Kirche weiß, dass namens der Hilfe, die ihr vom Heiligen Geist zukommt, die Schwächen, die Mittelmäßigkeiten, die Sünden, mitunter die Treuebrüche mancher ihrer Söhne und Töchter das nicht zerstören können, was Gott auf Grund seines Planes an Gnaden in sie eingegossen hat. Auch „die Mächte der Unterwelt werden sie nicht überwältigen" (*Mt* 16, 18). Die katholische Kirche vergisst jedoch nicht, dass viele in ihren Reihen Gottes Plan trüben. Wenn das Dekret über den Ökumenismus die Spaltung der Christen ins Gedächtnis zurückruft, weiß es sehr wohl um die „Schuld der Menschen auf beiden Seiten" und erkennt an, dass die Verantwortung nicht ausschließlich den „anderen" zugeschrieben werden kann. Durch Gottes Gnade ist jedoch das, was den Aufbau der Kirche Christi ausmacht, und auch jene Gemeinschaft, die mit den anderen Kirchen und kirchlichen Gemeinschaften fortbesteht, nicht zerstört worden.

Die Elemente der Heiligung und der Wahrheit, die in den anderen christlichen Gemeinschaften in je unterschiedlichem Grad vorhanden sind, bilden in der Tat die objektive Grundlage der, wenn auch unvollkommenen, Gemeinschaft, die zwischen ihnen und der katholischen Kirche besteht. (...)

Erneuerung und Bekehrung

Von den Anfängen, vom Imperativ des christlichen Gewissens bis hin zur Verwirklichung des ökumenischen Weges zur Einheit hebt das Zweite Vatikanische Konzil vor allem die Notwendigkeit der Bekehrung des Herzens hervor. Die messianische Verkündigung „Die Zeit ist erfüllt, das Reich Gottes ist nahe" und der darauf folgende Aufruf „Kehrt um, und glaubt an das Evangelium!" (*Mk* 1, 15), mit dem Jesus seine Sendung beginnt, nennen das grundlegende Element, das jeden Neubeginn kennzeichnen muss: das Grunderfordernis der Evangelisierung in jedem Abschnitt des Heilsweges der Kirche. Das betrifft in besonderer Weise den Prozess, den das Zweite Vatikanische Konzil dadurch eingeleitet hat, dass es in die Erneuerung die ökumenische Aufgabe aufgenommen hat, die voneinander getrennten Christen zu vereinen. „ Es gibt keinen echten Ökumenismus ohne innere Bekehrung."

> *„Auch die Mächte der Unterwelt werden die katholische Kirche nicht überwältigen"*

Das Konzil ruft sowohl zur persönlichen wie zur gemeinschaftlichen Bekehrung auf. Das Streben jeder christlichen Gemeinschaft nach der Einheit muss Schritt halten mit ihrer Treue zum Evangelium. Handelt es sich um Personen, die ihre christliche Berufung leben, spricht das Konzil von innerer Umkehr, von einem Neuwerden des Geistes.

Ein jeder muss sich also grundlegender zum Evangelium bekehren und, ohne je den Plan Gottes aus den Augen zu verlieren, seinen Blick ändern. Durch den Ökumenismus wurde die Betrachtung von „Gottes großen Taten" (mirabilia Dei) um neue Räume bereichert, in denen der dreieinige Gott das Wirken der Gnade weckt: die Wahrnehmung, dass der Heilige Geist in den anderen christlichen Gemeinschaften tätig ist; die Entdeckung von Beispielen der Heiligkeit; die Erfahrung der unbegrenzten Reichtümer der Gemeinschaft der Heiligen; der Kontakt mit unvorhersehbaren Aspekten des christlichen Engagements. Dementsprechend hat auch das Bußbedürfnis zugenommen: das Bewusstsein von gewissen Ausschlüssen, die die brüderliche Liebe verletzen; von gewissen Verweigerungen zu verzeihen; eines gewissen Stolzes; jenes nicht dem Evangelium entsprechenden Sich-Abkapselns in die Verdammung der „anderen"; einer Verachtung, die aus einer unlauteren Anmaßung herrührt. Auf diese Weise wird das ganze Leben der Christen von der ökumenischen Sorge geprägt, und sie sind aufgerufen, sich gleichsam von ihr formen zu lassen.

Im Lehramt des Konzils besteht ein klarer Zusammenhang zwischen Erneuerung, Bekehrung und Reform. Es führt aus: „Die Kirche wird auf dem Wege ihrer Pilgerschaft von Christus zu dieser dauernden Reform gerufen, deren sie allzeit bedarf, soweit sie menschliche und irdische Einrichtung ist; was also etwa je nach den Umständen und Zeitverhältnissen nicht genau genug bewahrt worden ist, muss deshalb zu gegebener Zeit sachgerecht und pflichtgemäß erneuert werden." Keine christliche Gemeinschaft kann sich diesem Aufruf entziehen.(...)

Was die anderen Christen betrifft, so haben die Hauptdokumente der Kommission Glaube und Verfassung und die Erklärungen anlässlich zahlreicher bilateraler Gespräche den christlichen Gemeinschaften bereits nützliche Werkzeuge geliefert, um zu erkennen, was für die ökumenische Bewegung und für die Umkehr, die sie auslösen soll, notwendig ist. Diese Studien sind unter einem doppelten Blickwinkel wichtig: Sie zeigen die schon erreichten beachtlichen Fortschritte auf und erfüllen mit Hoffnung, weil sie eine sichere Grundlage für die Forschung darstellen, die fortgesetzt und vertieft werden muss. (...)

Vorrang des Gebetes

„Diese Bekehrung des Herzens und die Heiligkeit des Lebens ist in Verbindung mit dem privaten und öffentlichen Gebet für die Einheit der Christen als die Seele der ganzen ökumenischen Bewegung anzusehen; sie kann mit Recht geistlicher Ökumenismus genannt werden.

Man schreitet auf dem Weg, der zur Bekehrung der Herzen führt, zum Rhythmus der Liebe voran, die sich Gott und zugleich den Brüdern zuwendet: allen Brüdern, auch jenen, die sich nicht in voller Gemeinschaft mit uns befinden. Aus der Liebe entsteht die Sehnsucht nach der Einheit auch bei denen, die das Erfordernis der Einheit stets ignoriert haben. Die Liebe ist Baumeisterin der Gemeinschaft unter den Menschen und unter den Gemeinschaften. Wenn wir uns lieben, sind wir bestrebt, unsere Gemeinschaft zu vertiefen, sie auf die Vollkommenheit hin auszurichten. Die Liebe wendet sich an Gott als vollkommene Quelle der Gemeinschaft – die Einheit des Vaters, des Sohnes und des Heiligen Geistes –, um daraus die Kraft zu schöpfen, die Gemeinsamkeit unter den Menschen und Gemeinschaften zu wecken oder sie unter den getrennten Christen wiederherzustellen. Die Liebe ist der tiefe Strom, der den Prozess auf die Einheit hin belebt und mit Kraft erfüllt.

Diese Liebe findet ihren vollendetsten Ausdruck im gemeinsamen Gebet. Wenn die Brüder, die miteinander nicht in vollkommener Gemeinschaft stehen, zum gemeinsamen Gebet zusammenkommen, so nennt das Zweite Vatikanische Konzil ihr Gebet die Seele der ganzen ökumenischen Bewegung. Es ist „ein sehr wirksames Mittel, um die Gnade der Einheit zu erflehen", „ein echter Ausdruck der Gemeinsamkeit, in der die Katholiken mit den getrennten Brüdern immer noch verbunden sind." Auch wenn man nicht im formalen Sinn für die Einheit der Christen, sondern für andere Anliegen, wie zum Beispiel für den Frieden, betet, wird das Gebet an und für sich Ausdruck und Bekräftigung der Einheit. Das gemeinsame Gebet der Christen ist eine Einladung an Christus selbst, die Gemeinschaft derer zu besuchen, die zu ihm flehen: „Denn

UT UNUM SINT

wo zwei oder drei in meinem Namen versammelt sind, da bin ich mitten unter ihnen“ (*Mt* 18, 20). (…)

Das „ökumenische“ Gebet steht im Dienst an der christlichen Sendung und ihrer Glaubwürdigkeit. Darum muss es besonders im Leben der Kirche und bei jeder Tätigkeit präsent sein, die die Förderung der Einheit der Christen zum Ziel hat. Es ist, als sollten wir uns immer wieder im Abendmahlssaal des Gründonnerstags versammeln, obwohl unsere gemeinsame Anwesenheit an jenem Ort noch auf ihre vollkommene Erfüllung wartet, bis sich nach Überwindung der Hindernisse, die der vollkommenen kirchlichen Gemeinschaft im Wege stehen, alle Christen zu der einen Eucharistiefeier versammeln werden. (…)

Ökumenischer Dialog

Wenn das Gebet die „Seele“ der ökumenischen Erneuerung und der Sehnsucht nach der Einheit ist, stützt sich alles, was das Konzil „Dialog“ nennt, auf das Gebet und erhält von ihm Auftrieb. Diese Definition ist gewiss nicht ohne Zusammenhang mit dem heutigen personalistischen Denken. Die „Dialog“-Haltung ist auf der Ebene des Wesens der Person und ihrer Würde angesiedelt. Vom Standpunkt der Philosophie her verbindet sich eine solche Einstellung mit der vom Konzil ausgesprochenen christlichen Wahrheit über den Menschen: Er ist in der Tat „auf Erden die einzige von Gott um ihrer selbst willen gewollte Kreatur“; daher kann der Mensch „sich selbst nur durch die aufrichtige Hingabe seiner selbst vollkommen finden“. Der Dialog ist ein unerlässlicher Durchgang auf dem Weg zur Selbsterfüllung des Menschen, des Individuums wie auch jeder menschlichen Gemeinschaft. Obwohl an dem Begriff „Dialog“ in erster Linie das Erkenntnismoment (dia-logos) hervorzuragen scheint, hat jeder Dialog eine globale, existenzielle Dimension in sich. Er bezieht das menschliche Subjekt in seiner Ganzheit ein; der Dialog zwischen den Gemeinschaften nimmt die Subjektivität einer jeden von ihnen in besonderer Weise in Anspruch. (…)

> *„Das ökumenische Gebet steht im Dienst an der christlichen Sendung und ihrer Glaubwürdigkeit“*

Dialog zur Lösung der Gegensätze

Der Dialog ist auch ein natürliches Instrument, um die verschiedenen Standpunkte miteinander zu vergleichen und vor allem jene Gegensätze zu untersuchen, die für die volle Gemeinschaft der Christen untereinander ein Hindernis darstellen. Das Ökumenismus-Dekret widmet sich zunächst den moralischen Haltungen, denen sich die Gespräche über Lehrfragen stellen müssen: „Beim ökumenischen Dialog müssen die katholischen Theologen, wenn sie in Treue zur Lehre der Kirche in gemeinsamer Forschungsarbeit mit den getrennten Brüdern die göttlichen Geheimnisse zu ergründen suchen, mit Wahrheitsliebe, mit Liebe und Demut vorgehen.“

Die Wahrheitsliebe ist die tiefste Dimension einer glaubwürdigen Suche nach der vollen Gemeinschaft der Christen. Ohne diese Liebe wäre es unmöglich, sich den objektiven theologischen, kulturellen, psychologischen und sozialen Schwierigkeiten zu stellen, denen man bei der Untersuchung der Gegensätze begegnet. Zu dieser inneren, persönlichen Dimension muss untrennbar der Geist der Liebe und Demut hinzukommen. Liebe gegenüber dem Gesprächspartner, Demut gegenüber der Wahrheit, die man entdeckt und die Revisionen von Aussagen und Haltungen erforderlich machen könnte.

Was die Erforschung der Gegensätze betrifft, fordert das Konzil, dass die ganze Lehre in Klarheit vorgelegt werde. Gleichzeitig verlangt es, dass die Art und Weise und die Methode, wie der katholische Glaube verkündet wird, kein Hindernis für den Dialog mit den Brüdern darstellen soll. Es ist gewiss möglich, den eigenen Glauben zu bezeugen und die Lehre auf eine Weise zu erklären, die korrekt, aufrichtig und verständlich ist und sich gleichzeitig sowohl die geistigen Kategorien wie die konkrete geschichtliche Erfahrung des anderen vergegenwärtigt.

Selbstverständlich wird sich die volle Gemeinschaft in der Annahme der ganzen Wahrheit verwirklichen müssen, in die der Heilige Geist die Jünger Christi einführt. Daher muss jede Form von Verkürzung oder leichtfertiger „Übereinstimmung“ absolut vermieden werden. Die ernsten Fragen müssen gelöst werden; denn wenn das nicht geschähe, würden sie zu einem anderen Zeitpunkt in gleicher Gestalt oder unter anderem Namen wieder auftauchen. (…)

Die praktische Zusammenarbeit

Die Beziehungen der Christen untereinander zielen nicht nur auf das gegenseitige Kennenlernen, auf das gemeinsame Gebet und auf den Dialog ab. Sie sehen vor und fordern schon jetzt jede nur mögliche praktische Zusammenarbeit auf den verschiedenen Ebenen: pastoral, kulturell, sozial und auch im Zeugnis für die Botschaft des Evangeliums.

„Durch die Zusammenarbeit der Christen kommt die Verbundenheit, in der sie schon untereinander vereinigt sind, lebendig zum Ausdruck, und das Antlitz Christi, des Gottesknechtes, tritt in hellerem Licht zu Tage.“ Eine solche auf dem gemeinsamen Glauben begründete Zusammenarbeit ist nicht nur von brüderlicher Gemeinschaft erfüllt, sondern stellt eine Epiphanie Christi selbst dar.

> *„Das soziale und kulturelle Leben bietet weite Räume für ökumenische Zusammenarbeit“*

Die ökumenische Zusammenarbeit ist zudem eine echte Schule des Ökumenismus, ein dynamischer Weg zur Einheit. Die Einheit im Handeln führt zur vollen Einheit im Glauben: „Bei dieser Zusammenarbeit können alle, die an Christus glauben, unschwer lernen, wie sie einander besser kennen und höher achten können und wie der Weg zur Einheit der Christen bereitet wird.“

Vor den Augen der Welt nimmt die Zusammenarbeit unter den Christen die Dimensionen des gemeinsamen christlichen Zeugnisses an und gereicht als Werkzeug der Evangelisierung den einen wie den anderen zum Wohl. (…)

Die Früchte des Dialogs

Es kommt immer häufiger vor, dass die Verantwortlichen der christlichen Gemeinschaften zu wichtigen Problemen, die die menschliche Berufung, die Freiheit, die Gerechtigkeit, den Frieden, die Zukunft der Welt betreffen, gemeinsam im Namen Christi Stellung beziehen. Dadurch sind sie in einem tragenden Element der christlichen Sendung „miteinander verbunden“: nämlich die Gesellschaft auf möglichst realistische Weise an den Willen Gottes zu erinnern, indem sie die Autoritäten und die Bürger davor warnen, dem Trend zu folgen, der dazu führen würde, dass die Menschenrechte mit Füßen getreten werden. Es versteht sich von selbst, und die Erfahrung beweist es, dass unter gewissen Umständen die gemeinsame Stimme der Christen mehr Durchschlagskraft besitzt als eine Einzelstimme.

Die Verantwortlichen der Gemeinschaften sind jedoch nicht die einzigen, die sich in diesem Einsatz für die Einheit zusammenschließen. Zahlreiche Christen aus allen Gemeinschaften beteiligen sich auf Grund ihres Glaubens gemeinsam an mutigen Projekten, die sich vornehmen, die Welt dahingehend zu verändern, dass der Achtung der Rechte und der Bedürfnisse aller, besonders der Armen, der Gedemütigten und der Schutzlosen, zum Sieg verholfen wird. In der Enzyklika *Sollicitudo Rei Socialis* habe ich mit Freude diese Zusammenarbeit erwähnt und unterstrichen, dass sich die katholische Kirche ihr nicht entziehen darf. In der Tat engagieren sich jetzt die Christen, die einst unabhängig voneinander handelten, miteinander im Dienst an diesem Anliegen, damit Gottes Güte triumphieren könne. (…)

Der Dialog mit den orientalischen Kirchen

In diesem Zusammenhang muss man mit besonderer Dankbarkeit an die göttliche Vorsehung vor allem feststellen, dass sich die Verbindung mit den orientalischen Kirchen, die im Laufe der Jahrhunderte rissig und brüchig geworden war, mit dem Zweiten Vatikanischen Konzil wieder gefestigt hat. Die Beobachter dieser Kirchen, die zusammen mit Vertretern der Kirchen und kirchlichen Gemeinschaften des Abendlandes beim Konzil zugegen waren, haben bei einem für die katholische Kirche so feierlichen Anlass öffentlich den gemeinsamen Willen bekundet, wieder nach der Gemeinschaft zu suchen.

Das Konzil seinerseits hat mit Objektivität und tiefer Zuneigung auf die orientalischen Kirchen geblickt und ihre Kirchlichkeit und objektiven Gemeinschaftsbande hervorgehoben, die sie mit der katholischen Kirche verbinden. Das Dekret über den Ökumenismus stellt fest: „So baut sich auf und wächst durch die Feier der Eucharistie des Herrn in diesen Einzelkirchen die Kirche Gottes“, um konsequenterweise hinzuzufügen, dass

Ökumenischer Kirchentag im Mai 2003 in Berlin: Zum ersten Mal treffen sich katholische und evangelische Christen auf einem gemeinsamen Kirchentag.

diese Kirchen „trotz ihrer Trennung wahre Sakramente besitzen, vor allem aber in der Kraft der apostolischen Sukzession das Priestertum und die Eucharistie, wodurch sie in ganz enger Verwandtschaft bis heute mit uns verbunden sind".

Anerkannt wurden die große liturgische und spirituelle Tradition der orientalischen Kirchen, die besondere Eigenart ihrer historischen Entwicklung, die eigenen Kirchenordnungen, die von ihnen seit den ältesten Zeiten befolgt und von den Kirchenvätern und ökumenischen Konzilien bekräftigt worden sind, sowie die ihnen eigene Weise, die Lehre zu verkünden. Das alles in der Überzeugung, dass die legitime Verschiedenartigkeit in keiner Weise der Einheit der Kirche entgegensteht, sondern vielmehr ihre Zierde und Schönheit vermehrt und zur Erfüllung ihrer Sendung in nicht geringem Maße beiträgt. (…)

Verwirklichte Zusammenarbeit

Das soziale und kulturelle Leben bietet weite Räume für ökumenische Zusammenarbeit. Immer häufiger finden sich die Christen zusammen, um die Menschenwürde zu verteidigen, das Gut des Friedens, die Anwendung des Evangeliums auf das soziale Leben zu fördern sowie in Wissenschaft und Kunst den christlichen Geist präsent zu machen. Sie finden sich immer mehr zusammen, wenn es darum geht, der Not und dem Elend unserer Zeit entgegenzutreten: dem Hunger, den Katastrophen und der sozialen Ungerechtigkeit.

Diese Zusammenarbeit, die ihre Inspiration aus dem Evangelium selbst bezieht, ist für die Christen niemals eine bloß humanitäre Aktion. Sie hat ihren eigentlichen Grund im Wort des Herrn: „Ich war hungrig, und Ihr habt mir zu essen gegeben" (*Mt* 25, 35). Wie ich bereits hervorgehoben habe, macht die Zusammenarbeit aller Christen klar jenen zwischen ihnen bereits bestehenden Grad von Gemeinschaft offenbar.

Vor der Welt gewinnt das gemeinsame Wirken der Christen in der Gesellschaft dann den transparenten Wert eines Zeugnisses, das gemeinsam im Namen des Herrn abgelegt wird. Es nimmt auch die Dimensionen einer Verkündigung an, weil es das Antlitz Christi enthüllt.

Die noch bestehenden gegensätzlichen Auffassungen in der Lehre üben einen negativen Einfluss aus und setzen auch der Zusammenarbeit Grenzen. Die zwischen den Christen bereits bestehende Glaubensgemeinschaft bietet jedoch nicht nur für ihre gemeinsame Tätigkeit auf sozialem Gebiet eine solide Grundlage, sondern auch im religiösen Bereich.

Diese Zusammenarbeit wird die Suche nach der Einheit erleichtern. Wie das Ökumenismus-Dekret bemerkte, können bei dieser Zusammenarbeit „alle, die an Christus glauben, unschwer lernen, wie sie einander besser kennen und höher achten können und wie der Weg zur Einheit der Christen bereitet wird". (…)

Der Dienst des Bischofs von Rom an der Einheit

Unter allen Kirchen und kirchlichen Gemeinschaften ist sich die katholische Kirche bewusst, das Amt des Nachfolgers des Apostels Petrus, des Bischofs von Rom, bewahrt zu haben, den Gott als „immerwährendes und sichtbares Prinzip und Fundament der Einheit" eingesetzt hat und dem der Heilige Geist beisteht, damit er alle anderen an diesem wesentlichen Gut teilhaben lässt. Wie es Papst Gregor der Große treffend formulierte, ist mein Amt das eines servus servorum Dei (eines Dieners der Diener Gottes). Diese Definition schützt am besten vor der Gefahr, die Amtsvollmacht (und im Besonderen den Primat) vom Dienstamt zu trennen, was der Bedeutung von Amtsvollmacht im Sinne des Evangeliums widersprechen würde: „Ich aber bin unter Euch wie der, der bedient" (*Lk* 22, 27), sagt unser Herr Jesus Christus, das Haupt der Kirche. Wie ich anlässlich der wichtigen Begegnung beim Ökumenischen Rat der Kirchen in Genf am 12. Juni 1984 ausführen konnte, stellt andererseits die Überzeugung der katholischen Kirche, in Treue zur apostolischen Überlieferung und zum Glauben der Väter im Amt des Bischofs von Rom das sichtbare Zeichen und den Garanten der Einheit bewahrt zu haben, freilich eine Schwierigkeit für den Großteil der anderen Christen dar, deren Gedächtnis durch gewisse schmerzliche Erinnerungen gezeichnet ist. Soweit wir dafür verantwortlich sind, bitte ich mit meinem Vorgänger Paul VI. um Verzeihung. (…)

Was die Einheit aller christlichen Gemeinschaften betrifft, gehört natürlich in den Bereich der Sorgen des Primats. Als Bischof von Rom weiß ich sehr wohl und habe das in der vorliegenden Enzyklika erneut bestätigt, dass die volle und sichtbare Gemeinschaft aller Gemeinschaften, in denen kraft der Treue Gottes sein Geist wohnt, der brennende Wunsch Christi ist. Ich bin überzeugt, diesbezüglich eine besondere Verantwortung zu haben, vor allem, wenn ich die ökumenische Sehnsucht der meisten christlichen Gemeinschaften feststelle und die an mich gerichtete Bitte vernehme, eine Form der Primatsausübung zu finden, die zwar keineswegs auf das Wesentliche ihrer Sendung verzichtet, sich aber einer neuen Situation öffnet. Ein Jahrtausend hindurch waren die Christen „miteinander verbunden in brüderlicher Gemeinschaft des Glaubens und des sakramentalen Lebens, wobei dem Römischen Stuhl mit allgemeiner Zustimmung eine Führungsrolle zukam, wenn Streitigkeiten über Glaube oder Disziplin unter ihnen entstanden".

Auf diese Weise nahm der Primat seine Aufgabe an der Einheit wahr. Als ich mich an den ökumenischen Patriarchen, Seine Heiligkeit Dimitrios I., wandte, habe ich gesagt, ich sei mir bewusst, dass „sich aus sehr verschiedenen Gründen und gegen den Willen der einen wie der anderen das, was ein Dienst sein sollte, unter einem ganz anderen Licht zeigen konnte. Aber aus dem Wunsch, wirklich dem Willen Christi zu gehorchen, sehe ich mich dazu gerufen, diesen Dienst auszuüben. Der Heilige Geist schenke uns sein Licht und erleuchte alle Bischöfe und Theologen unserer Kirchen, damit wir ganz offensichtlich miteinander die Formen finden können, in denen dieser Dienst einen von den einen und anderen anerkannten Dienst der Liebe zu verwirklichen vermag." Eine ungeheure Aufgabe, die ich allein nicht zu Ende bringen kann. Könnte die zwischen uns allen bereits real bestehende, wenn auch unvollkommene Gemeinschaft nicht die kirchlichen Verantwortlichen und ihre Theologen dazu veranlassen, über dieses Thema mit mir einen brüderlichen, geduldigen Dialog aufzunehmen, bei dem wir einander anhören könnten, wobei wir einzig und allein den Willen Christi im Sinne haben und uns von seinem Gebetsruf durchdringen lassen: „… sollen auch sie eins sein, damit die Welt glaubt, dass Du mich gesandt hast."

PILGERFAHRT

„Heiliges Land – welchen Raum nimmst Du in mir ein!"

Am 29. Juni 1999, dem Fest der Heiligen Petrus und Paulus, veröffentlicht Papst Johannes Paul II. einen Apostolischen Brief über seine geplante Pilgerfahrt zu den Stätten, die mit der Heilsgeschichte verbunden sind. Im Jahr 2000 besucht Johannes Paul II. dann das Heilige Land.

Auf seiner Pilgerfahrt im Jahr 2000 betet der Papst auch in der Grotte von Jesu Geburtskirche in Bethlehem.

Da nun das Jubiläum unmittelbar bevorsteht, ist es mir ein Anliegen, Gedanken vorzulegen, die mit meinem Wunsch zusammenhängen, persönlich – wenn Gott es will – eine besondere Jubiläumswallfahrt zu unternehmen. (...) Deshalb empfinde ich im Blick auf zweitausend Jahre Menschwerdung Gottes den tiefen Wunsch, persönlich zu den wichtigsten Orten zu pilgern, wo nach dem Zeugnis des Alten und des Neuen Testamentes die Taten Gottes geschehen sind, um schließlich im Geheimnis von Christi Menschwerdung, von seinem Leiden und Sterben und von seiner Auferstehung zu gipfeln. Diese Orte haben sich bereits unauslöschlich in mein Gedächtnis eingeprägt, seitdem ich im Jahr 1965 Gelegenheit hatte, das Heilige Land zu besuchen. Es war ein unvergessliches Erlebnis. Noch heute lese ich immer wieder gern die Seiten, die ich, innerlich tief angerührt, damals niederschrieb. „Ich bin hier angekommen, an diesen Orten, die Du ein für allemal mit Dir, mit Deinem Sein erfüllt hast... Oh, Du Ort! Wie oft, wie oft hast Du Dich gewandelt, ehe Du von Seinem Ort zu meinem geworden bist! Als Er Dich zum ersten Mal erfüllte, warst Du noch kein äußerlicher Ort, Du warst nur der Schoß Seiner Mutter. Zu wissen, dass die Steine, über die ich in Nazareth gehe, dieselben sind, die ihr Fuß berührte, als sie noch Dein Ort war, einzigartig auf der Welt. Dir zu begegnen durch einen Stein, der vom Fuß Deiner Mutter berührt worden ist! Oh Du Ort, Heiliges Land – welchen Raum nimmst Du in mir ein! So darf ich Dich nicht mit Füßen treten, ich muss niederknien. Auf diese Weise soll ich heute bezeugen, dass Du ein Ort der Begegnung gewesen bist. Ich falle auf die Knie – und bringe so mein Siegel an. Du wirst hier mit meinem Siegel bleiben – Du wirst bleiben –, und ich werde Dich mitnehmen. Ich werde Dich in mir in den Ort eines neuen Zeugnisses verwandeln. Ich gehe weg als ein Zeuge, der durch die Jahrtausende hindurch Zeugnis ablegen soll" (Karol Wojtyla, *Poezje. Poems*, Wydawnictwo Literacki, Kraków 1998, S. 169).

Als ich diese Worte vor mehr als 30 Jahren niederschrieb, hätte ich mir nicht gedacht, dass ich das Zeugnis, zu dem ich mich damals verpflichtete, heute als Nachfolger Petri, bestellt zum Dienst an der ganzen Kirche, abgeben würde. Es ist ein Zeugnis, das mich in eine lange Kette von Menschen einreiht, die sich seit 2000 Jahren in jenem Land, das mit Recht „heilig" genannt wird, auf die Suche nach den „Fußspuren" Gottes begeben haben. (...)

Ausgangspunkt sind einige typische Stätten des Alten Testamentes

In diesem Geist möchte ich, so Gott will, anlässlich des großen Jubiläumsjahres 2000 noch einmal die Spuren der Heilsgeschichte in dem Land nachgehen, in dem sie ihren Lauf genommen hat.

Ausgangspunkt werden einige typische Stätten des Alten Testamentes sein. Damit möchte ich deutlich machen, dass sich die Kirche ihrer unauflöslichen Bande zum alten Bundesvolk bewusst ist. Abraham ist auch für uns schlechthin der „Vater im Glauben" (vgl. *Röm* 4; *Gal* 3, 6–9; *Hebr* 11, 8–19). Im Johannesevangelium lesen wir, was Christus einmal auf ihn hin sagte: „Euer Vater Abraham jubelte, weil er meinen Tag sehen sollte. Er sah ihn und freute sich" (8, 56).

So ist denn der erste Abschnitt der Reise, die ich unternehmen möchte, eng mit Abraham verbunden. Ich würde mich nämlich, wenn es Gottes Wille ist, gern nach Ur in Chaldäa, dem heutigen Tell Mukajir im südlichen Irak, begeben – in die Stadt also, wo nach biblischem Bericht Abraham das Wort des Herrn vernahm. Dieses Wort entriss ihn seinem Land, seinem Volk und in gewissem Sinn sich selbst, um ihn zum Werkzeug eines Heilsplans zu machen, der das künftige Bundesvolk und alle Völker der Welt umfasste: „Der Herr sprach zu Abraham: Zieh weg aus Deinem Land, von Deiner Verwandtschaft und aus Deinem Vaterhaus in das Land, das ich Dir zeigen werde. Ich werde Dich zu einem großen Volk machen, Dich segnen und Deinen Namen groß machen. Ein Segen sollst Du sein... Durch Dich sollen alle Geschlechter der Erde Segen erlangen" (*Gen* 12, 1–3).

„Ich möchte anlässlich des großen Jubiläumsjahres 2000 noch einmal die Spuren der Heilsgeschichte nachgehen"

Mit diesen Worten beginnt der große Weg des Gottesvolkes. Auf Abraham blicken nicht nur alle, die sich stolz in seine leibliche Nachkommenschaft einreihen können, sondern auch alle – und ihre Zahl geht ins Unendliche –, die sich ihrer „geistlichen" Herkunft von ihm bewusst sind, weil sie seinen Glauben teilen und sich wie er vorbehaltlos dem Heilswirken des Allmächtigen überlassen.

Die wechselvolle Geschichte des Volkes Abrahams hat sich durch die Jahrhunderte hindurch entfaltet und viele Orte des Vorderen Orients berührt. Ein zentrales Ereignis war der Exodus, als das Volk Israel, nach erlittener harter Knechtschaft, unter der Führung des Mose zum Land seiner Freiheit aufbrach. Drei Ereignisse sind es, die den Rhythmus jenes Zuges bestimmen: alle verbunden mit Orten in den Bergen, die vom Geheimnis umwoben sind. In der Vorbereitungszeit taucht zunächst der Berg Horeb auf, den die Bibel sonst auch Sinai nennt. Dort empfing Mose die Offenbarung des Namens Gottes als

Zeichen seines Geheimnisses und seiner wirksamen Heil bringenden Gegenwart: „Ich bin der ‚Ich-bin-da'" (*Ex* 3, 14). Wie an Abraham, so erging auch an Mose der Anruf, dem Plan Gottes zu vertrauen und sich an die Spitze seines Volkes zu stellen. Auf diese Weise begann das dramatische Geschehen der Befreiung, das Israel als grundlegende Erfahrung für seinen Glauben in Erinnerung bleiben sollte. (...) Es wird mir wahrscheinlich nicht möglich sein, auf meiner Pilgerfahrt alle diese Orte aufzusuchen. Aber ich möchte, wenn es dem Herrn gefällt, wenigstens Station machen in Ur, wo Abraham herkommt, und auch das berühmte Katharinen-Kloster besuchen; es liegt am Sinai – dem Bundesberg, der gleichsam das ganze Geheimnis des Exodus umgreift und damit ein bleibendes Paradigma für den neuen Exodus ist, der auf Golgatha erfüllt und vollendet wird.

Wenn diese und ähnliche Wegstrecken des Alten Testamentes für uns so reich an Bedeutung sind, dann liegt es auf der Hand, dass uns das Jubiläumsjahr als feierliches Gedenken der Fleischwerdung des Wortes einlädt, vor allem an den Orten innezuhalten, wo sich das Leben Jesu abspielte. (...)

Muss da nicht der Weg weiter nach Bethlehem führen, wo Christus zur Welt kam! In Bethlehem ist auch zum ersten Mal jener Wunsch nach Frieden aufgeklungen, den die Engel verkündet hatten und der von Generation zu Generation bis herauf in unsere Tage widerhallen sollte.

Von besonderer Bedeutung wird der Aufenthalt in Jerusalem sein, dem Ort des Kreuzestodes und der Auferstehung Jesu Christi. Sicher gibt es noch zahlreiche andere Orte, die an das Erdenleben des Erlösers erinnern. Viele von ihnen würden einen Besuch verdienen. Könnte man zum Beispiel den Berg der Seligpreisungen oder den Berg der Verklärung oder das Gebiet von Cäsarea Philippi vergessen? In dieser Gegend hat Jesus dem Petrus die Schlüssel des Himmelreiches anvertraut und ihn zum Grundstein seiner Kirche eingesetzt (vgl. *Mt* 16, 13–19). Man kann sagen: Im Heiligen Land, von Norden nach Süden, erinnert alles an Christus. Aber ich werde mich auf die Orte beschränken müssen, die am symbolträchtigsten sind, und Jerusalem fasst sie in gewisser Weise alle zusammen. Hier will ich mich, wenn es Gott gefällt, ins Gebet versenken und dabei die ganze Kirche im Herzen tragen. (...) Hier will ich noch einmal die herrliche, tröstliche Gewissheit ausrufen, dass „Gott die Welt so sehr geliebt [hat], dass er seinen einzigen Sohn hingab, damit jeder, der an ihn glaubt, nicht zu Grunde geht, sondern das ewige Leben hat" (*Joh* 3, 16).

Unter den Jerusalemer Stätten, die am innigsten mit dem Erdenleben Christi verbunden sind, nimmt der Besuch im Abendmahlssaal einen unverzichtbaren Platz ein. Dort hat Jesus die Eucharistie eingesetzt, Quelle und Höhepunkt des Lebens der Kirche. Hier waren der Überlieferung nach die Apostel mit Maria, der Mutter Christi, im Gebet versammelt, als es am Pfingsttag zur Ausgießung des Heiligen Geistes kam. Damals begann die letzte Etappe des Weges der Heilsgeschichte, die Zeit der Kirche. Sie ist der Leib und die Braut Christi, das Volk auf der Pilgerschaft durch die Zeit und dazu berufen, Zeichen und Werkzeug für die innigste Vereinigung mit Gott wie für die Einheit der ganzen Menschheit zu sein (vgl. *Lumen Gentium*, 1).

„Er ist ein Gott, der uns nicht von oben betrachtet, sondern unser Weggefährte geworden ist"

Besonders gern würde ich in die Städte Damaskus und Athen reisen

So soll der Besuch im Abendmahlssaal eine Rückkehr zu den Ursprüngen der Kirche selbst sein. Der Nachfolger des Petrus, der in Rom an dem Ort lebt, wo der Apostelfürst den Märtyrertod erlitten hat, muss immer wieder dorthin zurückkehren, wo Petrus am Pfingsttag unter der berauschenden Kraft des Geistes begonnen hat, mit fester Stimme die „gute Nachricht" zu verkünden, dass Jesus Christus der Herr ist (vgl. *Apg* 2, 36).

Es ist schlüssig, dass der Besuch der heiligen Stätten, an denen der Erlöser auf Erden gelebt hat, den Zugang zu den Stätten erschließt, die für die entstehende Kirche bedeutsam waren und den missionarischen Aufschwung der ersten christlichen Gemeinde erlebt haben. Wenn wir dem Bericht des Lukas in der Apostelgeschichte folgen, wären es sehr viele. Aber besonders gern würde ich betrachtend auch in zwei Städten verweilen, die in besonderer Weise mit der Geschichte des Völkerapostels Paulus verbunden sind. Ich denke zunächst an Damaskus – den Ort, der an seine Bekehrung erinnert. Der künftige Apostel reiste ja als Verfolger der Christen in jene Stadt, als Christus selbst seinen Weg durchkreuzte: „Saul, Saul, warum verfolgst du mich?" (*Apg* 9, 4). Von dort hat der Eifer des Paulus, den nunmehr Christus für sich gewonnen hatte, unaufhaltsam immer weitere Kreise gezogen und den Großteil der damals bekannten Welt erreicht. Vielen Städten hat Paulus das Evangelium gebracht. Es wäre schön, insbesondere Athen zu besuchen, wo er im Areopag eine glänzende Rede gehalten hat (vgl. *Apg* 17, 22–31). Wenn man an die Rolle denkt, die Griechenland bei der Gestaltung der antiken Kultur spielte, begreift man, dass jene Rede des Paulus gewissermaßen als das Symbol für die Begegnung des Evangeliums mit der Kultur des Menschen gelten kann.

Obwohl ich mich dem göttlichen Willen überlasse, würde ich mich freuen, wenn sich dieser Plan wenigstens in seinen wesentlichen Punkten verwirklichen lässt. Sowohl ihrem Wesen nach als auch im Hinblick auf ihre Zielsetzungen handelt es sich um eine ausschließlich religiöse Pilgerfahrt. Es würde mir Leid tun, wenn jemand dieses Vorhaben anders deuten sollte. Schon jetzt vollziehe ich diese Reise im geistlichen Sinne, denn sich auch nur in Gedanken an diese Stätten zu begeben heißt, das Evangelium gleichsam noch einmal zu lesen und die Wege noch einmal nachzugehen, die die Offenbarung selbst genommen hat.

Wenn wir uns im Geist des Gebets in dem Raum, der vom Wirken Gottes besonders geprägt ist, von einem Ort zum anderen und von einer Stadt zur anderen bewegen, hilft uns das nicht nur, um unser Leben als Weg zu erfahren. Es vermittelt uns auch plastisch die Vorstellung von einem Gott, der uns vorausgegangen ist und vor uns hergeht. Er hat sich selbst auf den Straßen der Menschen auf den Weg gemacht. Er ist ein Gott, der uns nicht von oben betrachtet, sondern unser Weggefährte geworden ist.

Die Wallfahrt zu den heiligen Stätten wird so zu einer außerordentlich bedeutsamen Erfahrung, die in gewisser Weise auch von jeder anderen Jubiläumswallfahrt geweckt wird. Denn die Kirche kann ihre Wurzeln nicht vergessen. Mehr noch: An diese Wurzeln muss sie ständig zurückkehren, um sich in vollkommener Treue an Gottes Plan zu halten. Deswegen habe ich in der Bulle *Incarnationis Mysterium* geschrieben, dass das Jubiläum, das gleichzeitig im Heiligen Land, in Rom und in allen, über die Welt verstreuten Teilkirchen begangen wird, „gleichsam zwei Zentren haben wird: einerseits die Stadt, in der nach dem Willen der Vorsehung der Stuhl des Nachfolgers Petri steht, und andererseits das Heilige Land, in dem der Sohn Gottes durch die Annahme unserer fleischlichen Gestalt von einer Jungfrau namens Maria als Mensch geboren wurde" (Nr. 2).

Das Jubiläumsjahr soll endgültig Missverständnisse beenden

Während diese Liebe zum Heiligen Land Ausdruck für das Gedenken ist, zu dem sich die Christen verpflichtet fühlen, will sie zugleich die tiefe und bleibende Beziehung ehren, die die Christen mit dem jüdischen Volk verbindet, dem Christus dem Fleisch nach entstammt (vgl. *Röm* 9, 5). Einen weiten Weg hat man in diesen Jahrzehnten, besonders nach dem Zweiten Vatikanischen Konzil, zurückgelegt, um einen fruchtbaren Dialog mit dem Volk aufzubauen, das Gott als erstes dazu erwählt hat, seine Verheißungen und den Bund zu empfangen. Das Jubiläumsjahr soll eine Gelegenheit sein, dass das Bewusstsein der uns einigenden Bande wächst. Es soll einen Beitrag leisten zur Behebung von Miss- und Unverständnis, das leider im Laufe der Jahrhunderte das Verhältnis zwischen Christen und Juden sehr oft bitter getrübt hat.

Außerdem dürfen wir nicht vergessen, dass das Heilige Land auch den Anhängern des Islam lieb und teuer ist; auch sie zollen ihm besondere Verehrung. Ich habe die lebendige Hoffnung, dass mein Besuch an den heiligen Stätten auch eine Gelegenheit zur Begegnung mit ihnen bieten möge, damit bei aller Klarheit des Zeugnisses die Beweggründe wachsen, um einander kennen und schätzen zu lernen sowie um im Bemühen zusammenzuwirken, den Wert des religiösen Einsatzes und die Sehnsucht nach einer Gesellschaft zu bezeugen, die dem Plan Gottes besser entspricht und jeden Menschen sowie die Schöpfung achtet. Auf diesem Weg in den Räumen, die Gott erwählt hat, ... hege ich den großen Wunsch, mich als Pilger und Bruder nicht nur bei den katholischen Gemeinschaften, denen ich mit Freude begegnen werde, willkommen fühlen zu dürfen, sondern auch bei den anderen Kirchen, die ununterbrochen an den heiligen Stätten gelebt und diese in Treue und Liebe zum Herrn gehütet haben.

Das kombinierte Personen- und Sachregister enthält die wichtigsten in diesem Band aufgeführten Personen, Orte, Schauplätze und Sachbegriffe.

© für die Abbildungen: dpa
S. 4/5: epa afp Massimo Sambucetti; AFP; epa afp Gabriel Bouys; ANSA (3); Polska Agencja Interpress; KNA Import; ANSA Vatican Pool; S. 6/7: ANSA; S. 8/9: AFP; S: 10/11: FILES; S. 12/13: Reuters Pool; S. 14/15: AFP; KNA-Bild; S. 16/17: KNA Import (4); S. 18/19: KNA Import (5); S. 20/21: KNA Import; Polska Agencja Interpress (3); S. 22/23: KNA Import (3); S. 24/25: CAF; KNA Import (2); S. 26/27; ANSA; S. 28/29: dpa (2); UPI; S. 30/31: dpa (2); Publifoto; UPI inp; S. 32/33: UPI; ANSA; KNA Import; S. 34/35: ANSA; KNA Import; ANSA Vatican Pool; S. 36/37: Ullstein; ANSA; UPI; KNA Import; S. 38/39: epa; S. 40/41: dpa (4); S. 42/43: dpa (3); S. 44/45: UPI; Pan-Asia (2); S. 46/47: dpa (3); UPI; S. 48/49: dpa (3); UPI Schiebeck; S. 50/51: dpa; Pan-Asia; S. 52/53: ANP; AFP; dpa; S. 54/55: AFP (3); epa; S. 56/57: AFP (2); dpa (2); S. 58/59: AFP (2); dpa; S: 60/61: Polfoto; AFP; Pressensbild Holmström; S. 62/63: AFP (4); S. 64/65: AFP (2); epa; S. 66/67: epa afp (3); epa; AFP; S. 68/69: epa afp; AFP; epa; S. 70/71: AFP; epa (2); AFP/epa; S. 72/73: epa/AFP; dpa; S. 74/75: epa (4); epa afp; S. 76/77; epa AFP (4); epa; S. 78/79: epa (3); epa AFP (2); KNA Import; S. 80/81: AFP (3); ansa vatikan pool; LUSA; S. 82/83: EPA; pool; AFP; S. 84/85: AFP; Getty; Reuters Pool; S.86/87: picture-alliance/dpa; S. 88/89: ANSA; S. 90/91: dpa; S. 92/93: UPI (3); NEXUS; epa; S. 94/95: ANSA (3); S. 96/97: dpa; epa AFP; KNA; Keystone; Vatican Pool; S. 98/99: ANSA; dpa; AFPI/INA; S. 100/101: LAPRESSE; UPI ansa; KNA; ANSA (2); AFP; S. 102/103: KNA Import (5); S. 104/105: dpa; S. 106/107: dpa; S. 108/109: dpa; S. 110/111: dpa (3); AFP; ANSA; Zentralbild; S. 112/113: dpa; S. 114/115: ANSA ; S. 116/117: dpa; S. 118/119: dpa; S. 120/121: dpa; S. 122/123: KNA Import; Reuters Pool; S. 124/125: ANSA; KNA-Bild; S. 126/127: ANSA; Lehtikuva Oy; S. 128/131: dpa (9); Publifoto; Bertelsmann Lexikon Verlag (2); S. 132/135: dpa (5); Corbis/Bettmann (15); Cinetext (2); Sipa Press (10); picture-alliance/dpa (7); picture-alliance/akg-images (2); pictures-alliance/ZB; KNA Import; AFP/epa; UPI; AFP (6); ANSA; Tass/dpa; ANSA pool; AFPI; Reuters Pool; Pressensbild; Wissen Media Verlag, Gütersloh; S. 136/137: epa ansa; dpa; S. 138/139: dpa (3); Reuters Pool; epd-bild; S. 140/141: UPI; S. 142/143: AFP; S. 144/145: Lehtikuva Oy; S. 146/147: Vatikan Pool; S. 148/149: dpa; S. 150/151: dpa (2); S. 152/153: ANSA; S. 154/155: dpa; S. 156/157: ANSA Vatikan Pool.

S. 94/95: Illustration: Werner Robinson-Kruse, Berlin

Abbildungen auf dem Umschlag: Titel: Sipa Press (2), dpa (2); Rückseite: Sipa Press (2), Corbis-Bettmann, dpa

Trotz größter Sorgfalt konnten die Urheber des Bildmaterials nicht in allen Fällen ermittelt werden.
Wir bitten gegebenenfalls um Mitteilung.

© Chronik Verlag
im Wissen Media Verlag GmbH, Gütersloh/München 2003

Projektleitung und Redaktion: Thekla Sielemann
Koordination und redaktionelle Vorbereitung:
Wolf Dammann, Redaktion 4 GmbH, Hamburg
Autoren: Jörg Mandt, Ulrike Moser, Sonia Shinde
Redaktionelle Mitarbeit: Anika Riegert
Art-Direction: Teresa Nunes, Redaktion 4 GmbH, Hamburg
Schlussredaktion: Wilm Steinhäuser
Bildredaktion: Max Lengwenus, Redaktion 4 GmbH, Hamburg
Herstellung: Lambert Petersen, Redaktion 4 GmbH, Hamburg; Martin Kramer
Layout: Ulrike Bohl, Christian Hruschka, Nina Mascher, Annett Schuft,
Katja Zanabi, Redaktion 4 GmbH, Hamburg
Covergestaltung: INiT, Büro für Gestaltung, Bielefeld
Litho: w&co MediaServices, Hamburg
Druck: Westermann Druck Zwickau, GmbH

ISBN 3-577-14366-5